BLACKIE BOOKS

The Time of My Life

Hadley Freeman fue niña en Nueva York y adolescente en Londres. Hasta los once años creció en una familia judía en la Gran Manzana, donde empezó a devorar sus primeras películas favoritas y a identificarse con sus personajes más especiales. No solo estudió en Oxford, sino que editó *Cherwell*, el prestigioso periódico de la Universidad donde han escrito firmas como Graham Greene o Evelyn Waugh, entre otros. Desde el año 2000 escribe la exitosísima columna «Ask Hadley» en el diario *The Guardian*, donde se ha convertido en un referente del nuevo feminismo gracias a su análisis de las contradicciones de la industria de la moda y de los modelos que genera. También escribe para el Vogue estadounidense. Ha firmado varios libros, bestsellers en el mercado anglosajón, entre los que destaca *The Time of My Life*, que ahora edita Blackie Books. El sentido del humor es su principal arma, aunque jamás evita meterse en líos en sus redes sociales para defender aquello en lo que cree (en 2013 protagonizó una sonada polémica por las amenazas de bomba que recibió por parte de enconados machistas). No en vano su película favorita es *Cazafantasmas*.

HADLEY FREEMAN

The Time of My Life

Un ensayo sobre cómo el cine de los ochenta nos enseñó a ser más valientes, más feministas y más humanos

BLACKIE BOOKS
BA61

Traducción de Zulema Couso

Título original: *Life Moves Pretty Fast*

Diseño de colección: Setanta
www.setanta.es

Calle Església, 4-10
08024 Barcelona
www.blackiebooks.org
info@blackiebooks.org

Maquetación: David Anglès
Impresión: Liberdúplex
Impreso en España

Primera edición en esta colección: junio de 2025
ISBN: 978-84-10323-64-3
Depósito legal: B 19970-2024

Para Andy, quien es aún mejor que Andrew McCarthy, Michael J. Fox, Matthew Broderick, Eddie Murphy, Bill Murray y Dan Aykroyd. Juntos.

Índice

Introducción

«¿Qué ha sido de la caballerosidad? ¿Solo se da en las películas de los ochenta? Quiero que John Cusack ponga un estéreo bajo mi ventana. Quiero marcharme con Patrick Dempsey montada en un cortacésped. Quiero que Jake de *Dieciséis velas* me espere a la salida de la iglesia. Quiero que Judd Nelson levante el puño porque sabe que me gusta. Por una vez, quiero que mi vida sea como una película de los ochenta, preferiblemente una con un número musical impresionante sin motivo aparente. Pero no, no, John Hughes no dirige mi vida.»

La cita no es mía, aunque bien podría serlo (excepto por la parte de querer que me espere el imbécil de Jake de *Dieciséis velas* por razones que explicaré en su debido momento). El monólogo pertenece a la película *Rumores y mentiras*, que se estrenó en 2010, y lo pronuncia Olive, interpretada por Emma Stone, una actriz que nació años después de que se estrenaran la mayoría de las películas que menciona su personaje. A los dos años del estreno de *Rumores y mentiras*, llegó *Dando la nota* y, una vez más, una película hecha treinta años antes sirvió de inspiración y de elemento principal de la trama para una película de adolescentes del siglo XXI: «*El club de los cinco*, de 1985, tiene el mejor final de todos los tiempos. La canción [de Simple Minds] resume perfectamente la película, es bonita y triste a la vez», le dice Jesse (Skyler Astin) a una escéptica Beca (Anna Kendrick). Pero el escepticismo de Beca viene tan poco a cuento como la desconfianza del ayudante del director hacia Molly Ringwald, Judd Nelson y los demás en la película de 1985. Tras ver *El club de los cinco* de John Hughes, Beca aprende a mostrarse más abierta con sus emociones (lo que en jerga cinematográfica significa «dejar de ser una estrecha amargada y darse el lote con alguien») y, lo que es más importante, gana la competición a capela. (Ganar una competición a capela. A eso es a lo que aspiran los adolescentes de hoy en día. Como dirían en una de las mejores películas de adolescentes de los ochenta:[1] «El futuro pinta muy negro»). Da la sensación de que cada semana se anuncia un nuevo *remake*, secuela o transformación en musical de una película de los ochenta, desde *Top Gun* a *Los Goonies*, pasando por *Dirty Dancing*, todas protagonizadas por actores que ni siquiera habían nacido cuando se estrenaron las originales. «Somos grandes fans de John Hughes. Queríamos crear un disco que fuera como la banda sonora de nuestra adolescencia. Si Hughes hiciera una película sobre nosotros, esta sería la banda sonora», dijo en 2013 el grupo The 1975 sobre su nuevo disco homónimo. El cantante nació en los noventa.

Yo nací en Nueva York en 1978, así que, aunque en los ochenta sí era algo más que un zigoto, tampoco había llegado todavía a la adolescencia. De hecho, mi época adolescente me resultaba tan lejana y atractiva como la luna. Era la típica primogénita de una familia judía de clase media: educada, inquieta, ratón de biblioteca y, por lo tanto, sentía especial curiosidad por la libertad que vagamente imaginaba iba de la mano de la adolescencia. A mi hermana pequeña y a mí no nos dejaban ver canales de televisión que emitieran anuncios (sí, soy de una de esas familias), así que nuestras opciones se limitaban a *Barrio*

1. *Todo en un día*, por supuesto.

Sésamo y a lo que nuestra madre nos permitiera alquilar en el videoclub de la calle 86 Este. Con nueve años, me dejó alquilar por primera vez una película en la que no salía Gene Kelly y que no era de dibujos: *Todo en un día*. No me podía creer que mi madre, la madre más rarita del mundo, que solo nos daba FRUTA de postre, nos dejara ver aquella película en la que salían CHICOS, ¡CHICOS de verdad! ¡CHICOS que besaban con lengua a chicas! En el contexto extremadamente limitado de mi experiencia vital en el Upper East Side de Manhattan, mi madre me había dejado alquilar una película que era prácticamente porno *hardcore* (¡lenguas!).

Todo en un día fue como mi iniciación a las drogas. Mi adicción al videoclub de la calle 86 Este llegó a tales extremos que, para mi décimo cumpleaños, mis padres me regalaron mi propio carné de socia. Pronto empecé a chutarme los clásicos: *Maniquí*, *Tras el corazón verde*, *Good morning, Vietnam*, *El club de los cinco*, *Cortocircuito*, *Indiana Jones*, *E.T.*, *La loca historia de las galaxias*, *El príncipe de Zamunda*, *Tres amigos*, *Mejor solo que mal acompañado*, cualquier cosa producida por Touchstone Pictures y absolutamente todo en lo que salieran los dos actores que, como le aseguraba a mi hermana una y otra vez, eran los grandes talentos de nuestra época: Steve Guttenberg y Rick Moranis. Aún conservo los gustos intelectuales que forjé en aquella época.

Estas películas, casi todas consideradas basura cuando se estrenaron, resultaron ser muy formativas, y toda la gente de mi generación que conozco piensa exactamente lo mismo. Me proporcionaron las pautas vitales para distinguir qué es divertido (Eddie Murphy), fresco (Bill Murray) y sexy (Kathleen Turner). También me enseñaron más sobre la vida que ningún profesor o biblioteca. Hoy sería esencialmente la misma persona si mis padres se hubieran ahorrado miles de dólares en educación y me hubieran pagado solo la suscripción al videoclub de la calle 86 Este.

Pero durante mucho tiempo estas películas tuvieron una reputación horrorosa, en cuanto a crítica se refiere. Por entonces, y aún hoy en día, se las tachaba de ser una basura tan inútil como Ray, Egon, Winston y Peter al principio de la secuela de *Cazafantasmas.* Una criatura del pasado un tanto vergonzante, agotada e hinchada, que ha dejado un horrible legado de franquicias y superhéroes. El pensamiento crítico popular cree que las películas empezaron a ir por el mal camino en el Hollywood de los ochenta: se obsesionaron con el dinero, las secuelas, las explosiones y los chascarrillos baratos en lugar de con el Arte. Mientras que los setenta fue una época más respetada, la era del autor, en la que directores de Hollywood como Robert Altman y Michael Cimino dieron rienda suelta a su creatividad sin que los estudios se entrometieran, los ochenta fue la época de los productores, cuando lo importante era el entretenimiento y quienes mandaban eran individuos caricaturescos como el inquietante Don Simpson y Jon Peters (que empezó su carrera como peluquero de Barbra Streisand).

Muchos se han quejado de este cambio en la jerarquía de poder de los setenta a los ochenta, horrorizados ante la idea de que quien antes le arreglaba el moño a Yentl disfrutara del mismo respeto por parte de la industria del que un día gozó Altman. Mi opinión personal es que, si trabajas en el negocio del entretenimiento, tampoco tiene nada de malo centrarse en la parte del entretenimiento, sobre todo si eso da lugar a películas como *Top Gun* en vez de *La puerta del cielo*. Después de todo, si la gente fuera sincera te confesaría que no está tan mal sentarse a ver una película de los ochenta de Tom Cruise un viernes por la noche, pero solo un pequeño grupo muy selecto empezaría el fin de semana poniéndose un DVD de Cimino.

Críticos presumidos aparte, las películas de los ochenta han mantenido un increíble nivel de popularidad entre el público actual, y parece que ahora es mayor que nunca. Se da por hecho que las películas comerciales estadounidenses de los ochenta tienen una especie de atractivo irónico: todo el mundo quiere ver en Navidad *Entre pillos anda el juego*, *Los fantasmas atacan al jefe* o *Jungla de cristal*, hasta el punto de que usar una foto de una película de los ochenta en Facebook se ha convertido en un cliché. En parte, esta devoción radica en lo que llamo «la regla de los treinta años»: cuando las películas (y la moda, las series de televisión y la música) que se consideraban basura en su época consiguen por fin el reconocimiento que se merecen cuando sus seguidores originales han madurado e insisten en que la cultura de su juventud era importante DE VERDAD y desde entonces nada es igual de bueno, pero bueno DE VERDAD. Pero los adultos de hoy que vieron de niños esas películas de los ochenta todavía las adoran, mientras que quienes alcanzaron la mayoría de edad en los sesenta no sienten lo mismo por las películas de adolescentes de su juventud, como la franquicia *Escándalo en la playa*. De hecho, estas películas de los ochenta me gustan más que cuando las vi por primera vez, cosa que no puedo decir de todo lo que me gustaba por aquel entonces (lo siento, Milli Vanilli. Aunque, si os sirve de consuelo, seguís en mi iPod y no me avergüenzo de ello). Lo más sorprendente es que los adolescentes de hoy, que nacieron mucho después de que la década terminara, adoran las películas de los ochenta como yo nunca lo hice con las películas con las que crecieron mis padres.

«Algunos de los que se me acercan para hablar conmigo eran adolescentes cuando estrenaron las películas, pero la gran mayoría de ellos tienen entre once y quince años», dice Alex Winter, que salió en dos de las películas de adolescentes más divertidas de los ochenta, *Jóvenes ocultos* y, por supuesto, *Las alucinantes aventuras de Bill y Ted*. «Se me acercan y me dicen cosas del tipo: "Tío, ¡eres Bill! Flipo".»

Seguramente debería hacer una pausa aquí para explicar a qué me refiero exactamente al decir «películas de los ochenta».

Cuando se me ocurrió la idea de escribir este libro, hablé con algunos críticos de cine sobre películas de los ochenta, incluido Peter Biskind, cuyo excelente libro *Moteros tranquilos, toros salvajes: La generación que cambió Hollywood* es probablemente el mejor ejemplo conocido de la dicotomía que acabo de describir: Hollywood de los setenta, *qualité*; Hollywood de los ochenta, el infierno de la cutrez. He de decir que fue un gran gesto por su parte no colgarme el teléfono cuando le conté mi idea.

«Es cierto, no he sido muy benévolo con las películas de los ochenta, pero ahora es el momento perfecto para volver a analizarlas», dijo Biskind.

Respiré hondo y me preparé para explicarle mi teoría sumamente enrevesada sobre *Tres hombres y un bebé*.

Pero Biskind habló primero: «Tomemos *Salvador* como ejemplo —dijo refiriéndose a la película de 1986 de Oliver Stone sobre las guerrillas izquierdistas durante la guerra civil de El Salvador—. Es una película fascinante. Deberías escribir sobre *Salvador*».

Querido lector, lectora, no he escrito sobre *Salvador*. Como ya te habrás dado cuenta, mis gustos van en una dirección diferente, una dirección descarada y despiadadamente comercial. Estoy segura de que hay muchos aficionados al cine de los ochenta que, cuando piensan en aquella época, les viene a la mente la imagen de James Woods aterrorizado por los escuadrones de la muerte en Centroamérica. Pero cuando yo pienso en los ochenta, me viene a la cabeza el marshmallow gigante aplastando taxis en Nueva York. No digo que una cosa sea mejor que la otra,[2] lo que digo es: ¿cuándo fue la última vez que te dieron ganas de ver *Salvador*? A las diez y nunca, seguramente. ¿Y cuándo fue la última vez que te dieron ganas de ver

2. La mía es mejor.

Cazafantasmas? Hace dos segundos, cuando he mencionado al marshmallow gigante, ¿a que sí? La popularidad nunca ha sido garantía de calidad (*Dos hombres y medio* es un buen ejemplo), pero sí es una señal de algo cuando han pasado treinta años de una película y sigue siendo una de las mejores comedias de todos los tiempos (algo que te garantizo no pasará con *Dos hombres y medio*). No hace falta decir que *Salvador* (o *Blade Runner*, o *Alien*, o *El precio del poder*, o *La chaqueta metálica*) son Buenas Películas de los Ochenta. Todo el mundo lo sabe. Quería escribir sobre por qué las Películas Divertidas de los Ochenta (como *Jungla de cristal*, *Magnolias de acero*, *La chica de rosa* y *Aventuras en la gran ciudad*) también son Buenas Películas de los Ochenta.

Las películas de los ochenta que vi de pequeña son las películas de los ochenta que aún me gustan ahora y, sí, un poco de sentimentalismo resulta inevitable. Pero también hay otra cosa que va más allá del amor que yo y el resto del mundo sentimos por ellas: estas películas ofrecen algo que no se encuentra en sus equivalentes de hoy en día.

Obviamente, en la actualidad también se hacen buenas películas. Incluso clásicos. Joder, podría nombrar un montón de ellas[3] que me encantan y que se hicieron después de 1990, así que no digo que solo se hicieron buenas películas en los ochenta, ni que todas las de los ochenta son clásicos. (*Maniquí*, por ejemplo, es completamente infumable.) Muchos aspectos de las películas de los ochenta eran basura, pero no las cosas de las que la gente suele hablar cuando se queja de ellas.

Para empezar, la actitud social suele dejar bastante que desear. En los ochenta se dio una extraña tendencia en la que se trataba la violación como un recurso cómico para la trama. El aburrido Jack de *Dieciséis velas* bromea diciendo que su novia

3. Bueno, unas siete más o menos.

Caroline está tan borracha que «podría violarla de diez maneras distintas si quisiera». ¿He dicho ya que Jack es el protagonista romántico de la película, hacia el que se supone que tenemos que sentir empatía? Me parece que no, John Hughes. Y después, para probar la teoría de Jake, el empollón de la escuela (interpretado por Anthony Michael Hall), se acuesta con Caroline cuando ella está prácticamente inconsciente. Hay un momento igual de horrible en *La revancha de los novatos*, cuando uno de los novatos engaña a una chica para que se lo haga con él fingiendo que es otra persona. Por último, en *Un mar de líos* (una película que disfruto más de lo que debería), un carpintero (Kurt Russell) convence a una mujer rica con amnesia (Goldie Hawn) de que ella está casada con él y se acuestan juntos. En todas estas películas, las mujeres acaban felizmente emparejadas con sus violadores, que es exactamente lo que ocurre después de una violación, ¿verdad?

Después están los comentarios racistas que salen como sin querer, los insultos homófobos (resulta deprimente escuchar a actores o actrices tan encantadores como Michael J. Fox o Molly Ringwald soltando cosas como «marica» con total relajación) o las incursiones en el ligeramente desquiciado patriotismo estadounidense. Pero, por lo general, defenderé las películas de los ochenta con la fiereza de Cocodrilo Dundee protegiendo a su chica con pelo cardado ochentero. ESTO es un cuchillo.

«Aún me paran por la calle y me preguntan: "¿Por qué ya no se hacen pelis como las de los ochenta?". Y no sé muy bien qué responder», comenta el actor e ídolo personal de los ochenta, Rick Moranis.

La razón por la que parece que ya no se hacen películas tan divertidas como en los ochenta es porque no se hacen, y esto se debe a tres factores específicos: económicos, cambios en las actitudes sociales y (el último factor debería leerse con la voz de

James Earl Jones como Darth Vader o como el autor iracundo en *Campo de sueños*) los cambios en el orden mundial. Cuando la gente habla de las películas de los ochenta, y con eso me refiero a aquellas que me gustan a mí, suelen centrarse en que son muy kitsch: los modelitos, los chistes anacrónicos, las infinitas citas citables. Yo también lo hago (he intentado ponerme el límite de solo una cita por capítulo o de lo contrario este libro se convertiría en una maratón de citas). Me encanta la tontería de las películas de los ochenta, su ternura, su música estimulante (los temas principales de *Regreso al futuro*, *Top Gun*, *Superdetective en Hollywood* e *Indiana Jones* estarían incluidos en la lista de canciones que me llevaría a una isla desierta), sus baladas rock, las fórmulas. Pero estas películas ofrecen muchas otras cosas aparte de lo kitsch. Lo kitsch está bien pero no suele tener una vida muy larga. Estas películas poseen ciertas cualidades y ofrecen lecciones particulares que no se encuentran en las películas de hoy en día. Eso es lo que las hace tan especiales, al menos en mi opinión.

Dividir algo por décadas resulta engañoso por naturaleza («¡La mejor música *dance* de los noventa!» «¡Los mejores peinados de los setenta!») pero, en el caso de las películas de los ochenta, tiene sentido porque las películas realizadas en Hollywood en esa década marcaron el comienzo de una nueva era (la Era de los Productores) que a su vez dio paso a otra en 1989 (las adquisiciones de los estudios por corporaciones). Como cualquiera que haya visto una película de los ochenta sabe, o que al menos tenga edad suficiente para acordarse de los ochenta (¡horror!), la vida ha cambiado mucho en los últimos treinta años: los móviles no tienen el tamaño de un coche y los hombres no lucen el pelo ahuecado como Michael Douglas en los ochenta, maldita sea. El arte de hacer películas en Hollywood también ha cambiado mucho en esos años. Unas corporaciones internacionales son ahora dueñas de los grandes estudios:

Sony Corporation es dueña de Columbia desde 1989; Warner Brothers se fusionó con Time Inc. y se convirtió en Time Warner, también en 1989; News Corporation de Rupert Murdoch se hizo con 20th Century Fox a mediados de los ochenta; Universal ha pasado por diversos dueños en los últimos veinte años, incluida una compañía francesa de agua y de medios de comunicación y General Electric, y ahora es propiedad del proveedor de cable Comcast; Paramount es de Viacom. Mientras que hacer películas antes era cosa únicamente de los estudios, ahora es una parte relativamente pequeña del negocio de una gran empresa.[4]

«Hay un millón de razones por las que hacer películas ahora es diferente pero una de las más importantes son las corporaciones —dice John Landis, quien solo en los ochenta dirigió *Un hombre lobo americano en Londres*, *Granujas a todo ritmo*, *Entre pillos anda el juego*, *Tres amigos* y *El príncipe de Zamunda*—. Entre Disney y Rupert Murdoch, solo cuatro o cinco empresas controlan los medios, lo controlan todo. Eso significa que la dirección ahora es mucho más corporativa. Durante veinte años, yo decidí el montaje final, ahora no te dejan. Claro que discutíamos con los estudios en los ochenta, pero no es como ahora. Ahora si haces una película de estudio... Oh, oh...»

«Antes, los estudios eran entidades controladas por personas cuyo objetivo era hacer películas. Pero cuando las multinacionales las compraron, se convirtieron en un eslabón más de la cadena de las grandes empresas y la prioridad nunca es hacer películas, la prioridad es ganar dinero —dice Melissa Silverstein, guionista—. Así que esa presión es la que lo dirige todo ahora y los ejecutivos están más centrados en el resultado económico que en el artístico.»

4. Edward Jay Epstein, *La gran ilusión: dinero y poder en Hollywood*, Barcelona, Tusquets. Una buena introducción si te interesan esos tejemanejes.

«Los ochenta fueron la última época del sistema de estudios», añade Landis.

El mundo también ha cambiado. Antes, en los ochenta, el mercado internacional suponía alrededor del 20 % de los beneficios de una película. Ahora es el 80 % porque, mientras que el público estadounidense se ha reducido ligeramente (aunque la taquilla se mantiene estable debido al aumento de precio de las entradas), el mercado internacional ha crecido de manera exponencial, liderado por China. Por una parte, es estupendo que Estados Unidos (o al menos Hollywood) reconozca la importancia del público más allá de sus fronteras, pero resulta menos atractivo si eso significa que ahora se hacen bodrios como *Transformers: La era de la extinción* (2014), una película rodada expresamente con el mercado chino en mente. Si alguna vez te has preguntado por qué hay tantas franquicias estúpidas y taquillazos aburridos, la respuesta es sencilla, porque recaudan montones de dinero en el extranjero, incluso aunque tengan pérdidas en el mercado estadounidense, como ocurre cada vez más a menudo.[5] En cambio, nunca ha sido más difícil hacer películas más pequeñas y originales, con buenos argumentos, como en los estudios de Hollywood de hoy en día.

«Dudo mucho que hoy encontrara un estudio que accediera a rodar *Cocoon*, la considerarían demasiado extraña y excéntrica —afirma Ron Howard, que sabe un par de cosas del tema—. Probablemente conseguiría hacerla de forma independiente, pero entonces no tendría la misma distribución que la metió en el top 10 de la taquilla en los ochenta. Creo que ahora el sistema es menos flexible y abierto en muchos sentidos.»

5. En 1993 se estrenaron veintidós *blockbusters* en las pantallas estadounidenses en verano. En 2013 fueron treinta y uno, todos con un coste de producción de alrededor de cien millones de dólares cada uno, y la mayoría fracasaron (Catherine Rampell, «Hollywood Tanking Business Model», *New York Times*, 3 de septiembre de 2013).

«La mitad de mis películas no se habrían llegado a hacer actualmente. Ningún estudio se atrevería con *Granujas a todo ritmo* ni en un millón de años», dice John Landis.

En vez de eso, los estudios se centran solamente en las películas grandes, éxitos que ayudarán al estudio en términos financieros (como *Crepúsculo, Transformers, X-Men, Los juegos del hambre* y otras películas de superhéroes que funcionarán por todo el mundo; es fácil traducir explosiones a los mercados extranjeros. ¿Diálogos largos sobre personas mayores que viajan a otros planetas? No tanto). Obviamente, las películas grandes y exitosas existían ya en los ochenta —joder, los setenta y los ochenta prácticamente inventaron este tipo de cine—, pero los estudios las consideraban excepciones anuales, no el objetivo único. La ridícula ironía ahora es que los mismos directores que firmaron los éxitos de taquilla de los setenta y ochenta, Steven Spielberg y George Lucas, no consiguen que los estudios respalden sus nuevas películas. En junio de 2013, ambos directores dieron una charla en la Facultad de Arte Cinematográfico de la Universidad del Sur de California y hablaron sobre cómo los estudios «preferían gastarse 250 millones de dólares en una única película en lugar de invertir en varios proyectos personales y menos convencionales». «Los estudios van en busca del oro —dijo Lucas—. Pero eso no les va a funcionar siempre. Como resultado, su punto de mira se vuelve cada vez más estrecho. El público acabará hartándose y al final no sabrán cómo hacer nada más...» *Lincoln* de Spielberg y *Red Tails* de Lucas apenas llegaron a los cines. Estamos diciendo que a Steven Spielberg y a George Lucas les cuesta llevar sus películas a los cines.

Un productor describe el negocio cinematográfico como el «caos», nadie sabe cómo competir con Internet y la televisión a la carta, ni cómo ganar la mayor cantidad de dinero posible mediante el *streaming*. «Es igual que cuando llegó la televisión y los estudios se tambalearon. Estamos viendo ese mismo cambio de nuevo», afirma John Landis.

Además, las películas y su publicidad se han vuelto inmensamente caras (en 2012, la Asociación Cinematográfica de Estados Unidos dejó de publicar cuánto se gastan en marketing cinematográfico pero el director de un estudio le dijo a *Variety* que entre 150 y 175 millones de dólares a nivel internacional es una cifra común). Así que ahora los estudios solo respaldan películas fáciles de vender y que funcionen en todo el mundo porque eso les garantiza recuperar el dinero. Eso también significa que quieren que las películas atraigan a la mayor cantidad posible de sectores demográficos, o «cuadrantes», como el personal de marketing se refiere al público: mujeres, hombres, ancianos y jóvenes. Esto, a su vez, ha provocado la desaparición de las películas tradicionales de mujeres, porque en teoría no atraen a suficientes cuadrantes (según una teoría de Hollywood de los últimos treinta años, las mujeres ven películas en las que los protagonistas son hombres o mujeres mientras que los hombres solo ven películas en las que los protagonistas son hombres). También significa que las películas se han vuelto menos interesantes porque, cuando alguien quiere que algo le resulte atractivo a todo el mundo, hay que masticarlo hasta convertirlo en una papilla insulsa que acaba no encandilando a nadie.

Lo que los estudios ya no quieren es el tipo de películas de presupuesto mediano que se hacían junto a los taquillazos y las franquicias de los ochenta, que es exactamente la definición de las películas de John Hughes. Ningún estudio haría hoy en día *El club de los cinco*, mucho menos *Todo en un día*. Los ochenta inventaron las franquicias cinematográficas y ahora estas están acabando con el mejor tipo de películas que se hacían en los ochenta. Actores de cine con el perfil perfecto para convertirse en estrellas para adolescentes (Elijah Wood, Tobey Maguire,

Shia Laboeuf) acaban metidos en McFranquicias taquilleras de acción.

«Sin una película que funcione en miles de pantallas y atraiga a un gran público gracias a una propiedad vendida anteriormente (un *remake*, una secuela, un libro superventas, una gran estrella de cine como protagonista), nadie invertirá dinero en el marketing de la película. Así que nos presentan un cierto tipo de película, la McPelícula, cada vez más monótona pero que funciona en los grandes estrenos *mainstream*. Hace unos treinta años, en 1984, películas como *Amadeus* y *El mejor* eran grandes éxitos. ¿Les darían luz verde en la actualidad? Lo dudo», afirma Steven Gaydos, editor de *Variety*.

«¿*Campo de sueños*? ¿*Reencuentro*? ¿*Hechizo de luna*? Ni hablar, no hoy en día», dice la productora Lynda Obst.

La comedia también ha sufrido por eso mismo. ¡Espera, espera! Me estás diciendo... Pero ¿no estamos en la edad de oro de la comedia? ¡*Resacón en Las Vegas*! ¡*La boda de mi mejor amiga*! APATOW. Sí, pero esas son comedias guarronas, obscenas, y la indecencia resulta divertida en todos los idiomas. Lo que resulta más difícil de traducir es la comedia al estilo de Nora Ephron, el tipo de comedia que citarás por siempre jamás, por la que vivirás y morirás. Nadie vivirá ni morirá inspirado por nada de lo que se dice o pasa en *Resacón en Las Vegas* pero sí conozco a gente que cambió su vida por completo por una frase del diálogo de *Cuando Harry encontró a Sally*... Y cuando hablo de gente obviamente me refiero a mí misma.

Pero no se trata solo de los chanchullos de los estudios. También tiene que ver cómo ha cambiado el panorama político y cultural occidental. La cultura estadounidense se ha vuelto progresivamente más conservadora desde los ochenta. Esto puede resultar contradictorio si tenemos en cuenta la legalización del matrimonio homosexual y la elección durante dos legislaturas de un presidente mestizo. Pero el contraataque ante estos y otros acontecimientos ha sido feroz y eso, unido al crecimiento de los grupos de presión, ha impactado en lo que los estudios creen que pueden o no mostrar en las películas de ahora, especialmente cuando se trata de historias sobre mujeres jóvenes, sexualidad y aborto. «Lo que ocurre en las películas siempre refleja lo que pasa culturalmente en ese momento y lo que vemos en la gran pantalla es a la cultura estadounidense intentando poner a las mujeres a su sitio», dice Melissa Silverstein.

Y luego están los ideales de belleza, atractivo y madurez cada vez más ridículos de la cultura pop occidental. Resulta imposible imaginar hoy por hoy a una mujer joven en el papel protagonista de una película romántica que no lleve siempre el pelo perfecto, tenga la talla 34 y vista con ropa ajustada. O, si no cumple ninguna de esas características, será porque intenta demostrar algo (pero sin duda remediará su error al final de la película). Esto no ocurría en los años ochenta. Molly Ringwald, Jennifer Grey, Ally Sheedy, Jennifer Jason Leigh, Elisabeth Shue, Annie Potts, Susan Ursitti: las chicas jóvenes adoraban a estas actrices porque se sentían identificadas con ellas. Y así sigue siendo. La imagen de las maravillosas curvas del cuerpo pálido de Melanie Griffith enfundado en lencería en *Armas de mujer* resulta subversiva en comparación con los cuerpos de las actrices de ahora, bronceados y tonificados en ocasiones incluso de forma excesiva. Que las películas de los ochenta —¡de los ochenta!— parezcan mucho más inocentes, comprometidas políticamente, enfocadas a las mujeres e incluso morales que muchas de las películas comerciales de hoy en día dice mucho de cuánto han cambiado las cosas desde entonces, y sin que muchos de nosotros nos diéramos cuenta, ya que gran parte de esos cambios se han producido de forma gradual.

Y ahora, una advertencia: es muy probable que no hable en este libro de tus películas ochenteras favoritas. Eso es porque en él he incluido mis películas ochenteras favoritas y, por lo tanto, es ligeramente autobiográfico y tremendamente subjetivo. Te voy a ahorrar la sorpresa y la decepción y voy a enumerar algunas de las películas de los ochenta que prácticamente he ignorado en este libro:

El imperio contraataca
El retorno del Jedi (vale, lo admito, nunca me enganché a *La guerra de las galaxias*)
Star Trek (ídem)
La mayoría de las películas de Arnold Schwarzenegger
Ídem con Sylvester Stallone
Viernes 13 y *Pesadilla en Elm Street* (la primera escena de *Cazafantasmas* ya me parece suficientemente terrorífica, gracias)
Cualquier película de terror
Águila de acero (aparentemente a los tíos les encanta)
Salvador (lo siento, Peter Biskind)
Muchas, muchas más que adoro pero que no he podido encajar aquí (*St. Elmo, punto de encuentro* es una omisión que me duele especialmente)

Esto no es una enciclopedia de películas de los ochenta. Si es eso lo que buscas, cómprate una enciclopedia (aunque lo más seguro es que la última vez que vieras una fuera en los ochenta). Pero creo que, aunque tu película favorita de todos los tiempos sea *El retorno del Jedi* (friki), en este libro encontrarás razones que explican de alguna forma por qué las películas de *La guerra de las galaxias* de los setenta y ochenta son lo más y las nuevas son un truño.

Otra advertencia: he intentado hablar con los principales responsables de cada una de las películas de las que trato en este libro y ese ha sido uno de los mayores placeres de escribirlo. Tardé treinta años en hacerlo pero al fin encontré una excusa (mínimamente) legítima para conseguir que Molly Ringwald e Ivan Reitman hablaran conmigo. Pero en algunos casos llegué demasiado tarde. Tres de mis directores favoritos de los ochenta murieron durante la pasada década y lamento tremendamente no haberle echado narices antes, a tiempo para poder hablar con John Hughes, Nora Ephron y Harold Ramis. Siento que son omisiones importantes en este libro porque todos ellos han tenido una presencia tremenda en mi vida.[6]

Adoro estas películas porque son desternillantes, tiernas e inteligentes, porque son divertidas. Son Buenas, con B mayúscula, y, aunque suene extraño calificar así a un gigante como *Cazafantasmas*, también están infravaloradas. Estas películas no solo nos hicieron felices, sino que nos enseñaron mucho más que las películas de hoy en día. Sí, «La fuerza está en ti, Lone Starr», por citar una de las películas de los ochenta[7] que me gustaba tanto de niña que vi la cinta hasta que quedó destrozada. Pero les debo a estas películas que la fuerza esté en mí. Gracias a ellas, la verdadera fuerza de los ochenta siempre será intensa en nosotros.

6. También tomé la decisión de utilizar la entrevista que le hice a Tim Burton para el *Guardian* hace unos años junto con mi libro favorito sobre el director en lugar de volver a molestar al pobre para el capítulo sobre *Batman*.

7. La grande, grande *La loca historia de las galaxias*.

Dirty Dancing: sí, las mujeres abortan

Hay pocas películas tan infravaloradas e incomprendidas como *Dirty Dancing* (1987). La vi por primera vez cuando tenía diez años y me temo que no me di cuenta de que estaba ante una de las grandes películas feministas de todos los tiempos; el problema es que tenía tantas ganas de ver algo con la palabra «Dirty» en el título que me pasé toda la película esperando a que terminara para llamar a mi amiga Lauren y presumir de mi gran logro.

«Pues yo acabo de ver *No puedes comprar mi amor* dos veces —me respondió fríamente Lauren, refiriéndose a la comedia romántica para adolescentes con Patrick Dempsey—. Ver *No puedes comprar mi amor* dos veces vale como una de *Dirty Dancing*.»

Le dije que sí por educación, pero en el fondo las dos sabíamos que no era verdad (en *No puedes comprar mi amor* no hay ni una sola escena de sexo, así que venga, cuéntame otra historia). Pero, por si acaso, no perdí ni un segundo y vi *Dirty Dancing* dos veces más para asegurarme de que Lauren no era más guay que yo. Y, para no dejar lugar a dudas de lo guay que era, volví a llamar a Lauren para contárselo.

La crítica y el público de la época resultaron estar tan ciegos como mi yo de diez años y no les llegó el mensaje feminista de *Dirty Dancing* (aunque dudo mucho que la mayoría llamara inmediatamente a alguien con quien mantiene una relación de amor-odio para fardar de haber visto la película). En parte, esto se debe al sexismo. En parte, es un reflejo de cuánto han cambiado las cosas en los últimos treinta años. Y principalmente se debe a que la guionista, Eleanor Bergstein, tuvo el acierto de pensar que la mejor manera de presentar un mensaje social era «hacerlo de forma placentera para que la lección moral nos pillara por sorpresa». Pero yo me pasé tanto tiempo distraída por los diversos placeres (en concreto, la banda sonora, el sexo, Swayze) que la lección moral no me pilló en absoluto. Durante años, no me di cuenta de que estaba ante uno de los mejores tratados feministas de los ochenta, al nivel del estudio de Susan Faludi, *Reacción. La guerra no declarada contra la mujer moderna*. Pero es que el libro de Faludi no viene con un Patrick Swayze medio desnudo, así que al leerlo sin distracciones resulta más fácil darse cuenta de que es una contribución a la lucha contra la misoginia.

A mediados de los ochenta se habían estrenado *Flashdance* y *Footloose*, y los estudios buscaban desesperadamente otra película de adolescentes con bailes y una gran banda sonora comercial. Pero a ninguno de ellos le interesaba *Dirty Dancing*.

«Todo el mundo pensaba que *Dirty Dancing* era basura para adolescentes. No puedo ser más clara —dice la encantadora y dicharachera Bergstein—. Nadie quería hacer la película. Nadie. Enviaba el guion a los estudios junto con una cinta de la banda sonora que había preparado con grabaciones de mis viejos discos de 45 rpm de los sesenta; los ejecutivos me llamaban y me decían que no iban a hacer la película, pero me preguntaban si podía mandarles otra cinta porque habían destrozado la primera de tanto escucharla. Pero ni siquiera la banda sonora les convenció del potencial de la película.»

Varias ejecutivas (a los hombres no les gustó nada) presionaron a MGM para que aceptara el guion pero acabaron dejándolo aparcado. Ningún otro estudio se lo planteó siquiera. Al final, una pequeña productora independiente le echó un vistazo, pensó que sería dinero fácil y rápido y se ofrecieron a hacerla por cuatro millones, una quinta parte del coste medio de una película en aquella época. Bergstein y su productora, Linda Gottlieb, aceptaron.

A Bergstein ya le habían producido un guion, el de *Ahora me toca a mí*, una película de los ochenta inmerecidamente olvidada en la que Jill Clayburgh interpreta a una profesora de matemáticas que tiene un lío con un atleta, interpretado por Michael Douglas. Para esa película, Bergstein se inspiró en las estudiantes de matemáticas de Princeton, donde su marido era y aún es profesor, y en el comportamiento condescendiente que tenían que soportar por parte de los hombres, incluidas acusaciones de que sus novios les hacían todo el trabajo («¡Me daba muchísima rabia!», exclamó igual de cabreada que hace tres décadas). Durante el rodaje de esta película, Bergstein incluyó una secuencia de baile inspirada en los bailes con sus amigos durante su juventud en Brooklyn pero al final fue descartada y no formó parte del montaje final de la película. Fue una suerte que no se incluyera por dos razones: primero, imagínate el trauma de ver a Michael Douglas bailando de forma provocativa y, segundo, eso la animó a escribir una película con el baile como elemento principal. Unos años después, escribió la historia de una joven llamada Baby (Jennifer Grey) que pasa las vacaciones del verano de 1963 con sus padres y su hermana en las montañas Catskills y se enamora del profesor de baile (Patrick Swayze).

Tras haber aguantado el escepticismo de los estudios sobre la película, Bergstein se ha vuelto inmune a que los críticos no entiendan o ignoren la película. William Goldman decía que nadie sabe nada en el negocio del cine y, como prueba de ello, antes de que se estrenara la película, un productor afirmó que era tan mala que la mejor opción era quemar los negativos para cobrar el dinero del seguro. Cientos de millones más tarde, Bergstein aún se ríe al recordarlo. Pero hay dos comentarios que escucha a menudo y que la sacan de sus casillas: «Me revienta que se describa a Baby como un patito feo porque Jennifer [Grey] es guapísima. Tampoco soporto que alguien se refiera a la película como la historia de la Cenicienta. La Cenicienta no movió el pandero de su asiento para hacer nada».

Baby sin duda movió el pandero. Al inicio de la película, la vemos leyendo un libro sobre desarrollo económico porque va a estudiar economía de los países subdesarrollados (nada de literatura inglesa, como corrige sin dudarlo a su paternalista pretendiente) para unirse al Cuerpo de Paz. «Nuestra Baby quiere cambiar el mundo», farda su padre orgulloso, el doctor Houseman (interpretado por el encantador y cejudo Jerry Orbach), ante los dueños de Kellerman's, el complejo hotelero judío (algo que no se molestan mucho en ocultar). *Dirty Dancing* es fácilmente la película de adolescentes de los ochenta más judía, y esa es probablemente otra de las razones por las que mi corazoncito judío la adora tanto. Como dice Bergstein, «solo hay que saber dónde encontrar las pistas».

Pero, hasta que pueda salvar el mundo, Baby se dedica a salvar a las personas de su alrededor. Grey está perfecta en su papel de adolescente ingenua e idealista que se deja querer, decidida a ayudar a los pobres y oprimidos, pero que sin embargo no tiene ni idea de cómo es la vida de quienes no son judíos ni de clase media (probablemente otra razón por la que me resulta tan fácil sentirme muy identificada con esta película).[1] Rechaza la forma despectiva en la que los jefes del complejo

1. Al principio se pensó en Winona Ryder para el papel. No se le habría dado mal transmitir el nerviosismo y el carácter judío de Baby, pero resultaría más difícil verla como una adolescente inocente de los sesenta. Incluso en los ochenta, Ryder siempre ha sido un poco demasiado irónica y demasiado guay. Grey, por su parte, era todo dulzura e inocencia.

tratan a los animadores (católicos) de clase obrera, y se horroriza al descubrir que su padre es igual de esnob. Cuando se entera de que Penny (Cynthia Rhodes),[2] la profesora de baile, está embarazada y de que el padre es el camarero Robbie (Max Cantor),[3] le pide a este que pague el aborto de Penny. Cuando él se niega, Baby consigue el dinero. Cuando Johnny necesita que alguien cubra a Penny durante el número de baile, Baby se ofrece a hacerlo. Cuando el aborto de Penny se convierte en una carnicería, Baby llama a su padre.

Baby no entiende el mundo de clase media-baja en el que viven Johnny y Penny, en el que cualquiera puede ver sus sueños esfumarse de un plumazo, pero no les juzga. Baby es una gran heroína de película. Como dice Johnny, Baby ve el mundo y cree que puede mejorarlo, aunque al principio eso le resulta irritante y la tacha de «señorita meticona». Pero también es lo que hace que se enamore de ella: cuando se pierde en la coreografía y no da el salto, Baby improvisa y todo acaba saliendo bien. «Ahí es cuando Johnny se enamora de ella —dice Bergstein—. Porque se da cuenta de que siempre quiere mejorar las cosas y le demuestra que puede conseguirlo.»

Ella muestra la misma determinación cuando se trata de conseguir lo que quiere en su vida. En *Dirty Dancing*, lo que quiere

2. Dato apasionante: en la vida real, Rhodes estaba casada con la estrella pop de los ochenta Richard Marx. No se puede ser más ochentero.

3. Max Cantor probablemente tuvo una de las carreras profesionales más extrañas y escalofriantes tras protagonizar una película de adolescentes en los ochenta. Después de recibir una educación privilegiada en Nueva York y tras una muy breve carrera como actor, se hizo periodista de investigación. Descubrió una historia sobre un culto caníbal en Nueva York y, para ganarse su confianza y conseguir una exclusiva, empezó a tomar drogas. Acabó enganchado y finalmente lo encontraron muerto. Hay quien afirma que lo mató el caníbal Daniel Rakovitz, pero otras fuentes afirman que fue una sobredosis. Sea cual sea la verdad, cuesta no pensar que el pobre Robbie debería haberse quedado con Ayn Rand, lejos de los caníbales.

es acostarse con Johnny y la película lo deja muy, pero que muy claro. No es de extrañar que a ninguno de los ejecutivos varones de MGM les gustara el guion ni que acabara produciéndola una mujer, porque *Dirty Dancing* es una película sobre la sexualidad femenina. En particular, la parte física de la sexualidad femenina, y la excitación y las complicaciones que eso conlleva. Es Baby quien da el primer paso con Johnny cuando va a su habitación por la noche y, después, cuando él se queda petrificado en su desconcierto, ella vuelve a tomar la iniciativa y le pide que bailen. Mientras lo hacen, las manos de Baby recorren el cuerpo medio desnudo de él, deleitándose con su piel, mientras la cámara se centra en la mano que se desliza lentamente hacia su trasero. La película se narra desde el punto de vista de Baby y por eso hay tantas tomas apasionadas de Johnny sin camiseta y apenas tomas lujuriosas de ella. Sí vemos algún primer plano de la pelvis de Baby en el que se podría considerar el mejor montaje de los ochenta, cuando Johnny le enseña a bailar mientras suena «Hungry Eyes», aunque parece más bien la expresión visual de la excitación sexual de Baby, en lugar del deseo de la película por las esbeltas caderas de Grey. La cámara trata como un objeto al hombre y es la mujer quien se excita, algo que no se volvió a ver hasta que Brad Pitt tontea con un secador para Geena Davis en *Thelma & Louise* en 1991, y que apenas se ve en la actualidad.

«Toda la película se narra desde la mirada femenina porque quería hacer una película sobre cómo es, para una mujer joven, pasar al mundo físico, es decir, al mundo sexual —dice Bergstein—. Así que tenemos esas escenas de Jennifer mirando con sus ojazos y después cientos de tomas de Patrick. Aún recuerdo cuando estábamos en la sala de montaje y todo el mundo me preguntaba por qué había tantas tomas de Patrick. Mi respuesta era que eso era lo que ella veía. La historia se cuenta a través de la mirada femenina, a diferencia de la mayoría de las películas.»

Johnny no es un personaje cualquiera (ningún otro actor como Swayze, hijo de un cowboy y una bailarina de ballet, podría haber transmitido mejor la masculinidad afeminada de Johnny), aunque otras películas de adolescentes de los ochenta, como *La chica de rosa* y *Un gran amor*, presentaron personajes varones con los que el público masculino joven podía empatizar. Sin embargo, Johnny es un personaje para ellas. *Dirty Dancing* es una película pensada totalmente para un público femenino y, sorpresa, sorpresa, los críticos varones le dieron muy malas críticas. Robert Ebert la tachó de «terriblemente predecible» y Richard Schickel de la revista *Time* se mostró igual de despectivo. Por otro lado, Pauline Kael, del *New Yorker*, escribió que salió alegre y feliz tras ver la película. La crítica de cine del *Philly Inquirer* Carrie Rickey escribió décadas después: «[El entonces crítico del *New York Times*] Vincent Canby coincidió conmigo en que, al igual que con *Buscando a Susan desesperadamente*, la resistencia de la crítica a *Dirty Dancing* pudo darse por tratarse de una película centrada en lo femenino». No es nada nuevo que los críticos varones tachen de frívola o banal a una película (o libro, o serie de televisión) para mujeres.[4] Lo que resulta más sorprendente es que muchos de los aspectos de la película que ahora nos parecen extraordinarios se pasaran por alto entonces.

Baby no solo quiere acostarse con Johnny, sino que le encanta el sexo con él y la película lo refleja con la analogía nada sutil entre el baile y el sexo. A Baby le resplandece el rostro las mañanas después y mejora en el baile a medida que gana confianza sexual. El rechazo que siente Baby por su padre y le lleva a decantarse por el sexy bailarín del hotel Kellerman's es tan

4. *Sexo en Nueva York*, con Sarah Jessica Parker (una doble de Jennifer Grey) como protagonista, sufrió una suerte similar dos décadas después aunque, durante su mejor momento, fuera una serie tan inteligente e ingeniosa como cualquier alabada serie masculina.

simbólico como cuando Rose abandona su vida acomodada para irse a bailar con los trabajadores irlandeses en *Titanic*, de 1997 (los pobres: siempre dispuestos a ayudar a una chica rica y reservada en su despertar sexual. ¡Y qué bien bailan!). Hasta que Baby pierde la virginidad, no se da cuenta de que sus padres también cometen errores y es entonces cuando deja de ser Baby para convertirse en Frances, cosa que la película aplaude. (Al igual que el público: las escenas de sexo entre Baby y Johnny fueron la experiencia erótica formativa de toda una generación. Gran parte de mí aún cree que sigo sin haber practicado sexo como se debe porque ninguno de mis encuentros sexuales ha comenzado con un playback de «Love is Strange», y Dios sabe que no es porque no lo haya intentado.)

«Baby lo arriesga todo por la integridad y el amor y no paga por ello —dice Bergstein—. La mayoría de las películas hacen que las chicas acaben pagando las consecuencias.»

En las películas de adolescentes de los ochenta, a las chicas les encanta el sexo y apenas sufren consecuencias por ello. En la poco vista, y con razón, *La chica del valle* (solo merece la pena por el chaleco de Nicolas Cage y por escuchar «I Melt With You» de Modern English en la banda sonora), las adolescentes hablan de sexo con lujuria. En *Mystic Pizza*, Jojo (Lili Taylor) se cuela en los baños con su prometido (Vincent D'Onofrio) siempre que puede y acaban felizmente casados, mientras que Daisy (Julia Roberts) seduce a su novio rico y, por sorprendente que pueda parecer, terminan juntos y satisfechos. Del trío de *Mystic Pizza*, solo Kat (Annabeth Gish) tiene una mala experiencia sexual, pues se acaba dando cuenta de que su amante nunca dejará a su mujer. Pero este giro argumental me parece más un apunte sobre el hombre que sobre el sexo en general, ya que Kat parece más molesta por el mal sexo que por lo otro. En *Un gran amor*, Diane (Ione Skye) está feliz de la vida tras perder la virginidad con Lloyd (John Cusack) en su coche.

Lloyd, por su parte, está completamente destrozado y solo consigue sentirse mejor escuchando una balada de Peter Gabriel, pobre idiota.[5]

Esta perogrullada básica (a las adolescentes les gusta el sexo) es una lección que rara vez se saca de las películas actuales. Hoy en día, una chica en una película de adolescentes que practique el sexo (o que simplemente muestre tener ganas) se arriesga a que su novio la destroce y a que un bebé vampiro la devore desde dentro (Bella en *Crepúsculo*). Como poco, una chica a la que se le ocurra practicar sexo sin duda terminará con daños emocionales (*Las ventajas de ser un marginado*) o se sentirá humillada ante todo el mundo (*Rumores y mentiras*). Las chicas buenas, inteligentes y sensatas no practican sexo o al menos se muestran extremadamente reacias y solo acceden de mala gana porque los chicos tienen muchas ganas (Dionne en *Clueless*, Vicky en *American Pie*). Resulta extraño remontarse a una de las mayores películas de adolescentes de los setenta, *La noche de Halloween*, en la que un psicópata con mono se carga en un plis plas a cualquier chica adolescente a la que se le ocurra practicar sexo. Ahora, en vez de eso, se las destroza desde dentro. En las

5. Los chicos también disfrutan de su madurez sexual en las películas de los ochenta. En *Risky Business*, Joel (Tom Cruise) practica sexo aeróbico y un tanto inverosímil con Lana (Rebecca De Mornay) cuando pierde la virginidad. En *Teen wolf (De pelo en pecho)*, como enfatiza el título de la película, el viejo tropo del hombre lobo como símbolo de la pubertad masculina se lleva hasta un extremo maravillosamente ridículo y de una forma mucho más absurda que en la película de 1957 *Yo fui un hombre lobo adolescente*. Es casi sin duda la mejor película jamás rodada sobre la pubertad masculina; lo que el libro de Judy Blume *¿Estás ahí Dios? Soy yo, Margaret* es para las chicas, *Teen wolf (De pelo en pecho)* debería serlo para los chicos. Cuando Scott (Michael J. Fox) se transforma en lobo, se vuelve irresistible para sus compañeras del instituto y disfruta del sexo con ellas entre aullidos. Del mismo modo, los vampiros adolescentes de *Jóvenes ocultos*, una película proféticamente emo, disfrutan tremendamente de su vampirismo.

En comparación con estas dos películas, el vampiro y el hombre lobo de *Crepúsculo* hacen que la madurez y la sexualidad parezcan mucho menos divertidas.

películas de adolescentes de ahora, se puede mostrar sexo adolescente siempre y cuando sea una comedia obscena y este se presente como algo extremo o ridículo: por ejemplo, *American Pie* (1999), *Supersalidos* (2007), *Project X* (2012) o *Cosas que hacer antes de los 18* (2013) y, en el Reino Unido, *Supercutres* (2011). Además, prácticamente todas se cuentan desde el punto de vista de ellos. Lo que ya no se ve son representaciones delicadas, o realistas, de la sexualidad adolescente. En su lugar, el sexo adolescente se presenta con advertencias o bajo el disfraz irónico y descarado de la indecencia.

«Se puede hacer una película con una fiesta salvaje y mucha comedia sexual pero ninguna en la que una quinceañera enseñe a sus amigas algo sobre sexo —dice la directora de *Aquel excitante curso*, Amy Heckerling—. Al igual que en *Borat*, se puede mostrar a hombres desnudos meneando el rabo durante diez minutos siempre y cuando no sea de manera sexual. Pero ya no se ve a jóvenes explorando su sexualidad de forma realista.»

El director y productor de cine Jon Avnet coincide en que una de las mayores diferencias entre las películas de adolescentes de hoy en día en comparación con las de los años ochenta es la representación de la sexualidad. Y sabe de lo que habla, pues fue el productor de *Risky Business*, una de las películas de adolescentes más sexis e influyentes[6] de los ochenta.

«La escena en el metro de *Risky Business* entre Rebecca [De Mornay] y Tom [Cruise] es muy subida de tono, no creo que se pudiera hacer algo así en una película de adolescentes actualmente. El sexo como forma de intimidad equivale a la muerte en las películas de adolescentes de ahora», afirma. De hecho, sugiere que, en la actualidad, el sexo brilla por su ausencia o parece «algo sacado de *Porky's*.»

6. Las películas de adolescentes de John Hughes muestran una clara influencia de *Risky Business*, exceptuando la historia de las prostitutas (menos mal).

Una de las protagonistas de *Dirty Dancing* está muy cerca de recibir su merecido tras practicar sexo: Penny, quien casi muere tras un aborto ilegal. No estoy segura de qué creía que le pasaba a Penny cuando vi la película de pequeña; quizá pensé que se había caído por las escaleras, o tal vez estaba tan desconcertada que sencillamente lo pasé por alto. Pero cuando de adolescente volví a ver la película, con ganas de pasar 90 minutos disfrutando de secuencias de bailes sensuales, frases ingeniosas y archiconocidas («traje una sandía») y la magnífica nariz original de Jennifer Grey (trágicamente mutilada desde entonces), me sorprendió darme cuenta de que *Dirty Dancing* trata realmente sobre la importancia del aborto legal. Sorprende la honestidad de la película en cuanto a la brutalidad de los abortos ilegales. Nos cuentan que Penny acudió a un «hombre con un cuchillo sucio y una mesa plegable» y no paran de repetirnos que el procedimiento es «ilegal», así que no puede acudir a un médico de verdad cuando la cosa sale mal y casi muere desangrada.

«Cuando escribí la película, el aborto, al igual que el feminismo, era uno de esos temas que ya nadie consideraba relevante. Muchas mujeres pensaban que eran batallas ganadas y que seguir hablando del tema resultaba aburrido —dice Bergstein—. Pero, en mi opinión, el caso de Roe contra Wade no era lo suficientemente sólido; por eso utilicé expresiones tan descriptivas como "el cuchillo sucio" y demás. La película está ambientada en 1963 pero se estrenó en 1987 y quería que las mujeres entendieran que no se trataba de que Penny hubiese ido a Planned Parenthood y la cosa se hubiera complicado.»

Nadie, ni el estudio ni la crítica, se quejó entonces de que la trama de la película arrancara tras un aborto ilegal. «Ni siquiera se dieron cuenta —afirma Bergstein—. En el estudio creían que el guion era estúpido y malo por muchas razones, así que apenas se dieron cuenta de ese aspecto. Nadie sugirió que pudiera resultar polémico, no les pareció más que una película tonta de adolescentes y baile.» Una empresa de cremas antiacné fue la primera en presentar algún tipo de objeción: querían patrocinar la película y que su crema apareciera en los carteles, pero se echaron atrás cuando la vieron. El estudio sugirió que se volviera a rodar la película, pero Bergstein les indicó que el tema del aborto era indispensable, ya que así es como Johnny y Baby se conocen y, curiosamente, es lo que les lleva a acostarse por primera vez, así que el estudio dio marcha atrás a su idea.

«Sabía que si quería contar un mensaje social debía incluirlo en la trama. Muchas películas incluyen mensajes sociales que acaban en el suelo de la sala de montaje. Es cierto que la mayor parte del público no comentó la trama del aborto cuando se estrenó la película pero, gracias a ello, el mensaje consiguió llegar a gente que no iría a ver un documental sobre el aborto por voluntad propia, y también atrajo a un gran público feminista», afirma Bergstein.

Las películas de adolescentes de los ochenta no temían mostrar que a las adolescentes les gusta el sexo, ni tampoco les importaba hablar de uno de los posibles resultados de dicha actividad: el aborto. En *Fama* (1980), la rica Hilary (Antonia Franceschi) aborta tras quedarse embarazada por accidente. La única pregunta que surge a raíz de su decisión la plantea la enfermera, que le pregunta con qué tarjeta de crédito quiere pagar el procedimiento. En *Aquel excitante curso* (1982), Stacy (Jennifer Jason Leigh), que tiene quince años y por tanto es menor, pierde la virginidad y se queda embarazada tras un apresurado encuentro con Damone (Robert Romanus), de diecinueve. Él no la ayuda a pagar el aborto y ni siquiera se presenta para acompañarla a la clínica, como le había prometido, así que ella tiene acudir a su atontado hermano (Judge Reinhold). La película no la juzga en ningún momento ni se convierte en un cuento con moralina sobre lo que les pasa a las chicas sueltas. Es más, el único que sale mal parado es el inútil de Damone por no ayudarla. De hecho, al final, Stacy se encuentra perfectamente, el aborto no le afecta y acaba saliendo con Rat (Brian Backer), el chico con el que debería haber estado desde el principio y a quien tampoco parece molestarle el aborto de Stacy.

«El estudio no tuvo ningún problema con que un personaje femenino de quince años abortara. Era una situación realista: los adolescentes practican sexo [no en la pantalla] y algunas adolescentes abortan; la película refleja eso —dice Heckerling—. Cuando [Damone] no le da el cheque para pagar el aborto, estamos afirmando que no están preparados para tener hijos. Si ni siquiera puede conseguir el dinero para el procedimiento, ¿cómo va a ser padre?»

Al igual que en *Aquel excitante curso*, en *Dirty Dancing* no se critica a la mujer que necesita abortar, solo al idiota que la dejó embarazada y que después se niega a ayudarla. Pero *Dirty Dancing* es mucho más intensa en su crítica a los hombres inútiles que *Aquel excitante curso* porque, a diferencia de esta última, está escrita por una mujer. «Hay gente que cuenta, y otra que no» dice con desprecio el malvado preñador y admirador de Ayn Rand, Robbie, quien acto seguido acusa cruelmente a Penny de acostarse con cualquiera.

Quizá la conversación en pantalla más extraordinaria sobre el aborto se dé en *Atracción fatal*, el mejor ejemplo de la reacción contra el feminismo en los ochenta sobre la que escribe Faludi. A pesar del divertidísimo alarmismo sobre los riesgos del feminismo, de una forma extraña y delirante la película acaba siendo no estrictamente pro derecho a decidir pero sí proaborto. Cuando Alex (Glenn Close) le dice a Dan (Michael Douglas) que está embarazada tras su aventura, él (el hombre bueno) intenta convencerla desesperadamente para que aborte pero ella (la mujer mala) se niega. La película sugiere que ese hecho demuestra la naturaleza egoísta de ella frente al carácter responsable de él. Es *Atracción fatal*, y además una película de Adrian Lyne, así que resulta inevitable que el mensaje pro derecho a decidir de la película se fundamente en impulsos misóginos: a saber, es injusto que la mujer tenga el control cuando se trata de abortar (ya, ya, jajaja) y lo más importante es que Dan preserve la santidad de la familia que lo espera en casa obligando a su amante a que aborte. Aun así, no todos los días nos encontramos con una película en la que el hombre es el bueno por querer que una mujer aborte y la mujer es la mala por negarse.

Obviamente, siendo los ochenta de Reagan, no todas las películas gritaban a favor del aborto. Volviendo a *Reacción*, Faludi detalla las películas que se estrenaron durante esa década y que considera fueron explícitamente anti derecho a decidir. Algunas forman parte de esta lista por pleno derecho (*Otra mujer*, de Woody Allen, en la que una mujer se da cuenta demasiado tarde de que el mayor error de su vida fue abortar), otras no tanto (la brillante comedia de Ron Howard *Dulce hogar... ¡a veces!*, en la que una chica de dieciocho años decide de forma creíble, en mi opinión, tener un hijo con el vago de su novio porque está perdidamente enamorada de él). Pero estas voces predecibles en contra del aborto lo único que consiguen es que las películas contemporáneas que están a favor resulten aún más extraordinarias.

«Se había hablado del aborto en otras películas antes de *Aquel excitante curso* —dice Heckerling—. Está la película de Steve McQueen, *Amores con un extraño* (1963), en la que el argumento gira en torno a cómo conseguir dinero para un aborto. *Aquel excitante curso* nació de las investigaciones de Cameron Crowe [el guionista de la película] sobre cómo era la vida en los institutos modernos, y esto es lo que sucedía allí. Las mujeres abortaban y películas de la época hablaban del tema.»

Hoy en día, las mujeres siguen abortando pero no lo sabrías si solo vieras películas populares, adolescentes o no. Incluso las películas más inteligentes que se ven obligadas a afrontar el tema lo esquivan con torpeza. En *Lío embarazoso* (2007), que trata sobre una pareja que concibe tras un extraño lío de una noche, se tacha de crueles a las dos únicas personas que pronuncian la palabra (la madre de ella y el compañero de piso de él). Mientras que en *Fama* Hilary aborta para seguir con su sueño de convertirse en bailarina de ballet, en *Lío embarazoso*, a Alison, de veintidós años, le horroriza la idea de poner su prometedora carrera por delante de un embarazo inesperado y no deseado. En la película de 2007 *Juno*, la adolescente del mismo nombre descarta la idea del aborto cuando una manifestante anti derecho a decidir le dice que su bebé tendrá uñas justo antes de entrar a una clínica que parece salida del sueño de la oficina de prensa de la Iglesia Baptista de Westboro. En *Despedida de soltera* (2012), un personaje revela que abortó de adolescente y la película da a entender que ese es el motivo por el que se ha convertido en una adulta drogadicta y promiscua.

Lo más extraño del creciente conservadurismo en la industria del cine es que prácticamente el mismo porcentaje de estadounidenses están a favor de la legalización del aborto que en los ochenta. De hecho, al público de hoy en día le gusta ver en pantalla representaciones sinceras de lo que supone abortar en las pocas películas que lo muestran. La película indie *Obvious Child*, sobre una mujer que decide abortar, se estrenó en solo 202 salas en Estados Unidos y, aun así, recaudó la impresionante suma de 25.772 dólares por sala durante el fin de semana de su estreno. Por el contrario, la comedia desagradable y misógina *No hay dos sin tres* (2014), en la que los personajes femeninos son unas brujas bidimensionales, celosas y sexualizadas, se estrenó en unos tres mil cines y recaudó menos de 7.727 dólares por sala el fin de semana de su estreno. Menos mal que al público no le gustan los temas femeninos complejos.

La tasa de aborto adolescente en Estados Unidos se encuentra en un mínimo histórico tras reducirse un 64% entre 1990 y 2010 gracias al admirable trabajo de los educadores sexuales, que ha enseñado a los jóvenes la importancia de los anticonceptivos. Así, resulta extraño que en las películas exista tanto miedo a hablar sobre el tema. Mientras que en los ochenta había películas tanto en contra como a favor del derecho a decidir, en este momento Hollywood habla con una sola voz.

«La industria del entretenimiento ha decidido silenciar el debate sobre el aborto —dijo Robert Thompson, director del Centro Bleier para la Televisión y la Cultura Popular de la Universidad de Syracuse, en Nueva York—. Es un tema cargado de cuestiones morales y éticas, y Hollywood lleva casi veinte años guardando un silencio prácticamente total sobre el asunto. Es el único tema polémico que no solo no ha avanzado, sino que ha desaparecido de la cultura popular. Nunca pensarías que el aborto constituye un problema tan importante en este país a juzgar por la televisión y el cine.»

Bergstein dice:

> Solía pensar que quizá *Dirty Dancing* se había adelantado a su tiempo y que tal vez por eso tuve que hablar del aborto de forma encubierta. Pero, si te fijas en lo que ha ocurrido desde entonces, no es cierto. Pensaba que películas como *Juno*, *Lío embarazoso* y *La camarera* tomarían el relevo, pero resulta que en ellas las chicas acaban no abortando: en el último momento, optan por lo que parece ser la opción moral, tienen el bebé, y acaban con el chico y felices. Así que ahora no abortar se presenta como una decisión moral, tienes un bebé la mar de mono y no pasa nada. No sé, tal vez eso sea lo único para lo que puedes conseguir financiación por parte de los estudios hoy en día.

Cuando le pregunté a Judd Apatow por qué no se habló sobre el aborto en *Lío embarazoso* me dijo que había sido así, pero que acabaron cortando esa parte en la sala de montaje. «No se puede ser más pro derecho a decidir que yo, pero la película habría durado diez minutos si ella hubiera abortado.»

Diablo Cody, la guionista de *Juno*, muestra un desprecio aún mayor a las objeciones sobre la representación del aborto en su película: «Cualquier feminista que no me apoye se merece un buen abucheo. ¿Así que vais a poneros a rajar de alguien que defiende a las mujeres en Hollywood? Si te consideras feminista, deberías estar besándome el culo».

Pero la protagonista de *Juno*, la amable y comprometida Ellen Page, se muestra algo más abierta con el tema y menos preocupada de tener a nadie besándole el culo. Al principio, utiliza el mismo argumento que Apatow y dice que si Juno «hubiera abortado, la película se hubiera convertido en un corto». Muy bien, pero a eso se le puede replicar que entonces los guionistas tendrían que haber escrito una situación menos improbable para que esa mujer en particular cambiara de idea, o al menos deberían haber lidiado mejor con los motivos por los cuales la mujer decidió no abortar. Page levanta ligeramente la voz al añadir: «Al menos, pronunciamos la palabra *aborto*», lo que sugiere que es totalmente consciente de la debilidad de su argumento.

Pero yo digo que el problema no es que Juno tuviera al bebé, sino que decide no abortar por algo que dice una manifestante en contra del aborto.

«Aaaah, vale. Tienes razón», dice Page, que se recuesta en la silla.

Así ¿qué piensa de la película a la luz de este punto de vista?

«Creo que... —empieza, resuelta, pero se rinde—. Es un muy buen argumento. Es curioso, nunca pensé que reaccionara debido a lo que dice la manifestante, pero tienes razón.»

En un principio, parece que no tenga sentido que las películas de adolescentes de los ochenta se mostraran tan relajadas en cuanto al sexo, especialmente comparadas con las de ahora.

En el Estados Unidos de los años ochenta, el sida arrasaba el país, el movimiento antiabortista empezaba a surgir y los republicanos estaban en la Casa Blanca. Si alguna vez ha existido una época en la que la cultura pop haya querido asustar a las adolescentes para que no practicaran sexo, ha debido de ser los ochenta. Sin embargo, las películas de adolescentes de esa década presentan el sexo como algo que está muy bien, incluso (¡qué me dices!) para las mujeres, mientras que las películas de adolescentes de hoy en día hacen que el sexo parezca algo aterrador, especialmente para las mujeres.

Lo fácil sería ver este cambio como un reflejo del alza de la derecha cristiana y el conservadurismo en Estados Unidos, pero también puede observarse desde otro punto de vista. Sí, las chicas en las películas de los ochenta se meten en la cama alegremente con todo el mundo, desde Patrick Swayze a Andrew McCarthy, pero el panorama se ve mucho más negro si pensamos que, fuera de la pantalla, la tasa de embarazo adolescente en Estados Unidos se disparó por primera vez en décadas. *LA Times* describió los ochenta como un «invernadero» para los embarazos adolescentes debido a la combinación de varios factores: el desgaste de los sindicatos produjo que muchos padres de adolescentes perdieran su trabajo, los recortes en el presupuesto para actividades extraescolares y un aumento de la tasa de abandono de los estudios. Peor aún, la administración Reagan recortó los presupuestos para los programas relacionados con el aborto, los centros de salud, la educación sexual y los anticonceptivos. Aunque la tasa de sexo adolescente era tan alta como en Europa, el porcentaje de embarazos adolescentes en Inglaterra era la mitad que en Estados Unidos, ya que, según el *LA Times*, «los anticonceptivos [allí] son más comunes», lo que a su vez significaba que el acceso de los adolescentes a los anticonceptivos en Inglaterra era más fácil gracias al Servicio Nacional de Salud británico (NHS, por sus siglas en inglés) y a los centros de salud. En 1989, una de cada diez adolescentes estadounidenses se había quedado embarazada antes de cumplir los veinte.

Así que se puede decir que a los jóvenes estadounidenses de las películas adolescentes de hoy no les da más miedo el sexo que a los de los ochenta, simplemente lo practican de forma más responsable. Este cambio de actitud se refleja en su comportamiento fuera de la pantalla: entre 1991 y 2000, el número de embarazos adolescentes disminuyó en un 50 % en Estados Unidos, en todos los sectores demográficos. Pero, a pesar de los arduos esfuerzos de la derecha cristiana y del Partido Republicano, los adolescentes estadounidenses no practican la abstinencia, aunque sí empiezan a tener relaciones sexuales ligeramente más tarde que en 1988 (los políticos se deprimirían si supieran lo poco que sus palabras afectan a los adolescentes). En vez de eso, el aumento del uso de anticonceptivos explica gran parte del descenso del 86 % de embarazos adolescentes desde 1990. El aumento del uso de los preservativos también significa que tanto chicos como hombres son más responsables a la hora de mantener relaciones sexuales. Incluso en una película como *Crepúsculo*, bajo la capa de alarmismo y rareza con la que tratan al sexo, podríamos distinguir un ligero toque de pensamiento moderno en el hecho de que Edward, a su estilo vampírico, intenta ser responsable con Bella y protegerla de su jugo mortal (o algo así).

Este argumento no funciona tan bien si, además de en los hechos, nos fijamos en la cultura en su sentido más amplio al tiempo que analizamos detenidamente las películas. Para empezar, si es cierto, tal y como indican los números, que los adolescentes mantienen relaciones sexuales de forma más responsable, obviamente no tiene sentido que las películas traten el tema de forma tan ridícula y sugieran que los adolescentes: a) se montan orgías o b) acabarán muertos si practican sexo. Vale, las películas tampoco deberían mostrar adolescentes follando en coches aparcados en cualquier callejón primero, porque la palanca de cambios se te clava en la espalda y es un bajón y, segundo, porque los adolescentes no viven así, ni ahora ni nunca. Pero tampoco es cierto que los adolescentes se acuesten con alguien y acto seguido sufran daños emocionales, se les ridiculice en público y acaben convertidos en zombis.

«Las películas estadounidenses se han vuelto mucho más conservadoras desde los años ochenta y en parte se debe al mercado internacional», afirma la productora Lynda Obst. Por ejemplo, los beneficios procedentes de China han aumentado en un 400 % durante los últimos cinco años. Esto afecta a lo que los estudios creen que pueden mostrar o no en la gran pantalla, y uno de los temas que les preocupa especialmente es que los mercados extranjeros, que cada vez cobran más importancia, vean a adolescentes practicando sexo y abortando.

Pero la moral de otros países no es lo único que da forma a la moral de las películas estadounidenses: es algo que también viene desde dentro.

«Las películas de adolescentes son mucho más conservadoras que en los ochenta porque, nacionalmente, hemos retrocedido en términos de actitud cultural, y los estudios han reaccionado en consecuencia —dice Obst—. Los grupos de presión de la derecha son más fuertes en estas últimas décadas, y eso afecta a los estudios.»

«Somos como langostas en una pecera y no nos damos cuenta de que la temperatura ha ido cambiando durante las últimas décadas porque estamos dentro. Hollywood ha seguido la trayectoria de Estados Unidos hacia la derecha y ahora somos un país mucho más conservador que antes», dice Steven Gaydos, editor de *Variety*.

El conservadurismo creciente se refleja en gran medida en la actitud del país en cuanto al sexo adolescente: como parte de la reforma legislativa sobre prestaciones sociales de 1996, el Congreso autorizó una inversión de 50 millones de dólares al año en educación sobre la abstinencia. Hasta 2008, el gobierno de Estados Unidos se había gastado más de mil quinientos millones de dólares en educación sexual basada únicamente en la abstinencia y por consejo federal se prohibió cualquier debate sobre anticonceptivos excepto para enfatizar sus tasas de fallo. Entre 2006 y 2008, uno de cada cuatro adolescentes estadounidenses fue educado únicamente en la abstinencia y no recibió ningún tipo de formación sobre anticonceptivos; en 1988, el porcentaje era solo el 8 %. La administración Obama y el Congreso han eliminado dos programas de educación sexual centrados únicamente en la abstinencia, aunque todavía existen 37 estados que exigen la inclusión de la abstinencia en la educación sexual, 26 de los cuales destacan que este es el mejor método, pese a que los estados cuya educación sexual se basa únicamente en la abstinencia, como Misisipi, cuentan con la mayor tasa de embarazos adolescentes. En 2011, más de la mitad de las mujeres en edad reproductiva en Estados Unidos vivía en estados hostiles al derecho al aborto, un aumento del 31 % en solo una década.

Las películas de adolescentes más famosas de la actualidad se caracterizan por una violencia brutal y gráfica, cosa que nunca ocurrió en los ochenta. En *Crepúsculo*, los asesinatos se presentan como una prueba romántica del amor entre Edward y Bella a medida que (sobre todo él) acaban con sus enemigos. En *Los juegos del hambre*, los adolescentes se matan los unos a los otros para ganar un *reality*. Sin embargo, el sexo se presenta como algo execrable: en *Crepúsculo* es algo peligroso y en *Los juegos del hambre*, una molestia. Pero nada, las matanzas no son ningún problema.

«Un problema importante es el sistema de calificación por edades en Estados Unidos: hoy en día se muestran mucho más duros con el sexo que con la violencia, así que, si no quieres que sea solo apta para adultos, lo que acabaría con el éxito de la película, pero también quieres atraer a los más jóvenes, no te queda más remedio que dejar fuera el sexo e incluir violencia. La junta de calificaciones pone las cosas más difíciles a las películas de adolescentes con sexo que a las que contienen violencia, y todo el mundo lo sabe», afirma un productor de películas para adolescentes.

Es cierto, la Asociación Cinematográfica de Estados Unidos (MPAA, por sus siglas en inglés) no es tan dura con la violencia como antes por un motivo importante: las imágenes generadas por ordenador (CGI, por sus siglas en inglés). «Con el auge del CGI, se nos presentan diferentes tipos de violencia y los padres creen que sus hijos son capaces de distinguir la realidad de la ficción», dice Joan Graves, de la MPAA. También afirma que resulta más complicado establecer si se han vuelto más estrictos con el sexo durante los últimos treinta años, especialmente con el adolescente. «No ha habido ningún debate oficial en el que se haya decidido cambiar esto o aquello. Estas transformaciones se dan con el tiempo, pero el sistema de calificación está construido para cambiar y reflejar los estándares actuales, no los de hace veinte años. Una película rodada hace treinta años podría obtener una calificación distinta hoy.» En el Reino Unido, si una película es calificada como para mayores de 18, ningún menor de 18 tiene permitido verla. En Estados Unidos, un menor puede ver una película calificada R siempre y cuando vaya acompañado de un adulto. Así, la responsabilidad de decidir si el menor debería ver o no la película recae sobre los padres; la MPAA considera que su papel es ofrecer a los padres la información necesaria para que tomen esa decisión.

Por lo tanto, el sistema de calificación de Estados Unidos está construido para «reflejar los estándares de los padres estadounidenses», según explica Graves, y si este método suena voluble, es porque lo es. No existen unas reglas fijas sobre lo que está o no permitido, solo se tiene cierta idea de lo que los «padres estadounidenses» toleran o no. Pero Graves no deja lugar a dudas: la junta no da instrucciones a los directores sobre lo que pueden rodar o no, eso es cosa del estudio. La MPAA solo está ahí para «reflejar la sociedad [estadounidense]» y teniendo en cuenta su actitud alarmista sobre el sexo entre adolescentes y su actitud relajada sobre la violencia en un país en el que tres personas mueren cada hora por arma de fuego y la abstinencia aún forma parte del currículo de muchas escuelas, se puede decir sin riesgo a equivocarse que eso sí lo consigue.

«Los estadounidenses tienen problemas que nosotros no tenemos, sobre todo en el Cinturón bíblico y, como resultado, de todas las películas que calificamos, aproximadamente un 30 % recibe una calificación diferente aquí que en Estados Unidos», explica David Cooke, director de la Junta Británica de Calificación (BBFC, por sus siglas en inglés), desde su lujosa oficina con vistas a Soho Square, que parece más bien el estudio de un gran editor literario que el área de trabajo donde se cuenta el número de tacos y pezones que aparecen en una película. Cooke afirma que, en comparación con Estados Unidos, la BBFC es «más relajada en cuanto al sexo, pero ¡no tanto como Escandinavia!». Por otro lado, «somos un poco más duros con la violencia que en Estados Unidos». Al igual que la MPAA, la BBFC considera que refleja la opinión pública en lugar de condicionarla. A diferencia de la MPAA, su método consiste en encuestar a diez mil miembros del público cada cuatro años para calibrar sus opiniones sobre lo que creen que es apropiado y lo que no para diversos grupos de edad. Lleva realizando estos sondeos desde el año 2000. Antes de esa fecha, las calificaciones eran «más caprichosas, estaban más condicionadas por los deseos del presidente [de la BBFC]», afirma Cooke. Cuando este echa la vista atrás a las calificaciones de las películas de los ochenta, en numerosas ocasiones cree que fueron demasiado estrictas. En retrospectiva, reflejan cómo fue la década en el Reino Unido. Según Sian Barber, en *Behind the Scenes at the BBFC: Film Classification from the Silver Screen to the Digital Age*, fue una época «llena de intensos debates sobre la niñez y los niños que surgió de la agenda política de la derecha [de Thatcher]».

Hoy en día, la BBFC tiene en cuenta el contexto en lugar de «confiar en un algoritmo» cuando se trata de evaluar el contenido sexual o soez, cosa que la MPAA no hace. Como resultado, una película como *La mujer invisible*, que trata sobre el adulterio de Charles Dickens, obtuvo un apta para menores de doce años en el Reino Unido pero fue calificada como R (no apta para menores de diecisiete sin la compañía de un adulto) en Estados Unidos, lo que demuestra sin lugar a dudas que las aventuras amorosas del autor victoriano ofenden más a la moral de los estadounidenses que a la de los británicos. Cooke afirma que ni la BBFC ni el público británico muestran una actitud más dura hacia el aborto. «Tampoco ha habido un gran cambio sobre lo que los adultos consideran aceptable para los adolescentes. Los únicos problemas sociales ante los cuales el público ha mostrado una mayor preocupación son los adolescentes que se autolesionan, la sexualización de los niños y la glamurización de las drogas —dice—. Esos son los temas en los que mostramos más dureza ahora que antes.»

Aunque la actitud hacia el sexo entre adolescentes en el Reino Unido ha fluctuado un poco en los últimos treinta años, no se ha producido nada similar a las oleadas de histeria que se ven en Estados Unidos. El gobierno británico no financia ningún tipo de educación para la abstinencia: «De vez en cuando, algún ministro conservador sugiere la idea pero deben presentarse pruebas que demuestren que sería una medida beneficiosa, y no se ha proporcionado ninguna. Es más, siempre se acaba demostrando lo contrario», dice Lucy Emmerson, del Foro de Educación Sexual. Durante los últimos cuarenta años en el Reino Unido, el acceso a los anticonceptivos ha sido relativamente fácil y gratuito (algo crucial para los más jóvenes), especialmente desde 1974, cuando se permitió a las entonces conocidas como «clínicas de planificación familiar» que recetaran la píldora. A pesar de los comentarios ocasionales por parte de varios ministros conservadores, el aborto legal se acepta generalmente como un derecho. Estados Unidos es un país mucho más conservador que Reino Unido porque es mucho más religioso, pero eso no significa que los adolescentes británicos sean inmunes a los vientos cambiantes que soplan desde el país norteamericano. Después de todo, la mayor parte de su cultura pop procede de allí.

Cuando se habló de filmar un *remake* de *Dirty Dancing* a principios del siglo XXI, Bergstein se preguntó cómo tratarían los estudios el tema del aborto en la película, especialmente porque ella posee los derechos del guion. Después de todo, en el *remake* de *Fama* estrenado en 2009 la trama del aborto desapareció, lo mismo que ocurrió en el innecesario *remake* de *Alfie* (1966), estrenado en 2004 y protagonizado por Jude Law y Sienna Miller. Al final, el tema se quedó en agua de borrajas porque, como seguramente cabía esperar, nunca se llegó a filmar una nueva versión. En lugar de eso, Bergstein convirtió la película en un musical de mega éxito internacional y amplió la trama del aborto, enfatizando los riesgos que corre el padre de Baby, el doctor Houseman, al ayudar a Penny, ya que pone en peligro su libertad y su licencia médica. Bergstein dice que la gente no debe olvidar cómo eran las cosas antes, ya que fácilmente pueden volver a ser así:

> Tengo la sensación de que las personas que están en contra del aborto en realidad están en contra del sexo y del placer femenino; por eso quería hacer una película sobre ambos temas y por eso la

> primera escena de amor entre Baby y Johnny tiene lugar después de que ambos hayan visto a Penny prácticamente ahogarse en su propia sangre como resultado del sexo, mientras suena en el tocadiscos la canción «Cry to me» [de Solomon Burke]. No es una escena romántica idealizada, sino una escena sobre la soledad, el miedo y el sexo. Lo que quería transmitir es que, si te sumerges en el mundo físico y lo haces con honor y sin miedo, no estás abandonando un mundo moral.

Es más que eso, *Dirty Dancing* nos ha enseñado, tanto a las mujeres de mi generación como a las de las siguientes generaciones, una moral rectora. La película nos atrajo por el sexo pero nos atrapó porque nos enseñó algo incluso más real y aterrador. Nos enseñó algo sobre nosotras y sobre el mundo. Y, como Baby aprende, solo el mejor sexo es capaz de conseguir eso.

LAS DIEZ MEJORES BALADAS ROCK QUE APARECEN EN LA BANDA SONORA DE UNA PELÍCULA DE LOS OCHENTA

10. «Up Where We Belong», de Joe Cocker y Jennifer Warnes, ***Oficial y caballero***
Técnicamente, es una canción de amor, sí. Pero una canción de amor POTENTE, al más puro estilo Cocker.

9. «Glory of Love», de Peter Cetera, ***Karate Kid II***
Di lo que quieras sobre *Karate Kid II* (para empezar, es una basura) pero esta canción es perfecta para un karaoke en tu habitación con el cepillo como micrófono.

8. «Shooting for the Moon», de Amy Holland, ***Teen wolf (De pelo en pecho)***
La escena final, en la que suena esta canción, es tan satisfactoria que ni siquiera me di cuenta durante las primeras 10.784 veces que vi esta película de que un extra al fondo se baja los pantalones delante de la cámara.

7. «Let the River Run», de Carly Simon, ***Armas de mujer***
Carne de canción de ducha, la mejor carne.

6. «St. Elmo's Fire (Man in Motion)», de John Parr, ***St. Elmo, punto de encuentro***
John Parr se esfuerza tanto por meter una referencia a St. Elmo en la canción como los personajes de la película, y benditos sean todos por intentarlo.

5. «Flashdance – What a Feeling», de Irene Cara, ***Flashdance***
La película que hizo que Hollywood sacara como churros pelí-

culas que parecían videoclips. Esta es la canción que los convenció.

4. «Purple Rain», de Prince, *Purple Rain*
He visto esta película mil veces y aún no tengo ni idea de qué va la canción.

3. «We Don't Need Another Hero», de Tina Turner, *Mad Max 3. Más allá de la cúpula del trueno*
¡¡¡¡TIIIIIINAAAAAAAAA!!!!

2. «Nothing's Gonna Stop Us Now», de Starship, *Maniquí*
Ay, si *Maniquí* la película aguantara el tipo tan bien como *Maniquí*, la banda sonora, ¿eh, poperos?

1. «Holding Out for a Hero», de Bonnie Tyler, *Footloose*
Nadie hace baladas rock como Bonnie Tyler.

La princesa prometida: el amor verdadero no son solo las escenas de besos

Parece completamente inconcebible[1] dedicar solo un capítulo de un libro que trata sobre lecciones aprendidas de películas de los ochenta a *La princesa prometida*. Así, a bote pronto, se me ocurren cinco lecciones sobre la vida que te enseña esta película y que no aprenderás en ningún otro lugar:

1. «¡Nunca luches contra un siciliano cuando la muerte está al acecho!»
2. «El amor verdadero es lo más grande del mundo, con excepción de un bocadillo de cordero, lechuga y tomate cuando el cordero es rico y magro y el tomate está en su punto.»
3. «La vida es dolor. Quienquiera que diga lo contrario pretende engañaros.»
4. Al final, aprendes a que no te molesten las escenas de besos.
5. Y, lo más importante, «Como desees» = «Te quiero».

1. Estoy utilizando la definición de Vizzini, por supuesto.

Tal es el nivel de sabiduría de esta película que en 2013, veintiséis años después de su estreno, BuzzFeed dedicó una lista[2] a las lecciones que se podían extraer de la película. ¡Una lista de BuzzFeed! Princesa prometida, ¿quién necesita los Oscar cuando cuentas con el mayor de los galardones modernos?

Se idolatra tanto a *La princesa prometida* que probablemente se ha convertido en un cliché de las páginas web de contactos:[3] paseos por la playa, una fogata, los atardeceres y *La princesa prometida*. Y, aun así, el amor por *La princesa prometida* no se considera una elección desesperadamente trillada ni una cursilada demasiado arriesgada. Un posible interés amoroso debe citar *La princesa prometida* como película favorita si quiere que haya esperanzas de que la relación progrese,[4] es la única película que te haría replantearte una amistad de toda la vida si descubres que tu mejor amigo «no acabó de pillarla» (aunque nadie diría algo así jamás porque no conozco a una sola persona de mi generación que no esté obsesionada con la película). Y no solo mi generación: en su ameno libro sobre el rodaje de *La princesa prometida*, *As you wish*, Cary Elwes (que interpretó a Westley, el mozo de caballerizas, por supuesto), narra que tanto el papa

2. «17 Important Life Lessons from *The Princess Bride*», Erin La Rosa, BuzzFeed, 15 de mayo de 2013. ¡Diecisiete! ¿Cómo que 17? Esta película nos enseña al menos unas 1.374.978 lecciones. A ver si nos ponemos las pilas, BuzzFeed. Eso no es una lista ni es nada.

3. No aguanté más de una semana en una web de citas, así que me temo que mi investigación no es del todo fiable. Por culpa de *La princesa prometida*, mi listón está bien alto en temas de amor y me dio la impresión de que no iba a encontrar a ningún mozo de caballerizas guapetón en match.com. El wifi no llega a la choza de la montaña.

4. La versión estadounidense de la serie de televisión *The Office*, cuando aún era muy buena, jugó con esta idea en la segunda temporada cuando Pam (Dawn en el Reino Unido) eligió *La princesa prometida* como una de las películas que se llevaría a una isla desierta, demostrando así que es la mujer perfecta para Jim (Tim en el Reino Unido). Por su parte la novia de Jim, Katy (Amy Adams) elige *Una rubia muy legal*, lo que claramente establece su inferioridad con respecto a Pam.

Juan Pablo II como Bill Clinton le dijeron lo mucho que les gustaba la película, lo que demuestra que *La princesa prometida* gusta a santos y pecadores por igual.[5]

Dicho todo esto, tengo que confesar una cosa. De pequeña yo no era la mayor seguidora de *La princesa prometida* en mi familia. Ese título le correspondía a mi hermana Nell. Nuestra madre nos llevó a ver la película al cine cuando yo debía de tener unos nueve años y Nell siete y, aunque por sorprendente que parezca, la película fue un relativo fracaso comercial en su estreno, el cine estaba lleno de niños como nosotras. En mi cabeza no cabía duda de que todo el público había quedado cautivado por la historia de Buttercup (Robin Wright), su amor verdadero Westley (Elwes) y sus batallas contra el príncipe Humperdinck (Chris Sarandon), Vizzini (Wallace Shawn) y Count Rugen (Christopher Guest), con la ayuda eventual del valiente espadachín Íñigo (Mandy Patinkin), el gigante Fezzik (el luchador profesional conocido como André el Gigante) y Max el Milagroso (Billy Crystal).

Al terminar, esperamos en el vestíbulo mientras nuestra madre nos ponía los abrigos.

«¿Os ha gustado, chicas?», nos preguntó.

Vestida con su mono de pana y una camiseta, Nell parecía estar en shock. «ME HA GUSTADO MUCHO. QUIERO VERLA OTRA VEZ», dijo, casi gritando.

La princesa prometida es una película maravillosa pero, para entender lo inesperada que fue su reacción, hay que conocer un poco a mi hermana. Desde que tuvo edad suficiente para montar una rabieta, mi hermana se negó a ponerse vestidos. Nunca

5. Si te gusta *La princesa prometida*, y doy por supuesto que sí o no estarías leyendo este capítulo, y como seguramente eres una persona sensible, deberías leer *As You Wish*. Cualquier libro que contenga la entrada «André the Giant: breaking wind, and, 123-126» debería formar parte de la biblioteca de todo el mundo, por ley.

ha jugado con muñecas. Se negaba a que mi madre le cepillara el pelo y no mostraba ningún interés por su apariencia física. No le gustaban las historias pastelosas, ni siquiera leer libros. En otras palabras, era totalmente opuesta a mí. Qué parte de todo aquello era una reacción deliberada contra mí, una hermana más joven que definía su personalidad en oposición a la hermana mayor, y qué parte formaba parte simplemente de la personalidad de Nell era un tema que ya había provocado largos debates antes de que fuéramos a ver *La princesa prometida*. Estos rasgos de carácter tan arraigados le valieron el apodo de «la clienta difícil» en nuestra familia. Solo bebía un tipo de zumo (manzana), de una marca en concreto (Red Cheek) y solo en lata (nada de cartones), así que no había posibilidad alguna de negociación sobre princesas sensibleras. Ya me gustaría saber cómo consiguió mi madre que fuera a ver la película. Seguro que no le dijo el título.

Y aun así, como el nieto de la película, Kevin Arnold,[6] Nell descubrió que, contra todo pronóstico, disfrutó de la historia, tal y como le promete el abuelo de Kevin, Colombo.[7] Creo que Nell hizo que mi madre la llevara a ver la película al menos tres veces más. Como deseó.

Cuando salió en vídeo, la compramos sin dudarlo y se dio por supuesto que la cinta era oficialmente de Nell, igual que la de *Todo en un día* era oficialmente mía. Cuando descubrió que la película se basaba en un libro de William Goldman, que también escribió el guion, le pidió a mi incrédula madre que se lo comprara también. Nell lo leyó una y otra vez sin parar hasta que se le empezaron a caer las páginas, las volvió a pegar y

6. Así lo llamo yo por la obvia razón de que el actor es Fred Savage, que interpretaba a Kevin Arnold en *Aquellos maravillosos años*. Pero ya te habías dado cuenta de eso, así que perdón por dártelo todo mascado.

7. Porque Peter Falk hace del abuelo y... ¿Qué? ¿Lo has reconocido? Vale, bien. Solo me preocupo por ti.

siguió leyendo. *La princesa prometida* fue el libro que le enseñó a disfrutar de la lectura, al igual que la película le enseñó a no ser tan estricta con otras de sus normas. Se enamoró perdidamente de Westley y, poco después, empezó a llevar vestidos.

Las razones por las que Nell adoraba la película son un claro ejemplo, a mi parecer, de por qué es una película universalmente adorada a diferencia de otra película contemporánea similar, *La historia interminable.* Es un cuento de hadas para aquellos a quienes les gustan los cuentos de hadas, pero también una autoparodia para los que no; es una película de aventuras para niños y —por una vez— también para niñas, pero sin resultar condescendiente ni excluyente para ninguno de los dos; con trama para niños, diálogos para adultos y chistes para todos; es una película de género y una sátira de las películas de género; es muy divertida y las interpretaciones son clásicas; es inteligente y tierna, y muestra su lado más tierno con inteligencia aunque también presenta su ingenio con dulzura. Es una película que consigue que a personas a quienes no les gustan ciertas cosas les acaben gustando esas cosas, pero sin traicionar a los seguidores originales. Pero, sobre todo, *La princesa prometida* trata de algo en particular: «*La princesa prometida* es una historia de amor —dice Cary Elwes—. En la película pasan muchas cosas: gigantes, esgrima, secuestros. Pero es una película de amor».

Puede parecer que estoy diciendo algo obvio, pero no es así. Sí, aparentemente la película trata de la gran historia de amor entre Buttercup y Westley, y del beso más perfecto del mundo que deja en la sombra a todos los demás besos. Tanto Elwes como Wright aparecen tan increíblemente hermosos en la película que cuesta creer que existiera más amor en el planeta que el suyo. Y, además, estaban encantados el uno con el otro. En su libro, Elwes cuenta con detalle lo «prendado» que estaba de Wright y ella dice exactamente lo mismo de él: «Estaba totalmente pillada por Cary. Es obvio que la química que existe entre nosotros ayudó mucho en la película... No importa cuántos años pasen, siempre querré a Cary».

Es una gran decepción pero Elwes insiste en que no fueron más que amigos. «Todo el mundo pregunta si hubo algo más», comenta en un tono que suena un tanto exasperado, como si no fuera capaz de darse cuenta de lo que el resto del mundo sí ve: parece contra natura que dos criaturas tan hermosas no se hayan acostado al menos una vez. La última escena que rodó Elwes es aquella en la que Wright y él se besan a caballo, dando lugar al «beso más perfecto» de todos los tiempos con el atardecer de fondo. ¿A que es romántico?

«Pues no mucho. Para entonces, Robin y yo nos habíamos hecho muy amigos y no parábamos de reírnos mientras [el director] Rob [Reiner] repetía "Tócale la cara, tócale la cara"», dice él, entre risas.

Pero el amor entre Westley y Buttercup es únicamente una parte de la película, y solo una de las varias historias de amor que en ella se narran. Para empezar, no podemos olvidarnos de la gran historia de amor entre Íñigo y Fezzik. La escena en la que Íñigo, borracho y roto, mira a Fezzik en el Bosque de los Ladrones y Fezzik le dedica un sencillo y sonriente «hola» resulta mucho más conmovedora que el momento en que Buttercup se da cuenta de que el Pirata Roberts es Westley (desafortunadamente, tras empujarlo colina abajo). Aunque Íñigo se convierte en el Pirata Roberts al final de la película a sugerencia de Westley, resulta tan imposible imaginarse que se marche sin Fezzik como pensar en Buttercup sin Westley.

El amor entre estos dos hombres es la base de una de las lecciones más sutiles de la película. Los malos enseñan al público a cómo pensar en sus oponentes en la vida real, y esto es especialmente cierto de los malos de las películas y los libros dirigidos a niños. Las historias para niños suelen ser relativamente sencillas y, por lo tanto, los villanos son malvados y punto, no hay mucho más que decir de ellos. Cruella de Vil, la madrastra de Blancanieves, la bruja de *Rapunzel*: menuda panda de arpías con mala leche. Esto también ocurre en las películas para niños de los ochenta, desde el aterrador Juez Doom (Christopher Lloyd) en *¿Quién engañó a Roger Rabbit?* hasta la divertidamente mala Úrsula de *La sirenita*. Es un enfoque básico y gratificante que valida la visión del mundo de la mayoría de los niños (y de los adultos): «Soy el bueno y cualquiera que me boicotee es malo y no tiene sentido ver las cosas desde su punto de vista porque los malos no tienen vida interior más allá de la pura maldad y de su deseo de ponerme obstáculos». Sin embargo, *La princesa prometida* hace algo diferente.

Resulta fácil olvidarse de ello después de ver la película, cuando ya te has enamorado de los personajes, pero Íñigo y Fezzik son ostensiblemente malos. En su primera aparición en la película dejan inconsciente a nuestra heroína, Buttercup, y la secuestran en nombre de Vizzini. La película también nos cuenta que la van a matar. A ojos de los niños, no se puede ser mucho más malo. Son mercenarios en el negocio de la venganza, un trabajo no demasiado apropiado para el bueno del cuento de hadas. Pero Goldman le da la vuelta a la historia. Pronto vemos cómo Íñigo y especialmente Fezzik se tratan el uno al otro con cariño, riman sus frases el uno con el otro e intentan protegerse de la ira de Vizzini. Su relación de afecto nos enseña que estos villanos son algo más que su lado malo. Goldman va aún más allá cuando Íñigo le describe al hombre de negro cómo ha dedicado su vida a vengar la muerte de su padre e introduce así el tipo de historia emocional de fondo que los niños entienden, al tiempo que suma otra misión a la película. Poco después de derrotar (que no matar) a Íñigo, el hombre de negro se enfrenta a Fezzik, de quien ya conocemos su igualmente triste pasado («sin trabajo... en Groenlandia»).

Muchos malos fueron buenos antes de pasarse al lado oscuro: Darth Vader, muchas de las némesis de Batman, Voldemort. El mensaje de esas historias es que la diferencia entre la maldad pura y la grandeza se reduce a una mala decisión, a un mal paso, y no hay vuelta atrás. Pero en *La princesa prometida* vemos algo más sutil: sugiere que los buenos a veces acaban haciendo cosas malas, pero siguen siendo buenos, cuentan con su propia historia y son capaces de amar. Íñigo y Fezzik han matado a gente en el pasado para Vizzini, pero siguen siendo buenas personas. Es todo un mensaje que tanto niños como adultos deben asimilar: no todo es blanco o negro cuando se trata del bien y del mal, ni siquiera en los cuentos de hadas.

En la novela original, William Goldman entra en mucho más detalle sobre la amistad entre Íñigo y Fezzik y esa es una de las razones por las que —sinceramente— prefiero el libro a la película.[8] Pero esta presenta suficiente información para que el público entienda el vínculo real entre los dos hombres, y esto se da en parte por el guion y en parte por los actores, especialmente por uno en particular.

En su momento se pensó en Arnold Schwarzenegger para el papel de Fezzik pero menos mal que su caché era demasiado alto cuando la película empezó a rodarse. Schwarzenegger es todo rectángulos chirriantes con una mandíbula sobresaliente; André el Gigante es suaves curvas y sonrisas bobaliconas. Schwarzenegger se castigó a sí mismo de forma ostensible y sobrehumana para conseguir el cuerpo que tanto ansiaba; André René Roussimoff sufría de gigantismo y su tamaño no era algo que hubiera elegido, como no lo era para Fezzik, para desgracia de este («No es culpa mía si soy más grande y fuerte. Ni siquiera

8. Eso no significa que no me guste mucho la película. Me encanta. Pero ADORO el libro. Otra de las razones por las que prefiero el libro es que a Buttercup se le permite ser mucho más divertida que en la película, y el libro ya merece la pena solo por las intervenciones de William Goldman en el texto.

me entreno»). Decir que André nació para el papel de Fezzik sería un cliché condescendiente, pero está claro que era una elección mucho más acertada que Schwarzenegger.

Cuando rodó *La princesa prometida*, André medía más de 2,20 metros y pesaba más de 240 kilos. Las historias más tiernas del libro de Cary Elwes son los recuerdos de los actores y el equipo sobre el luchador, que murió en 1993 a los 46 años, y no se trata de mera sensiblería. Tristemente, bastantes miembros del elenco de *La princesa prometida* han muerto desde entonces, incluidos Mel Smith, Peter Cook y Peter Falk, pero ninguno despierta el mismo cariño que André. «Se puede decir que era probablemente la persona más popular de la película —escribe Elwes—. Todo el mundo lo adoraba.»

En parte esto se debe a su naturaleza extraordinaria. Robin Wright recuerda que en una cena con él se comió «cuatro o cinco entrantes, tres o cuatro aperitivos, un par de cestas de pan y después dijo que estaba listo para los segundos. Y luego los postres. Creo que se bebió una caja de vino y no estaba ni siquiera achispado».

Pero era la amabilidad innata de André lo que lo convirtió en alguien tan querido. Su «compasión y naturaleza protectora», según escribe Elwes, es lo que ayudó a Wallace Shawn a superar su terrible miedo a las alturas cuando rodaron la escena del ascenso a los Acantilados de la Locura. Cuando Robin Wright tenía frío al rodar en exteriores, André solía posar una de sus enormes manos sobre la cabeza de Wright. «Robin decía que era como ponerse una bolsa de agua caliente gigante. Sin duda funcionó, y ¡tampoco la despeinó mucho!», escribe Elwes. Tras su muerte, William Goldman escribió su necrológica en la revista *New York*. La última frase dice: «André le dijo en una ocasión a Billy Crystal: "No vivimos mucho, seamos grandes o pequeños"».

Ay.

Después, a un nivel inferior, está el amor entre Max el Milagroso (Crystal) y su anciana esposa, Valerie (Carol Kane). Al principio, no parecen más que una vieja pareja peleona, pensada solamente para la comedia fácil (y su escena es la parte de comedia más ordinaria de la película). Pero pronto nos damos cuenta de que Valerie solo pincha a Max porque quiere que este recupere la confianza en su trabajo que perdió después de que el príncipe Humperdinck lo despidiera. El gritito de alegría de ella cuando su marido acepta ayudar a Íñigo es enternecedor. Al final de la escena, trabajan mano a mano, terminan las frases del otro, se cogen del brazo y se susurran cosas. Como retrato de un matrimonio de edad avanzada, este es adorable.

Por último, está la gran historia de amor que enmarca la película: la del nieto | Kevin Arnold (Fred Savage) y el abuelo | Colombo (Peter Falk). Al principio de la película, al nieto le molesta su abuelo, a quien le encanta pellizcarle los mofletes, y no tiene ningunas ganas de dejar de jugar en el ordenador (a un juego de aspecto adorablemente primitivo) para escuchar cómo su abuelo le lee un libro.[9] A medida que avanza la película, la relación entre el nieto y el abuelo progresa casi como una historia de amor tradicional: el nieto se interesa cada vez más y aprieta el edredón nervioso cuando las anguilas chillonas casi devoran a Buttercup; después se enfada y le da un puñetazo a la cama cuando parece que Westley ha muerto; al final, su actitud ha dado un giro de ciento ochenta grados y le pide a su abuelo que vuelva al día siguiente para leerle el libro otra vez.

«Como desees.» El abuelo sonríe y termina la película.

9. El juego de ordenador es lo único que envejece el largometraje. Aparte de esos gráficos chirriantes, la película parece sorprendentemente atemporal, mucho más que cualquier otra de los ochenta. Eso se debe en cierto modo a que no se ve vestuario de los ochenta (aparte del extraño pelo cardado de la madre del nieto) y en parte porque, en lugar de una banda sonora pop con sintetizadores, Mark Knopfler escribió una pieza instrumental.

«Eso no estaba en el guion —dice Elwes—. Creo que se les ocurrió el último día y captura a la perfección el amor entre nieto y abuelo. También refleja la ternura entre Fred Savage y Peter Falk.»

En el libro de Elwes, Savage recuerda lo cómodo que se sentía con Falk: «Ni siquiera recuerdo cuándo estábamos filmando y cuándo no. Se sentaba en la silla y me hablaba durante todo el día mientras yo estaba en la cama. Se convirtió casi en mi abuelo de verdad».

Esta relación es especialmente importante porque la película existe gracias al vínculo entre padres e hijos. Rob Reiner descubrió el libro porque se lo dio su padre, el cómico y actor Carl Reiner. El padrastro de Elwes también le regaló la novela cuando tenía trece años y su amor por el libro le dio más ganas de conseguir el papel. Y, sobre todo y en primer lugar, la razón de que se escribiera el libro fue el amor que un padre sentía por sus hijas. En 1970, William Goldman decidió escribir una historia para sus hijas, de cuatro y siete años entonces, para que se entretuvieran mientras él viajaba a Los Ángeles a trabajar en una película: «Les dije: "Os voy a escribir una historia, ¿de qué queréis que trate?". Una de ellas dijo "princesa" (*princess*) y la otra "novia" (*bride*). Les prometí que ese sería el título (*The princess bride*, en inglés). Y así se quedó».

Goldman ha escrito un número increíble de aclamadas novelas (*Marathon Man*), guiones (*Dos hombres y un destino*, *Todos los hombres del presidente*, *Misery*) y memorias (*Las aventuras de un guionista en Hollywood*, *Nuevas aventuras de un guionista en Hollywood*), pero afirma que su preferida es *La princesa prometida*. La transformó con cariño en un guion en 1973 para después verlo languidecer durante trece años, rechazado por los jefes de los estudios con las mismas palabras: decían que les encantaba pero que era algo que no se podía filmar. Cuando Rob Reiner por fin lo eligió, Goldman estaba tan nervioso que Rob tuvo que volver a rodar algunas escenas, ya que Goldman, tras las cámaras, rezaba para que la película saliera bien y se le podía oír en la grabación.

«Por favor, quiero que entendáis que este es un proyecto muy personal. Normalmente, mi trabajo no me importa demasiado. Pero este es diferente. De todo lo que he escrito en mi vida, es mi favorito. Si parezco algo nervioso, es por eso», les dijo Goldman a los actores.

La princesa prometida es divertida, y emocionante, y escalofriante, y divertida, y absurda, y tierna, y divertida (creo que eso ya lo he mencionado). Pero la razón de su supervivencia hasta la actualidad es que se trata de una película tremendamente tierna, sin cinismos ni cálculos, tan bella que solo pudo surgir del amor, de todos los tipos de amor.

Y esa también es la razón por la que al principio la película se consideró un fiasco. Aunque no fue un gran fracaso, sin duda no alcanzó el éxito comercial que se merecía y que al final consiguió. Pero debido a que la película no se dirige a un sector demográfico en particular, con sus distintas representaciones del amor, el estudio sencillamente no tenía ni idea de cómo venderla ni a qué público dirigirse. Después de todo, muestra un amor de cuento de hadas pero también una profunda amistad, el vínculo entre abuelos y nietos, y una pareja peleona de ancianos. ¿A quién narices se dirige la película? La respuesta correcta es, por supuesto, a «todo el mundo», pero esa no es una respuesta que los departamentos de marketing entiendan. Me desespera la forma en que se promocionan las películas de hoy en día, pero en los ochenta tampoco lo hacían muy bien. A pesar de ser una de las películas más emocionantes jamás rodadas, el estudio la promocionó con uno de los carteles más aburridos de la historia, con la silueta de Kevin Arnold escuchando a Colombo leer un libro. Ni siquiera yo tendría mucho interés en ver una película que tratara solo de eso.

«Rob desplegó el cartel en el avión de vuelta del Festival de Cine de Toronto y, no nos lo podíamos creer, ni una imagen de Fezzik. ¿Cómo iba a entenderse de qué iba la película sin Fezzik?», recuerda Cary Elwes, todavía pasmado, como es natural. ¿Qué clase de departamento de marketing había visto una película con un gigante de carne y hueso y no lo había incluido en el cartel?

El trailer fue mucho peor y pronto desapareció de los cines. Si lo buscas en YouTube verás por qué.

«La película se estrenó el mismo fin de semana que *Atracción fatal* y nadie fue a verla. El equipo y los actores estaban sorprendidos y tristes ante la mala acogida pero Goldman nos advirtió que podía pasar algo así —comenta Elwes—. Nos dijo que era una película rara que sería difícil de vender. "No os voy a mentir, es lo que llevo sufriendo más de una década".»

«Estábamos en terreno peligroso; ahí es donde acabas si mezclas géneros en una película», escribió Goldman en su maravilloso ensayo sobre *La princesa prometida*. Cuando por fin salió en VHS, la película se convirtió en el éxito que se merecía y el público pudo descubrirla por sí mismo sin las chapuzas del estudio de por medio.

La lección que *La princesa prometida* enseñó a la industria del cine es que es posible hacer una película para niños y adultos a la vez, una lección que recuerda bien. Películas modernas sobre cuentos de hadas como *Encantada: la historia de Giselle* y prácticamente todas las producciones de Pixar están en deuda con *La princesa prometida*. Especialmente *Shrek* puede considerarse la versión de *La princesa prometida* de la siguiente generación, con sus juegos con los tropos y sus chistes irónicos. Pero, aunque *Shrek* me gusta mucho, *La princesa prometida* hace gala de una dulzura sencilla que *Shrek* no posee. *Shrek* es más deliberado que *La princesa prometida*, con más guiños a los padres por encima de las cabezas de sus hijos. Parte del deleite de *La princesa prometida* es que adultos y niños la disfrutan al mismo nivel, no diferencia entre lo que los niños entienden y los adultos disfrutan. No hay ironía en *La princesa prometida*, ni guiños a referencias adultas contemporáneas. Por esa razón, es una película mucho más inteligente que *Shrek*, sin desmerecer al ogro verde. Después de todo, *La princesa prometida* es una de las películas más inteligentes y originales que se hayan hecho nunca, y un buen ejemplo de ello es su representación del amor.

Existen muchas razones por las que *La princesa prometida* no podría filmarse hoy en día: «Todo sería animación por ordenador y la película resultaría totalmente diferente —dice Elwes—. Además, dudo mucho que ningún estudio permitiera al director seleccionar a dos actores desconocidos como éramos Robin y yo entonces para los papeles principales. Seguro se decantarían por alguien que fuera muy taquillero, como Tom Cruise». Pero la razón más obvia se encuentra en las distintas y complejas capas de los diferentes tipos de amor en diversas edades, lo que enfatiza que es una película para todo el mundo.

Las películas modernas para niños presentan muchos tipos de amor: el amor de la pareja de ancianos en *Up*; el amor de un niño por su vaquero de plástico en *Toy Story 3*, el amor entre un burro y una dragona en *Shrek*. Ay, el amor en sus infinitas variedades. Pero no se me ocurre ninguna otra película infantil en la que se presenten tantos tipos diferentes de amor a la vez, y todos pensados para que los niños los entiendan. *La princesa prometida* enseña a los niños que el amor que sus abuelos sienten por ellos, y el que ellos sienten por sus abuelos o por sus amigos, es amor verdadero, tan importante como el de Westley y Buttercup. Por eso a Kevin Arnold —y a Nell— al final dejó de molestarles que hubiera escenas de besos, gracias a *La princesa prometida*.

Décadas después de que Nell gritara lo mucho que le había gustado *La princesa prometida* en el cine, me hicieron un encargo en el trabajo. Mi editor me pidió que entrevistara a alguien que acababa de escribir un libro y accedí con entusiasmo. No suelo llevar a miembros de mi familia a los encargos de mi trabajo pero decidí hacer una excepción en ese caso. Llamé a Nell y le dije se reuniera conmigo en un edificio de oficinas el lunes siguiente. Acababa de tener a su segundo bebé pero accedió sin dudarlo. Así, una fría mañana de diciembre, en el noreste de Londres, Nell, acompañada de su hija Edith de tres semanas, conoció a Westley. Llevaba el pelo algo más corto y su acento sonaba algo más transatlántico tras haber pasado tres décadas en Estados Unidos pero era Westley, no cabía duda.

«¿Quién es esta preciosidad? —exclamó Elwes al acercarse a Nell pero justo cuando estuvo frente a ella se agachó para mirar más de cerca al bebé—. Es una monada de bebé...» Y su voz se fue apagando sin dejar de mirar a Edith, totalmente embelesado.

Nell consiguió su momento de amor con Westley. Aunque tal vez no fuera exactamente como había imaginado con siete, o diecisiete años, fue, básicamente, como deseó.

LOS DIEZ MEJORES MOMENTOS DE MODA

10. Los shorts supercortos de Kevin Kline en *Reencuentro* (véase también: Tom Selleck en *Tres hombres y un bebé*)
Conjuntados con una buena mata de pelo en el pecho.

9. El esmoquin blanco de Tom Hanks en *Big*
Ridículo a propósito, sin duda mítico.

8. Rob Lowe, *St. Elmo, punto de encuentro*
Un Rob Lowe sudoroso viste una camiseta de tirantes amarilla con murciélagos negros mientras toca el saxofón. ¿Qué más se puede pedir?

7. Michael J. Fox, *Regreso al futuro*
Una camiseta, una camisa, vaquero sobre vaquero y el «chaleco salvavidas». Uno de los chistes de la película es que la gente de los cincuenta no entiende la moda de los ochenta. Los de los cincuenta tenían razón.

6. Nicolas Cage, *La chica del valle*
Mechas, un chaleco de cuero y el pecho desnudo es un look total, Nicolas.

5. Absolutamente todo lo que se puso Michael Douglas durante la década
Desde las camisas abiertas hasta mitad del pecho de *En busca del corazón verde* y *La joya del Nilo* hasta los tirantes en *Wall Street*, este hombre fue la moda de los ochenta personificada.

4. Las Heather en *Escuela de jóvenes asesinos*
Por su servicio a las americanas con hombreras y a las medias de colores.

3. Molly Ringwald y Jon Cryer en *La chica de rosa*
Dios bendiga a John Hughes y a su idea de que vestir de forma rara es señal de que alguien es una persona sensible. Puntos extra para el sombrero de Ringwald y mención de honor a las gafas de Cryer.

2. Melanie Griffith y Joan Cusack en *Armas de mujer*
¿Por dónde empiezo? ¿El cardado y las zapatillas blancas de Melanie? ¿La extraordinaria lencería de Melanie? Vamos a dejarlo en «absolutamente todo lo que se pone Joan Cusack en la película».

1. *Buscando a Susan desesperadamente*
La película que demuestra que la vida es mejor gracias a la moda de los ochenta.

LOS MEJORES CINCO COMENTARIOS SOBRE MODA

5. Rosanna Arquette y Mark Blum, ***Buscando a Susan desesperadamente***
«Esta chaqueta era de Jimi Hendrix.»
«¿Ha comprado una chaqueta usada? ¿Es que somos pobres?»

4. Julia Roberts, ***Magnolias de acero***
«El rosa es mi sello de distinción.»

3. Judd Nelson, ***El club de los cinco***
«¿Sabe Barry Manilow que le manga usted la ropa?»

2. Jon Cryer, ***La chica de rosa***
«Llevas unos trapos que son demasiado, algo volcánico.»

1. Joan Cusack, ***Armas de mujer***
«¿6.000 dólares? Si ni siquiera es de piel.»

La chica de rosa: las chicas raras no necesitan cambios de imagen

Hasta que Molly Ringwald se topó con John Hughes, sentía que no encajaba.

«Crecí en la Costa Oeste, siempre cohibida por mi aspecto —recuerda desde su casa de California mientras se escuchan los alegres gritos de sus dos hijos de fondo—. Por entonces, Cheryl Tiegs y Farrah Fawcett estaban por todas partes, el look que triunfaba era el de la rubia californiana, justo lo contrario a lo que yo era.»

Hughes —lo que tal vez resultaba extraño en un director treintañero y, además, hombre— vio algo fuera de lo convencional en ella y supo reconocer desde el principio el atractivo de la quinceañera Ringwald. En cuanto encontró, en el montón de fotos en el que buscaba jóvenes actrices para su próxima película, la instantánea de su rostro, con su nariz respingona, su mandíbula ligeramente ovalada y su radiante pelo rojo, la pegó en su tablón y, sin ni siquiera verla en persona, escribió *Dieciséis velas* para ella en dos días.

Hughes supo reconocer el valor del aspecto pasado de moda de Ringwald por la misma razón por la que escribió películas de adolescentes que llegaron a la juventud de la época y a la de hoy en día: porque, en el fondo de su corazón, él seguía siendo el adolescente sensible y marginado sobre el que le encantaba escribir. «En cierto modo, John se quedó congelado emocionalmente en una época. No habría sido capaz de trasladar esa autenticidad a los personajes si él mismo no fuera en parte igual a ellos», dice el director Howard Deutch, uno de los colaboradores más habituales de Hughes.

Eso significa que no veía las películas de adolescentes como una manera fácil de sacar a chicas sexis en bikini en la pantalla, como hicieron los guionistas de la exitosa *Porky's* (1982), que se estrenó dos años antes de la primera película de adolescentes de Hughes, *Dieciséis velas*. En lugar de eso, lo que más le gustaba de los adolescentes eran sus complicaciones, no sus escotes.

«Cuando empecé a trabajar con John, entendí que podía utilizar a mi favor lo que me hacía diferente porque eso me hacía destacar, pero para bien. Así que lucí la piel aún más blanca y el pelo más rojo», dice Ringwald. Hughes quería que sus actores adolescentes fueran fieles a sí mismos hasta el punto de que los animaba a elegir su ropa para las películas. Una de las pocas veces que Hughes reprendió a Ringwald fue cuando se presentó en el set con sombra de ojos. «Pensó que yo intentaba ser alguien que no era», dice sonriendo.

Hughes, más que ningún otro director, convirtió los ochenta en la época dorada de las películas para adolescentes porque se dio cuenta de que la clave para hacer buenas películas sobre adolescentes era tomarse a los jóvenes tan en serio como ellos se tomaban a sí mismos. «Una de las grandes maravillas de esa edad es que las emociones son grandes y puras. Por eso seguí con ese género durante tanto tiempo —dijo en una entrevista—. A esa edad, sentirse bien o mal resulta igual de satisfactorio.» Hughes creía que solo de adolescente se tiene esa capacidad de sentir tan profundamente, lo que explica por qué su obra se divide entre películas para adolescentes tremendamente enternecedoras, entre las que se incluyen *Dieciséis velas*, *El club de los cinco*, *La chica de rosa*, *Todo en un día* y *Una maravilla con clase*, y comedias payasas y atontadas como *Las vacaciones de una chiflada familia americana*, *Dos cuñados desenfrenados* y, en los noventa, *Solo en casa*.[1] Con la excepción de *La mujer explosiva* (una comedia bobalicona para adolescentes y, como resultado, una de las películas de adolescentes menos memorables de Hughes), mantuvo estas dos facetas de su obra separadas, llegando al punto de despedir a Rick Moranis como el bedel en *El club de los cinco* porque creía, con razón, que el humor de Moranis era demasiado vulgar para la película, y esta es la única vez en que diré una palabra en contra de Moranis. Las películas de adolescentes tratan de emociones profundas y estas estaban reservadas exclusivamente para sus personajes adolescentes. «Cuando crecemos, se nos muere el corazón», dice uno de los personajes en *El club de los cinco*.

Aunque Hughes incluyó muchos detalles autobiográficos en sus películas, le interesaba mucho menos su juventud que la de los adolescentes contemporáneos en los ochenta. No muchos adultos pueden decir eso. Le gustaba pasar el rato con los actores adolescentes en el set, les grababa cintas, los llevaba a conciertos (a Hughes le encantaba la música y, a diferencia de muchos de los directores de los ochenta, no la veía como un simple medio para vender la banda sonora), y cabreaba al equipo riéndose y olvidándose del diálogo junto a los jóvenes durante algunas escenas vergonzosas. Las películas de adolescentes de Hughes parecen tan sinceras porque se escribieron desde un verdadero respeto por los actores adolescentes, y con quien encontró una mayor afinidad fue con Ringwald: «Conectamos enseguida. Era más un amigo que un director. Hablábamos de

1. Mi intención no es despreciar las comedias de Hughes. Personalmente, pelearía hasta la muerte por defender *Mejor solo que mal acompañado* y pelearía hasta sufrir heridas graves por *Solos con nuestro tío*.

cualquier cosa», recuerda. Así que no resulta sorprendente que el personaje más auténtico que escribió jamás fuera creado para ella: Andie Walsh en *La chica de rosa*.

Para cuando Hughes y Ringwald rodaron *La chica de rosa*, se conocían muy bien tras haber trabajado previamente en *Dieciséis velas* y *El club de los cinco*. Sam, el personaje de Ringwald, es vivaz en la primera película, pero hoy en día resulta difícil de ver por su tono extrañamente racista[2] y por el tema de la violación.[3] Hughes seleccionó a Ringwald como la pija y popular Claire de *El club de los cinco* porque le divertía darle un papel opuesto a su personalidad, y le dio el personaje femenino más interesante, Allison, a Ally Sheedy.

No creó el personaje que Ringwald se merecía hasta *La chica de rosa*. «John siempre escribía sus mejores trabajos cuando lo hacía para alguien, y su auténtica musa era Molly —dice Howard Deutch, que dirigió *La chica de rosa*—. Gran parte de la personalidad de Molly se convirtió en el personaje que escribió para ella en *La chica de rosa*. Así que ella sirvió de inspiración para que John escribiera el personaje y, a su vez, la escritura del personaje también influyó en Molly.»

Como todas las películas para adolescentes de Hughes, *La chica de rosa* parte de una premisa ridículamente sencilla: Andie, una chica de instituto de un barrio bajo (que vive junto a las vías del tren), quiere ir al baile con un chico rico llamado Blane ante el horror de su amigo de toda la vida y compañero de clase media-baja Duckie.

«Cuando rodábamos, recuerdo pensar: "¿La película trata sobre una chica que quiere ir a un baile? ¿En serio? ¿Quién va a

2. El personaje del estudiante de intercambio chino, Long Duk Dong, es una caricatura tan cruda que hace que las escenas con el malo chino de *Resacón en Las Vegas* parezcan un vídeo educativo de Naciones Unidas.

3. El horrible final de Caroline y el empollón, del cual ya he despotricado en la introducción.

querer ver eso?". Anda que no me equivoqué», dice riéndose Andrew McCarthy, quien, treinta años más tarde, aún no ha conseguido escapar de la sombra de la película (aunque los seguidores de la comedia de 1989 *Este muerto está muy vivo* también lo asocian prácticamente con la necrofilia. Pero esa es otra historia).

El club de los cinco es más original como película de adolescentes de los ochenta porque tiene lugar prácticamente en una única sala (en serio, es una de las películas de los ochenta que pide a gritos que la transformen en obra de teatro) y NO HAY NINGÚN BAILE DE GRADUACIÓN, mientras que *La chica de rosa* abarca todos los clichés clásicos: título de canción pop, escenas en pasillos de instituto abarrotados, gran número musical, momento álgido en el baile de graduación. Pero en muchos aspectos es una película mucho más satisfactoria, en parte porque cuenta con la mayoría de las mejores interpretaciones de las películas de Hughes, especialmente James Spader, que prácticamente roba la película con su deliciosa actitud, ligeramente repulsiva y típica de Spader, nunca vista en ninguna otra película de adolescentes. Jon Cryer como Duckie, el amigo empollón con el corazón roto, también está magnífico, totalmente frustrado y rabioso al ver que la chica a la que siempre ha adorado carece del sentido común para enamorarse de él. ¿Quién no se ha sentido así de decepcionado por alguien del que estaba enamorado? Pero lo que de verdad hace que la película destaque es el personaje de Andie.

Antes de los ochenta, a las chicas jóvenes no les iba muy bien en las películas de adolescentes. En los cincuenta, en general se las ignoraba y las películas se centraban en los desesperantes apuros que sufrían los chicos (*Salvaje*, *Rebelde sin causa*). En los sesenta, los directores se dieron cuenta de que hacer películas con protagonistas adolescentes les facilitaba aún más la tarea de grabar escenas interminables de mujeres jóvenes con la mínima cantidad de ropa posible sin tener que preocuparse demasiado por cosas como la trama o la lógica argumental. Así que las mujeres consiguieron papeles en apariencia de protagonistas aunque el personaje principal era en realidad el bikini (las tremendamente populares películas de Frankie Avalon y Annette Funicello). Llegados a los setenta, las películas de adolescentes se convirtieron en sinónimos de filmes de terror (*La noche de Halloween*, *Carrie*) o en películas que idealizaban de manera sentimental a los adolescentes de épocas pasadas (*American Graffiti*, *Grease*) y, sangrientos bailes de graduación aparte, carecían absolutamente de personajes femeninos admirables. Pero entonces llegó Hughes en los ochenta y de repente las chicas empezaron a conseguir buenos papeles.

A Hughes le encantaba escribir sobre jóvenes torpes pero, a diferencia de muchos directores de antes y de ahora, no solo escribió sobre ellos: también captó la extraordinaria idea de que las adolescentes son personas, no objetos sexuales ni seductoras frías y malvadas, y su amistad íntima con Ringwald sin duda le ayudó en este aspecto. Dijo que algunos de los papeles de ella en sus películas eran «en realidad un retrato de él mismo» y el hecho de que les diera nombres masculinos (Sam y Andie) a los dos mejores personajes que escribió para ella sugiere su identificación con ellos.

«Cuando leí los guiones de John por primera vez, me costaba creer que alguien pudiera escribir personajes tan increíbles para una joven. Ya se habían hecho películas con protagonistas femeninas fuertes pero nunca con una protagonista femenina fuerte y adolescente», comenta Ringwald.

Las películas de adolescentes de Hughes están salpicadas de personajes jóvenes femeninos extraños, hostiles e incluso difíciles: Jennie, la santa patrona de las hermanas infelices, en *Todo en un día*; Allison, con su nevada de caspa en *El club de los cinco*; Watts, que lleva con orgullo bóxers de chico en lugar de ropa interior femenina en *Una maravilla con clase*; Iona, la jefa encantadora y bocazas de Andie en *La chica de rosa*, interpretada por Annie Potts, también conocida como Janine de *Cazafantasmas*. En *El club de los cinco*, Hughes demostró ser consciente de los mayores aprietos que supone ser una adolescente cuando los dos personajes femeninos hablan sobre cómo responder a la pregunta de si lo «has hecho» o no: «Es un arma de dos filos, ¿verdad? —le dice Allison a Claire—. Si dices que no, eres una mojigata. Y si dices que sí, eres una mujerzuela. Vaya trampa. Quieres pero no puedes y, cuando lo haces, quisieras no haberlo hecho, ¿no?». Hughes sabía que no solo los chicos lo pasan mal con el sexo. Pero, de todos los grandes personajes femeninos de Hughes, no hay ninguno mejor que Andie.

Vi *La chica de rosa* por primera vez cuando tenía nueve años y aunque, como todas las demás chicas heterosexuales, enseguida me colé de por vida por McCarthy, fue de Andie de quien me enamoré. Era la primera chica que había visto en la gran pantalla con la que podía identificarme. Aunque a veces fingía ser Sloane de *Todo en un día*, guapa y segura de mí misma, con un novio que me recogía en coche después de clase, era consciente de que la adolescente en la que me iba a convertir sería la chica excéntrica que va a clase sola en su coche. En aquella época vivía en una zona judía de Manhattan, lo que significa que mi vida se parecía tan poco a la vida de barrio residencial blanco que John Hughes describe en sus películas que era como si hubiera nacido en otro país. Aunque los detalles de mi vida no se parecían en nada a las películas de Hughes, sus largometrajes me enseñaron algo importante: que yo, la chica rara que vivía demasiado en su cabeza, cuyo aspecto, de una manera u otra, no acababa de coincidir nunca con la moda del momento y que no besaría a un chico hasta bien entrada en su tercera década, se merecía ser la protagonista de su propia película.

Este es un mensaje que las chicas y mujeres jóvenes no pueden seguir ignorando. Hasta que llegaron la saga *Crepúsculo* y *Los juegos del hambre*, los estudios daban por hecho desde hacía años que las mujeres jóvenes no podían ser las protagonistas de franquicias para adolescentes. «[El público de] las chicas adolescentes ni siquiera formaba parte de la ecuación hasta que llegó *Crepúsculo*. Cuando se hablaba del mercado adolescente, se referían solo a los chicos —dice la productora Lynda Obst—. El motivo es que los estudios se fijan en la recaudación del primer fin de semana y los chicos suelen salir en grupo a ver la película el fin de semana del estreno, pero las chicas no. Además, los adolescentes suelen ir en la misma línea que el mercado internacional, así que los estudios promocionan las películas para ellos, porque el mercado internacional es mucho más importante hoy en día. Las adolescentes no solían ir al cine en masa hasta *Crepúsculo*.»

Pero Bella en *Crepúsculo* y Katniss en *Los juegos del hambre* son, obviamente, dos tipos de heroínas muy diferentes a Andie. Para empezar, Bella es tan pasiva, vacía y aburrida como la más retro de las heroínas de Disney, siempre necesitada de que los hombres vengan a salvarla. Se pone en peligro por culpa de su extraño, frío y peligroso novio, y esto se presenta como un acto romántico. Mientras que Andie se niega hasta a cambiarse de sombrero por Blane, Bella cambia alegremente incluso de especie para poder estar con su novio, y pasa de humana a vampira, todo un cambio de imagen.

«Pasividad» no es un concepto que asociaríamos con Katniss Everdeen, uno de los personajes femeninos más admirables de las películas de adolescentes de las últimas décadas, aunque mate a otros jóvenes. Muchos críticos han alabado a Katniss como un raro ejemplo de heroína fuerte en las películas modernas, pero la fortaleza no siempre tiene que demostrarse físicamente, a pesar de lo que pueda pensar el Hollywood de hoy en día, con su fase de adoración a los superhéroes. Katniss vive además en un mundo totalmente diferente al del público. No es necesario que el entorno de una película resulte familiar para que esta tenga la capacidad de inspirar al público (después de todo, las películas de instituto de Hughes me parecían tremendamente exóticas), pero al menos debe simular cierto realismo. Puede que el público simpatice con Katniss, e incluso con Bella, pero no cabe duda de que empatizaban con Ringwald y sus contemporáneas.

Pero la diferencia real entre Bella, Katniss y Andie es el tipo de películas que protagonizan. Para empezar, son películas conscientemente oscuras, reflejo de la creencia generalizada de los directores de Hollywood según la cual actualmente la oscuridad es sinónimo de profundidad y compensa los guiones desechables y nada memorables. Es fácil que una película parezca dramática cuando está en juego algo tan importante como la vida de los personajes, como ocurre en *Crepúsculo* y *Los juegos del hambre*. Resulta más complicado reflejar eso mediante una comedia que se centra en la vida real de una persona.

John Hughes entendía que, aunque los adolescentes estadounidenses no tenían los mismos problemas que sus padres cuando eran jóvenes (por ejemplo, Vietnam), sus preocupaciones diarias no eran menos acuciantes. El director sabía que no hace falta aderezar las minucias diarias de la vida de los adolescentes en una película para que les parezcan importantes. Esta lección quedó en el olvido al llegar a los noventa, cuando las películas de adolescentes más importantes utilizaron guiños a los textos clásicos en sus tramas, como *Emma* de Jane Austen (*Clueless, fuera de onda*), *La fierecilla domada* (*10 razones para odiarte*) y *Las amistades peligrosas* (*Crueles intenciones*), para burlarse del género y darle al mismo tiempo una credibilidad irónica, en lugar de elaborar sus propias tramas y convertirse en películas por derecho propio (aunque, que conste, me encantan

Clueless y *10 razones para odiarte*). Estos largometrajes no consideraban que los detalles cotidianos de la vida de un adolescente cualquiera fueran interesantes o lo suficientemente importantes para dedicarles una película, como sí se hizo en los ochenta, y especialmente Hughes.

Este interés decreciente en el público femenino ha dado lugar al auge del temido personaje femenino tipo (es decir, perezoso) con presencia fija en ciertos tipos de película destinados al público joven, tanto que acabó por recibir su propio nombre. La «Manic Pixie Dream Girl», es decir, la chica de tus sueños, es «esa criatura burbujeante, superficial y cinematográfica que solo existe en la imaginación febril de escritores y directores sensibles para enseñar a los jóvenes intensos a abrazar la vida y sus infinitos misterios y aventuras», según lo definió el periodista Nathan Rabin, que además acuñó el término. Muchas películas de adolescentes de éxito incluyen este tropo, como *(500) días juntos* (2009) y *Las ventajas de ser un marginado* (2012), en las que Zooey Deschanel y Emma Watson respectivamente hacen de chicas de ensueño con sus encantadores defectos. Además, gracias a su lápiz de ojos y a su espontaneidad rejuvenecen a los protagonistas masculinos, pero ellas no parecen mostrar signos de tener una vida interior propia (la gran mayoría de las películas con la chica de tus sueños, incluidas estas dos, las escribieron y dirigieron hombres). Pero, sobre todo, ellas no son las protagonistas de la película.

Este tipo de historias sirven de guía sobre cómo vivir y qué esperar de la vida. Si eres una niña que crece creyendo que lo máximo a lo que puedes aspirar es a ser el personaje secundario de un hombre, nunca se te ocurrirá pedirle más a esta vida. Rabin ha acabado renegando del término al afirmar, acertadamente, que su apropiación indebida lo ha convertido a su vez en un cliché similar al tipo de sexismo que quería satirizar al acuñar la expresión. Pero, como escribió Ben Beaumont-Thomas en el

Guardian: «Rabin se siente incómodo, y con razón, al pensar en las mujeres en términos de subgrupos prototípicos, aunque es exactamente así como piensa en ellas la industria cinematográfica dominada por hombres. Al final, esa actitud acabará impregnando la manera en que los hombres normales y corrientes las ven también. Al satirizar el concepto con un calificativo ácido como "Manic Pixie Dream Girl", un tropo que pasaba desapercibido queda de repente expuesto en primer plano, y lo ridículo de su naturaleza se muestra con tanta claridad que resulta difícil que vuelvan a salirse con la suya».

Andie es básicamente lo opuesto a una Manic Pixie Dream Girl. Existe totalmente por sí misma, no como secundaria de nadie. Es segura e insegura, inteligente e ingenua, feliz e iracunda, madura e infantil, deseosa y temerosa, espabilada pero cohibida. En resumen, es una adolescente que a menudo se muestra insegura cuando piensa en si se merece o no aquello que desea. Pero, aunque dude de sí misma, no se deja pisotear: le grita a Blane sin avergonzarse de su ira cuando este la decepciona, pelea contra Steff cuando intenta abusar de ella. Siempre me gustó que Hughes se molestara en incluir la razón del odio que Steff siente por Andie, y no tiene nada que ver con que ella sea pobre, empollona o diferente; el motivo es simplemente que lo rechazó. En otras palabras, no es por ella, es por él. Hablando de los mensajes que transmiten las películas, decirles a las chicas jóvenes que la misoginia a menudo procede de la inseguridad masculina, no está nada, pero que nada mal. Por encima de todo, Andie aprende a no cambiar por nadie.

Cuando vemos a Andie por primera vez en *La chica de rosa*, gran parte de ella quiere formar parte del grupo popular y con dinero, por mucho que los odie. Va conduciendo por una calle de la parte rica de la ciudad y observa con anhelo las enormes casas, ante el desconcierto de Duckie. No cabe duda de que parte de la atracción hacia Blane es que él representa la llave que abre las puertas de ese mundo, y precisamente por eso ella es muy consciente de que él pertenece a una clase social diferente, a pesar de que su padre le asegura que eso no importa. Cuando empieza a salir con Blane, se da cuenta de lo mucho que se valora a sí misma y se niega a cambiar ni un ápice por él.

Todos los hombres cambian en la película: Blane, el padre de Andie, Duckie, incluso Steff. La única persona que no lo hace es Andie y, aun así, consigue al chico de sus sueños, aunque ese no era el final planeado por Hughes: en el final original de la película, Andie termina con Duckie.

Cuando escribió el guion, Hughes se imaginó a Blane como un imbécil odioso, por lo que no sorprende que se considerara a Charlie Sheen para el papel. En otras palabras, otro Jake de *Dieciséis velas*, pero en esta película Ringwald acaba con el empollón. Pero Howard Deutch y Hughes al final decidieron contar con McCarthy, un chico más dulce, y así convirtieron a Blane en un novio más creíble para Andie, a pesar de su riqueza.[4]

Como cualquier mujer hetero les podría haber dicho, McCarthy es tan mono (su aspecto delicado es perfecto para el atractivo pero débil Blane) que resultaba imposible que el público femenino se tragara un final en el que Andie y él no acabaran juntos. Pero Hughes y Deutch no son mujeres hetero y se quedaron «totalmente sorprendidos» ante las siguientes reacciones tras el preestreno con el final original: «Las adolescentes se mostraron muy claras al respecto: querían que Andie consiguiera lo que quería, es decir, que acabara con el chico guapo,

4. Una de las grandes subestimadas entre las películas de adolescentes de los ochenta es *Lucas* (1986), en la que Sheen interpreta el papel del chico popular aunque sorprendentemente sensible. Pero, a pesar de las menospreciadas dotes de actuación de Sheen y de mi amor por esta película, no resulta del todo creíble en ese papel. Cada vez que da la cara por un empollón en la película, me quedo esperando a que se dé la vuelta, le coja de los calzoncillos y tire hacia arriba.

nada de sapos. Eso me ofendió», recuerda Deutch. Hablando desde mi experiencia como antigua adolescente, el público joven probablemente habría aceptado a Robert Downie Jr (a quien se consideró en un principio para el papel de Duckie en lugar de Jon Cryer) como un premio de consolación más aceptable que Cryer, pero eso ya no era una opción, así que a Hughes le tocó reescribir el final de mala gana.

Así, en el nuevo final para la película, Blane se presenta en el baile de graduación y le confiesa a Andie que la razón por la que ha dejado de llamarla es que, aunque creía en ella, «no creía en sí mismo». Duckie le dice a Andie que vaya a buscar a Blane y él consigue su final feliz con Kristy Swanson, la Buffy Cazavampiros original (intenta no perderte). Andie y Blane se besan felices para siempre.

A Hughes y Deutch no les hizo ni pizca de gracia este final revisado. «La película se convirtió en algo diferente, en algo que no debía ser. Me pareció inmoral», dice Deutch. Mi único problema con el final revisado es que McCarthy tuvo que usar una peluca en el rodaje de las nuevas escenas porque se había afeitado la cabeza para otra película; la naturaleza claramente artificial de esa monstruosidad de pelambrera es un insulto a su preciosa cabellera ahuecada. Pero, sinceramente, no me importa que Andie termine con Blane. Después de todo, ¿por qué la chica rara no se puede quedar con el chico guapo si eso es lo que desea? (Y ya te digo si Andie lo desea, casi se lo come cuando se besan.) Además, como muestra Hughes con la trama del padre de Andie, abandonado y con el corazón roto, las mujeres no deberían quedarse con los hombres buenos a menos que los quieran de verdad. Es un mensaje que se comenta muy poco pero que es muy importante.[5]

5. *Al filo de la noticia* (1987) también trata este tema de forma inteligente. El personaje de Holly Hunter, Jane, se enamora del guapo y superficial presentador

Pero creo que lo que más me gusta de la escena final, revisada o no, es el vestido que lleva Andie, porque, da igual a quien le preguntes, es el conjunto de graduación más horrible de la historia, aunque se lo hizo ella misma. «¡Madre mía, el vestido! —se queja Ringwald—. Es la única cosa de la película de la que no me hago responsable. Recuerdo que entonces me pareció muy divertido porque Andie quería ser diseñadora de moda y se hace el vestido ella misma. ¡Elige otra profesión, Andie!» Pero, en defensa del vestido, diré que concentra una de las características clave de las chicas de las películas de los ochenta: se visten fatal.

Cuando las chicas de las películas de los ochenta van a una cita, les da por vestirse de forma tan recatada como una amish: en *La chica del valle*, el conjunto de fiesta de Julie (Deborah Foreman) lo componen una blusa victoriana de cuello alto y unos pantalones de vestir; en *Lucas*, Maggie (Kerri Green) seduce a Cappie (Charlie Sheen) para alejarlo de la atractiva capitana de las animadoras Alise (la futura némesis de Ally McBeal, Courtney Thorne-Smith) enfundada en faldas largas y jerséis sin forma alguna; en *Aventuras en la gran ciudad*, Chris (Elisabeth Shue) atrae la atención de un universitario —¡un universitario!— vestida con el abrigo de su abuelo muerto; en *Teen wolf (De pelo en pecho)*, Boof (Susan Ursitti) se viste como una madre de mediana edad de provincias y aun así consigue al chico de sus sueños; Watts (Mary Stuart Masterson) lleva ropa de chico y eso no le impide acabar con Eric Stoltz al final de *Una maravilla con clase*; en *St. Elmo, punto de encuentro* (si nos ponemos estrictos, es un largometraje de veinteañeros y no de adolescentes, pero sigue siendo una película «Brat Pack», así que, científicamente, también cuenta), Leslie (Ally Sheedy)

(William Hurt) en lugar del poco atractivo pero amable productor (Albert Brooks), pero así son las cosas.

encarna la fantasía sexual de todos los hombres a pesar de vestirse como una cuáquera y lucir ese increíble y relamido corte de pelo peinado hacia un lado, mientras que Wendy (Mare Winningham) se liga nada más y nada menos que a Rob Lowe vestida con la ropa de su abuela, incluida la ropa interior; el armario de Molly Ringwald en todas sus películas de adolescente es un buen ejemplo del poder de la imaginación cuando una no tiene un espejo de cuerpo entero.

Estos modelitos no son un reflejo de la moda de los ochenta, de hecho, suelen ser las malvadas chicas populares quienes visten la moda típica de la época, desde las faldas con volantes hasta los *crop tops*. Chris, y Watts ya ni te cuento, no se pondría jamás una falda globo. Lo que reflejan estos modelitos es una actitud femenina que lleva ausente en las películas de adolescentes desde principios de los noventa: vestirse como a una le dé la gana en lugar de vestirse para indicar que estás disponible sexualmente. A diferencia de las películas de adolescentes de después de los ochenta, incluso las buenas, las chicas de las películas de esta década no se visten para presumir de «tetas grandes» (*Rumores y mentiras*) ni para «lucir un buen escote, ya que eso incita a pensar en el desnudo y, por consiguiente, en el sexo» (*Clueless*), se visten por placer o comodidad propias.

Por el contrario, en *Alguien como tú* (1999), Laney (Rachel Leigh Cook) tiene que quitarse las gafas (obviamente) y lucir tetas (OBVIAMENTE) para pasar de ser el hazmerreír del instituto a la novia en potencia del chico más popular, Zack (Freddie Prinze Jr). La hermana de Zack incluso va a su casa antes de la cita para hacerle las cejas, como si eso fuera la clave para que la cita sea creíble a ojos de los demás, y la película aprueba abiertamente esta actitud a través de los «divertidísimos» comentarios de la hermana, que compara a Laney con Blas de *Barrio Sésamo*. Vello corporal y natural de las mujeres = guarrada. Y eso nos lleva al principal problema de las películas de adolescentes: el cambio de imagen.

Las películas de adolescentes de los ochenta no le hacen ascos al ocasional cambio de imagen inútil. Uno de los cambios de imagen cinematográficos más desacertados de la historia tiene lugar en *El club de los cinco* cuando Allison (Sheedy) gana el magnífico premio de la atención de Emilio Estevez, pero solo después de haber cambiado su estupendo lápiz de ojos por colorete rosa y una diadema bastante sosa. Y mira que me gustan las diademas. (Este cambio de imagen es la razón por la que Allison, que se encuentra en el olimpo de los personajes femeninos de Hughes, es una pequeña decepción. La propia Sheedy no estaba segura del cambio de imagen: «No quería que hubiera una escena en la que se mostrara el proceso del cambio, como si alguien le pintara la cara a Allison y de repente se convirtiera en alguien aceptable. Pero pensé que, si normalmente llevaba la raya del ojo negra y gruesa, sería como si le quitaran la máscara para dejar ver a la persona que hay detrás. No me habría importado no llevar el lazo pero ahí cedí».)[6] Si echamos la vista aún más atrás, uno de los cambios de imagen de película más famosos ocurrió en la película de los setenta *Grease*, cuando Sandie recupera a su novio tras cambiar su monísima ropa de quinceañera al estilo de los años cincuenta por la chupa de cuero (¡Choca ese puño! ¡Esas mujeres!).

Algunos de los cambios de imagen más famosos de la historia del cine, desde *Gigi* (1958) hasta *Pretty Woman* (1990), han implicado a cortesanas y prostitutas, detalle que da a entender que los cambios de imagen cinematográficos versan de manera

6. «¿Cómo dejaron que pasara algo así?», se quejó la fantástica actriz Ellen Page en una entrevista en la revista *New York* en la que habló sobre *El club de los cinco*. Ellen le dijo a la revista que son películas como esa las que hacen que chicas más masculinas como ella «se juzguen a sí mismas porque prefieren subirse a un árbol antes que hacer una mamada».

invariable sobre hacer que los personajes femeninos parezcan más disponibles sexualmente. Pero no fue hasta los noventa cuando esto se convirtió en un elemento esencial de las películas de adolescentes, hasta tal punto que, unos años después, *No es otra estúpida película americana* (2001) satirizó el tema: la empollona Janey (Chyler Leigh) se vuelve sexy a cámara lenta mientras se quita las gafas y se suelta la coleta. En *Clueless* (1995), Cher (Alicia Silverstone) prepara a Tai (Brittany Murphy) para Beverly Hills con un nuevo estilo de maquillaje y cambiando los pantalones anchos por diminutas minifaldas. En *Nunca me han besado* (1999), Rob (David Arquette) rescata a su hermana Josie (la siempre encantadora Drew Barrymore) del infierno del instituto gracias a algunos consejos sociales y de moda. La hermana pequeña de Kat (Julia Stiles), la protagonista feminista de *10 razones para odiarte* (1999), la somete a un cambio de imagen antes del baile de graduación, porque todo el mundo sabe que las feministas son demasiado feas para acudir a eventos sociales sin antes pasar por el taller de chapa y pintura.

Un cambio de imagen para una mujer en una película significa: «amoldarse y lucir tetas», y todos los ejemplos citados anteriormente siguen ese patrón. En otras palabras, cambiar para los hombres. Por el contrario, en la gran mayoría de las películas de adolescentes de los ochenta se admira a las mujeres por ser tal como son, únicas y cohibidas, un tema común en casi todas las películas de los ochenta, desde *Teen wolf (De pelo en pecho)* hasta *Un gran amor*. Sospecho que la explicación de por qué tantos personajes jóvenes de los ochenta tienen nombres extraños se encuentra en la celebración de este carácter único: por ejemplo, Boof y Styles, *en Teen wolf (De pelo en pecho)*, y, especialmente los de las películas de Hughes: Ferris, Bender, Sloane, Duckie, Blane, Watts. A excepción de la escena del cambio de imagen en *El club de los cinco*, Hughes celebra las peculiaridades de sus protagonistas femeninas y la ropa *vintage* de Andie (que lleva porque no puede permitirse ropa nueva) se presenta como prueba de su admirable creatividad. Si al final acaba poniéndose el vestido más horrible de la historia para el baile de graduación es un precio que merece la pena pagar a cambio de su individualidad. *La chica de rosa* es la película anti cambio de imagen.

Andie se mantiene tan fiel a su estilo por mucho que le guste un chico, que Blane ni siquiera se da cuenta de que ya está arreglada para su cita cuando la recoge en la tienda de discos y sugiere que vaya a casa a cambiarse (Andie, cómo no, se niega). Por el contrario, Lane Boggs, en *Alguien como tú*, lleva a cabo un cambio tan radical antes de su cita que su amado ni siquiera la reconoce, aunque ella le gusta más así. Las escenas de cambio de imagen de los noventa consisten en aniquilar la rareza y la personalidad única de la chica, mientras que las adolescentes de los ochenta reivindican esas dos características. Incluso Diane Court en *Un gran amor*, la chica con el «cuerpo de presentadora de concurso», no cabe duda de que se viste muy mal, pero eso no le supone ningún problema y está magnífica con los desaliñados trajes de falda que lleva a las fiestas. Y era la rareza de estas chicas de los ochenta, de las Andies y las Dianes, lo que atraía a los chicos. Ni siquiera hacía falta que se molestaran en sacar las pinzas de depilar.

Celestia Fox, una agente de castings que descubrió y trabajó con algunos de los actores adolescentes de más éxito del Reino Unido y Estados Unidos, dice que la razón por la que ahora los personajes de las películas de adolescentes parecen sacados de una revista de moda a diferencia de hace treinta años puede resumirse fácilmente: «*Clueless (fuera de onda)*. Lo cambió todo. Y, en cierto modo, *Sensación de vivir* también ayudó. Ambas cambiaron el aspecto de las películas y series estadounidenses dirigidas al público adolescente. No tanto en Reino Unido, pues su cine siempre se ha basado en películas de época y otras de carácter más descarnado. Pero, en Estados Unidos, todo lo que se grabó después de *Clueless* aspiraba a ser mucho más, a ser más glamuroso, y eso aún sigue ocurriendo».

«*Clueless* nunca pretendió ser exactamente una película para adolescentes, sino una especie de comedia de costumbres —dice la directora de la película, Amy Heckerling, que también dirigió la película de los ochenta *Aquel excitante curso*—. Era más bien una sátira, mientras que *Aquel excitante curso* trataba de cómo vivían de verdad los adolescentes.» Pero lo que antes era sátira pronto estableció un nuevo estándar, y no solo sobre cómo se vestían las actrices adolescentes.

Estas actrices de cine y televisión para adolescentes también se han ido volviendo cada vez más delgadas, especialmente durante la última década. Una comparación entre el reparto original de *Sensación de vivir* (1990-2000) y el de la nueva serie *90210* (2008-2013) chirría tanto que te lloran los ojos: las actrices de la nueva versión parecen (y no es una exageración) la mitad que las originales y, además, resulta sorprendente que las chicas del reparto original casi parecen regordetas comparadas con las más actuales cuando, en aquella época, se las consideraba delgadas. Incluso las jóvenes actrices del Disney Channel (dirigido a un público de entre 9 y 14 años) están cada vez más delgadas, como demuestra una simple comparación entre Hilary Duff (estrella del canal en 2000) y Bella Thorne (2010). Las adolescentes no solo encuentran cada vez menos representaciones de sus vidas en la pantalla, sino que cada vez hay menos actrices que se parezcan mínimamente a ellas.

De nuevo, se le puede seguir la pista a esta tendencia hasta *Clueless*, con su estilismo y glamur forzados. Pero las actrices de la película están bien hermosas si las comparamos con sus equivalentes de hoy en día. (La única actriz de *Clueless* que siguió actuando en películas populares de este tipo, la difunta

Brittany Murphy, fue adelgazando cada vez más para sus últimas películas, encajando así en la nueva estética, cada vez más restrictiva.) No obstante, en realidad este cambio procede en gran parte del mundo de la moda. El cine, especialmente aquellas películas destinadas a las mujeres jóvenes y a las adolescentes, sigue el ejemplo de las tendencias de moda y no cabe duda de que esta industria venera un aspecto mucho más delgado ahora que en los ochenta, como demuestra una comparación entre las supermodelos de los ochenta con las más delgadas de ahora. Los editores de moda no se cansan de afirmar que las modelos actuales presentan un aspecto «mucho más sano» que en los últimos años, y es cierto, pero solo si consideramos que un triunfo para la salud significa verse mejor que las modelos del este de Europa, pálidas y de aspecto apagado (por no hablar de la Kate Moss adolescente y medio muerta de hambre de los noventa).

«Cuando empecé en este negocio hace treinta años, las actrices adolescentes solían vestir una talla 38, tal vez una 36, mientras que ahora son siempre muchísimo más delgadas», me dijo una estilista de moda que trabaja para revistas de adolescentes. Una diseñadora que ha trabajado en una de las mayores películas de adolescentes del siglo añade: «Cuando preparo la ropa para las chicas, a menudo me toca comprarla en la sección infantil aunque tengan dieciséis años. Ya no se espera que las actrices adolescentes parezcan adolescentes, ahora tienen que parecer modelos, y eso se debe a que las famosas han ocupado el lugar de las modelos. Solo hay que echar un vistazo a las portadas de las revistas. ¿A quién ves? Actrices y famosas». Cuando le pregunté si Ringwald conseguiría hoy en día el papel protagonista en una película de adolescentes, la diseñadora puso cara de incredulidad.

Ringwald es una de las actrices adolescentes más exitosas de todos los tiempos pero su influencia ha tenido una vida mucho más corta que su fama. Si se grabara *La chica de rosa* hoy en día, la película se narraría desde el punto de vista de Blane y Andie quedaría relegada al papel de una Manic Pixie Dream Girl, con diez kilos menos, lápiz de ojos bien marcado y el pelo de peluquería (véase: *Y entonces llegó ella*. O mejor no.). Ringwald dice:

> Siento que todas las películas y series para adolescentes de ahora tratan del deseo de convertirse en alguien famoso y rico, y las chicas que aparecen en ellas están demasiado delgadas y sexualizadas; no tengo ánimos para verlas. Parece que el tipo de papeles que yo hice en películas adolescentes ya no existe. Mi hija mayor tiene casi diez años, y quería ponerle algo que hiciera que se sintiera bien, así que, tras pensarlo mucho, se me ocurrió. ¡La película que estoy buscando la he hecho yo! Así que nos sentamos a ver *La chica de rosa*. Me encantó verla ahora pero también me sentí triste al pensar que la única película que pude ponerle fuera de hace treinta años. Lo bueno es que, desde que vio *La chica de rosa*, ya no quiere ver el resto de las películas o series. Sabe que ahí fuera hay algo diferente.

Muchas heroínas increíbles y diferentes aparecieron en otras películas de adolescentes de los ochenta después de *La chica de rosa*: la mojigata y valiente portadora de sandías Baby en *Dirty Dancing*, que se estrenó el año siguiente; Sara de *Aventuras en la gran ciudad*, rarita, valiente y obsesionada con Thor; y, sobre todo, Veronica de *Escuela de jóvenes asesinos*, la película que no solo presentó la agresión femenina como algo terrorífico, al estilo de *Carrie*, sino también como algo triunfal y molón. Llegados al final de la década, el público estaba tan acostumbrado a que las adolescentes tuvieran buenos papeles que Cameron Crowe consiguió hacer una de las películas de adolescentes más sofisticadas y feministas, *Un gran amor*, en la que un adolescente,

Lloyd (John Cusack), dice que quiere dedicar su vida a apoyar a su fantástica novia para que esta pueda brillar. «Es un tipo de caballero en su corcel blanco muy diferente. No es del tipo "te llevo conmigo", sino de los que están a tu lado para que puedas ser tú misma. Si eres una chica estupenda y brillante, eso es lo que quieres», dijo el productor ejecutivo de *Un gran amor*, James L. Brooks.

Gracias a Hughes, al menos en parte, las actrices jóvenes pudieron disfrutar de papeles protagonistas durante un breve periodo de los noventa, como Julia Stiles al interpretar a una feminista que echa humo en *10 razones para odiarte* y Alicia Silverstone en *Clueless*, además de una breve oleada de películas independientes sobre heroínas fuertes, como *Girls Town* (1996), *Lo opuesto al sexo* (1998), *Girlfight* (2000) y *A por todas* (2000). Pero el retorno de las comedias obscenas y las películas de superhéroes volvió a apartarlas hasta colocarlas en un segundo plano. Se ha estrenado alguna que otra película para adolescentes con chicas jóvenes como protagonistas en el siglo XXI; por ejemplo, la más obvia es *Chicas malas* (2004), pero son excepciones. Desde el punto de vista de un estudio de Hollywood tiene más sentido tener a un hombre como protagonista gracias a la creencia de que es más probable que atraiga a un público más amplio. (Lo más parecido a un personaje como Andie en las comedias obscenas de los noventa es Michelle [Alyson Hannigan] en *American Pie*, la flautista boba que no deja de ser ella misma, aunque la consuma el deseo. Pero solo se la incluye en la película como objeto de diversión y no es más que un personaje secundario con respecto al protagonista masculino.)

Pero ni siquiera la propia Ringwald volvió a interpretar más heroínas hughesianas porque, para cuando se estrenó *La chica de rosa*, Hughes y ella apenas se hablaban. Durante el rodaje de la película, Hughes le dijo a Deutch que le preguntara a

Ringwald si le gustaría interpretar a Watts, otra chica diferente, en su próxima película, *Una maravilla con clase*, que también dirigió Deutch. Pero Ringwald consideró que había llegado el momento de crecer. Sabía que la película era demasiado parecida a las que había hecho antes, ya que *Una maravilla con clase* no es más que *La chica de rosa* con el sexo cambiado y el final original de esta última. (Deutch insiste en que Hughes no la escribió como reacción a tener que reescribir el final de *La chica de rosa* y sugiere, cosa que resulta un tanto improbable, que Hughes ni siquiera vio la conexión entre las dos películas.) Así que rechazó el papel, Hughes dejó de hablarle a Ringwald y, tras *Una maravilla con clase*, no volvió a hacer otra película para adolescentes. Resultó que trabajar con un director tan en contacto con su adolescente interior tenía sus inconvenientes: a veces actuaba como tal.

«John podía volverse muy taciturno. Si herías sus sentimientos, se cerraba en sí mismo y no te hablaba durante días», comenta Matthew Broderick, protagonista de *Todo en un día*.

Ringwald escribió más tarde en el *New York Times*: «Éramos como los Niños Perdidos cuando toman la decisión de dejar Nunca Jamás. John era Peter Pan y nos advirtió que si nos marchábamos no podríamos volver. Y, fiel a su palabra, no solo no pudimos volver, sino que fue un paso más allá. Acabó con Nunca Jamás».

«Hughes sintió una gran pérdida cuando ella siguió adelante, y creo que ella también. Estaban muy, muy unidos y fue muy triste ver cómo terminó la relación», dice Deutch.

Hughes murió en 2009, a la edad ridículamente prematura de 59 años, de un ataque al corazón: «Cuando crecemos, se nos muere el corazón».

Al informar sobre su muerte, la cobertura periodística apenas mencionó *Solo en casa*, su película de más éxito en términos económicos con muchísima diferencia. En lugar de eso, la prensa se centró en sus películas de adolescentes, especialmente en las que hizo con Ringwald. En el *New York Times*, el crítico de cine principal del periódico, A.O. Scott, escribió: «Molly Ringwald fue para Hughes lo que Jimmy Stewart para Frank Capra: un símbolo, una musa, un arquetipo y un *alter ego*».

Pero Hughes y Ringwald no volvieron a hablarse nunca y ella siguió con su carrera como actriz sin él. No hubo una escena final lacrimógena de reconciliación entre ella y su antiguo mentor, ningún momento culminante al más puro estilo de Hughes. Pero eso es lo que tienen las chicas raras: puede que consigan su final feliz, pero no siempre siguen el guion.

LOS CINCO MEJORES MALOS BRITÁNICOS

5. Charles Dance, *El chico de oro*
Charles Dance, totalmente indiferente a todo y mucho más divertido por ello.

4. David Bowie, *Dentro del laberinto*
Uno de los malos más raros de los ochenta y también una de las canciones más extrañas. No esperaba menos, David Bowie.

3. Steven Berkoff, *Superdetective en Hollywood*
Berkoff no puede faltar en ninguna lista de los mejores malos: shakespeariano, James Bond, lo que quieras. Se marcó unos cuantos en los ochenta, incluido *Rambo: Acorralado Parte II*. Pero obviamente este es mi favorito.

2. Terence Stamp, *Superman 2: La aventura continúa*
«ARRODÍLLATE ANTE ZOD.» El vello facial le ha valido a Stamp subir directo hasta el puesto número dos.

1. Alan Rickman, *Jungla de cristal*
No hay competencia. Por increíble que parezca, este fue el primer papel de Rickman en una película y tras su debut se convirtió en el malo británico definitivo (aunque hiciera de alemán). Sin rival hasta que él mismo hizo del sheriff de Nottingham en *Robin Hood, príncipe de los ladrones* en 1991.

Cuando Harry encontró a Sally: no todas las comedias románticas te hacen sentir como si te practicasen una lobotomía

Acercaos, niños, acercaos, sentaos junto a vuestra abuela. Os voy a contar una historia de otro tiempo, sobre cómo era la vida antaño. Antes todo era muy diferente. Por aquel entonces, no teníamos teléfonos móviles, uy, no, no, qué va. Si querías ir por ahí con un teléfono con la foto de tus amigos, tenías que arrancar el auricular de la pared y pegarle una Polaroid. ¿Qué dices? ¿Cómo que por qué hay un auricular en la pared? ¿Que qué es una Polaroid? Madre mía, no puedo evitar utilizar palabras del viejo mundo. Voy a intentarlo otra vez. Como iba diciendo, cuando vuestra abuela era una niña, no había teléfonos móviles, no teníamos Internet y, tal vez lo más sorprendente de todo, es que las comedias románticas no eran sinónimo de basura retrógrada que te entumece el cerebro, vuelve locas a las mujeres y convierte a los hombres en personas horribles. Ya lo sé, ya. Es como oír hablar de una época en la que no había alcantarillado.

Los que nacimos antes de 1995 sabemos que las comedias románticas no siempre han sido películas horribles, del mismo modo que sabemos que adorábamos a Michael Jackson y a Bill Cosby de forma absolutamente independiente de sus complicadas vidas. Aceptamos que esa época existió, aun cuando hoy en día parece imposible. El estado deteriorado de la comedia romántica me entristece profundamente porque es muy injusto. Por Dios, ¿es que hay algo más divertido que ver una película con romance y comedia? La respuesta es «CUALQUIER OTRA COSA» si por «romance y comedia» nos referimos a «basura misógina protagonizada por Katherine Heigl y Gerard Butler», cosa que parece ser la norma hoy en día, a juzgar por *La cruda realidad* (2009). El resultado es que la comedia romántica ha muerto.

«DEP Comedia Romántica: Por qué Harry no conoció a Sally en 2013», titulaba el *Hollywood Reporter*. «¿Por qué las comedias románticas son tan malas?», reflexionaba el *Atlantic*. «La muerte de la comedia romántica», anunciaba Box Office Mojo, acompañado de un gráfico que mostraba la decadencia de la comedia romántica frente al auge de las películas de superhéroes.

¿De verdad queremos vivir en un mundo en el que *Capitán América* se considera una película más universal que el romance y la comedia? La teoría dice que ya nadie quiere ver comedias románticas porque son malísimas. Fin. Pero la verdad es que la razón por la que las comedias románticas son tan malas es porque a Hollywood han dejado de importarle una mierda las mujeres. Fin.

Hubo un tiempo en el que las comedias románticas fueron increíbles. De hecho, en el género de la comedia romántica se incluyen algunas de las mejores películas —y también las más feministas— jamás hechas, desde *Historias de Filadelfia* (1940) hasta *Annie Hall* treinta y siete años más tarde. En los ochenta se rodaron tantas comedias románticas buenísimas que creo que se las debería denominar con un nombre colectivo: «el placer de las comedias románticas», «el éxtasis de las comedias románticas». Y no solo eran buenas, sino que la crítica también las respetaba: comedias románticas como *Hechizo de luna* y *Armas de mujer* ganaron Globos de Oro y varios Oscar. Vale, los

Oscar son una estupidez y básicamente no tienen mucho sentido pero la única comedia romántica de los últimos quince años que ha recibido elogios similares es *La boda de mi mejor amiga* (2012), escrita y protagonizada por mujeres, algo excepcional hoy en día. Lo que me lleva al siguiente punto.

La seña de identidad de las comedias románticas de los ochenta es que muchas de las mejores las protagonizaron mujeres. Aunque Woody Allen se colocara como protagonista de sus excepcionales comedias románticas de los setenta, como la maravillosa *Annie Hall* y *Manhattan*, que ahora resulta casi imposible de ver, en los ochenta, la protagonista era su entonces pareja Mia Farrow, y gracias a ello sus películas se volvieron más dulces, más variadas y más interesantes. Ella es la estrella de películas como *La rosa púrpura de El Cairo* y *Hannah y sus hermanas*. Cher tenía 41 años cuando protagonizó *Hechizo de luna* y Nicolas Cage, su pareja romántica en el largometraje, tenía 23, y nadie en toda la película menciona nunca esta (bastante obvia) diferencia de edad.[1] *Armas de mujer* trasladó la comedia romántica al Wall Street símbolo de los ochenta, con un leve (muy, muy leve) giro feminista, y cuenta con tres fabulosas actrices en cabeza: Melanie Griffith, Sigourney Weaver y Joan Cusack. Kathleen Turner demostró que las mujeres pueden protagonizar películas de acción románticas al coprotagonizar con Michael Douglas las dulcemente alocadas *Tras el corazón verde* y *La joya del Nilo*.

«¡Fui la primera! La primera protagonista femenina de una película de acción. Me marqué un montón de primeras veces como esa —comenta Turner alegre—. Pero no recuerdo que

1. Posiblemente porque todo el mundo andaba demasiado distraído con las increíbles y exageradas interpretaciones de Cher y Cage y atentos a frases como, por ejemplo: «¡No soy ningún monumento a la justicia!», «¡UN LOBO SIN PATA!». En serio, tienes que ver esta película, es fantástica.

nadie lo comentara en aquella época, al menos nadie me dijo que hubiera algún problema con ello. Soy una mujer fuerte y por entonces estaba muy en forma, así que lo único que les preocupaba era evitar que yo misma hiciera las escenas de los especialistas: "No, Kathleen, no puedes lanzarte al otro lado del acantilado con la liana, el seguro no lo cubre". ¡Venga ya!».[2]

Estas películas no solo atraían a un público femenino, sino (¡Sorpresa! ¡Estupor! ¡Flipamiento!) también a los hombres. *La princesa prometida* demostró que las comedias románticas no solo interesaban a todos los géneros, también a todas las generaciones porque las únicas personas que no disfrutan del romance y la comedia son las que no tienen alma y, por norma general, mujeres, hombres y niños tienen alma.

La maravillosa *Tootsie* demostró que se puede hacer una comedia romántica que mire al amor desde el punto de vista de dos géneros a la vez. Cuando el aspirante a actor Michael Dorsey (Dustin Hoffman) se viste de mujer y se rebautiza como Dorothy Michaels para conseguir un papel en un culebrón, quien previamente era un capullo egoísta pasa de repente a ayudar a empoderar a las mujeres del programa contra el director sexista (Dabney Coleman, el sexista favorito de todo el mundo en los ochenta). Por ahora, todo comedia de principios de los ochenta. Pero Hoffman actúa con mucha más delicadeza de lo que el público se espera de las películas con actores travestidos. En una emotiva entrevista con el Instituto Estadounidense del Cine en 2012, Hoffman describió con lágrimas en los ojos lo mucho que le afectó verse vestido de mujer por primera vez porque no era atractivo. Volvió a su casa y le dijo a su mujer llorando que tenía que hacer la película. Cuando ella le preguntó por qué, él respondió: «Porque creo que soy

2. Por favor, guardemos un momento de respetuoso silencio por la increíble bomba que es Kathleen Turner.

una mujer interesante cuando me veo en pantalla. Y sé que, si conociera a mi personaje en una fiesta, nunca hablaría con ella porque no encaja físicamente con las imposiciones que nos han enseñado a exigir de las mujeres para que sean dignas de nuestro interés. Hay demasiadas mujeres interesantes que no he conocido en esta vida porque me han lavado el cerebro».

Hay que reconocer que en la película aparecen varios hombres que aprenden a apreciar a Dorothy a pesar de no ser atractiva según los cánones convencionales, incluidos el coprotagonista John (interpretado por George Gaynes, más conocido por los seguidores del cine de los ochenta como el atontado comandante Lassard de la saga de películas de *Loca academia de policía*), el padre de un amigo e incluso, hasta cierto punto, Coleman. Se ve que Hoffman respetaba tanto el personaje como la película porque consiguió hacer una película sobre un hombre travestido sin aparecer ni siquiera remotamente transfóbico, toda una proeza si consideramos que la película se rodó hace treinta y cinco años, y por eso parece tan eterna como otra película igualmente nada transfóbica, *Con faldas y a lo loco*. Nada envejece tan rápidamente una película como la intolerancia (eso y tal vez un cameo de Paris Hilton). Como mucho, la película presenta una pequeña trama en la que Julie cree que Dorothy es lesbiana, pero incluso eso se muestra con ternura: cuando Michael intenta besarla como Dorothy, Julie recula sorprendida pero, en lugar de mostrarse estupefacta o incluso horrorizada, balbucea disculpándose: «Estoy segura de que tengo los mismos impulsos que tú. Desde luego tengo los mismos...».

Pero la película falla cuando al final Michael se queda con Julie, interpretada por la increíblemente bella Jessica Lange, mientras que hubiera resultado mucho más interesante si el propio Michael hubiera aprendido a ver el atractivo de mujeres que no parecen diosas, como, por ejemplo, su mejor amiga

Sandy, interpretada por Teri Garr, que está colada por él aunque Hoffman la haya dejado. Aun así, al menos el mensaje de la película es que las mujeres no deberían salir con capullos y, si es necesario que Michael se vista de mujer para transformarse en el anticapullo que Julie se merece, perfecto para todos. Y al menos el mismo Hoffman aprendió algo de la película (aunque lo único que yo aprendí es que hasta un idiota de medio metro con una enorme nariz judía no se conforma con menos de una impresionante *shiksa* rubia). (A propósito, me encanta la película.)

Entonces, en el último año de esa década, se estrenó la mejor de todas las comedias románticas de los ochenta, una película que presentaba el amor desde el punto de vista de la mujer y del hombre de una forma más creíble, divertida y conmovedora que *Tootsie*: *Cuando Harry encontró a Sally...*

Junto con *Todo en un día*, *Cuando Harry encontró a Sally...* es la película más citable de los ochenta, la más citable de todas las décadas. Nora Ephron escribió tantas frases magníficas que la cantidad de autocontrol necesaria para no fundirlas todas en una enorme cita me está provocando calambres en los dedos.

«Delgada. Guapa. Hermosas tetas. La envidia de cualquiera.» ¡No! ¡Para!

«Alguien te está mirando desde la sección de desarrollo personal.» ¡Vale ya! Has prometido que no lo ibas a hacer.

«Me alegro mucho de no haberme liado contigo. Ahora sería una mujer abandonada a las tres de la madrugada porque tú tendrías que haberte ido a limpiar el hollín de la chimenea. Y ni siquiera tienes chimenea. Claro que yo no lo sabría.»

Qué le vamos a hacer. No tengo la fuerza suficiente para resistirme al poder de concisión de Ephron.

Pero, por divertida e inteligente que sea *Cuando Harry encontró a Sally...* (y es muy divertida e inteligente, volveremos a este punto), lo más curioso es que los críticos la ignoraron cuando se estrenó. El *New York Times* la describió como «una película de Woody Allen versión comedia de situación» (los críticos a veces pueden ser unos imbéciles) y solo la nominaron a un premio de la Academia, el de mejor guion original, que perdió ante *El club de los poetas muertos*. ¡*El club de los poetas muertos*! Ya te había dicho que los Oscar no valen para nada.[3]

Entiendo las comparaciones superficiales con Allen: los créditos en blanco sobre negro del inicio, las tomas que muestran su adoración por Nueva York, el mundo privilegiado de la zona de Uptown, las mujeres con sombreros... Pero *Cuando Harry encontró a Sally...* no se parece en nada a una película de Woody Allen, aunque muchos críticos aún disienten en ese punto (el escritor Mark Harris la describió de forma memorable: «no es *Annie Hall*, sino una película sobre gente que ha visto *Annie Hall*»).

Al igual que lo mejor de la pluma de Ephron (su faceta periodística, *Se acabó el pastel*, sus ensayos), *Cuando Harry encontró a Sally...* tiene la precisión de una historia personal pero su objetivo es extraer verdades universales. Por el contrario, a Allen solo le interesan sus historias y jamás se le ocurriría siquiera sugerir que hablan de alguien que no sea él, y en ocasiones eso es estupendo y en otras no tanto. Cuando hoy en día se habla del mensaje de *Cuando Harry encontró a Sally...*, se piensa en la afirmación de Harry de que las «mujeres y los hombres no pueden ser amigos» y en cómo la película parece confirmarlo. Pero Ephron dijo que no creía que fuera cierto. En lugar de eso, escribió:

3. Otros guiones que ese año perdieron frente a la maldita *El club de los poetas muertos*: *Haz lo que debas*, *Delitos y faltas* y *Sexo, mentiras y cintas de vídeo*. Los Oscar fueron un cachondeo ese año.

> De lo que trata realmente *Cuando Harry encontró a Sally* es de lo diferentes que son los hombres y las mujeres. La verdad es que los hombres no quieren ser amigos de las mujeres. Los hombres saben que no entienden a las mujeres y no se preocupan demasiado por eso. Quieren amantes, esposas, madres, pero no les interesan demasiado como amigas. Ya tienen amigos. Los hombres son sus amigos, con los que hablan de deporte y de no sé qué más. Por su parte, las mujeres se mueren por ser amigas de los hombres. Las mujeres saben que no entienden a los hombres y eso les preocupa: creen que, si consiguen ser amigos, llegarán a entenderlos y, además (y este es su mayor error), los ayudarán.

Las generalizaciones sobre los sexos son, en general, abominables, pero habría que ser un pedante radical y total para no disfrutar de esta. Imagínate una comedia romántica de ahora basada en esta sutil pincelada de sabiduría. Y, por aborrecibles que resulten las generalizaciones sobre los sexos, solo un hombre podría afirmar que *Cuando Harry encontró a Sally...* es como una película de Allen. Sally y sus amigas son tan diferentes de las mujeres que aparecen en las películas de Allen que bien podrían ser extraterrestres, porque las mujeres de *Cuando Harry encontró a Sally...* no fueron escritas por alguien a quien simplemente le gustan las mujeres, sino por alguien que las entiende.

Esto no es algo común en una comedia romántica —o en ninguna clase de película, ya que estamos—, pero *Cuando Harry encontró a Sally...* se interesa en igual medida por las mujeres y por los hombres de la película, y eso se debe a que Ephron escribió sobre personas reales. Harry está basado en Rob Reiner, el director de la película, y Sally en la propia Ephron. «Me di cuenta de que había encontrado un personaje maravilloso en Rob Reiner. Rob es una persona muy extraña. Es muy divertido pero al mismo tiempo está profundamente deprimido. Aunque no le deprimía estar deprimido; de hecho, le encantaba su depresión —escribió Ephron—. Y puesto que Harry era oscuro y estaba deprimido, Sally debía ser alegre y animada y optimista de forma implacable, irreal, estúpida y sin sentido. Y resulta que yo soy bastante así.»

Casualmente, el mejor papel femenino que ha escrito Allen también está basado en una persona real: Annie Hall, un homenaje total a su ex novia Diane Keaton (nombre real: Diane Hall). Quien crea que un autor hace trampa al utilizar la vida real en la ficción es un iluso. La vida real es a menudo lo que dota de realidad a la ficción y la buena ficción nos ayuda a su vez a entender la vida real. Ephron sabía mejor que nadie que la mejor ficción se nutre de la vida real: «Todo es una copia» era el lema de su madre, y esta actitud la convirtió en una leyenda cuando transformó su brutal divorcio de Carl Bernstein en una de las novelas más divertidas jamás escritas, *Se acabó el pastel.* Así que creo que la mejor manera de honrar su memoria es escribir un poco sobre mi relación personal con esta película.

Vi *Cuando Harry encontró a Sally...* por primera vez de adolescente, casi una década después de su estreno. Debí verla en Londres, adonde nos mudamos desde Nueva York en 1989, en el salón y en nuestro VHS moribundo, y el personaje con el que me sentí inmediatamente identificada no fue Sally, la protagonista que quiere ser escritora, sino Harry, el judío deprimido y orgulloso de su pena. Harry fue el primer personaje que vi en una película que era judío como yo lo era: si le preguntas a alguien de qué religión cree que somos Harry y yo, probablemente responderían «judía», aunque ese no sería el primer rasgo de nuestra personalidad que destacarían de ninguno de los dos (que sería «ensimismados»). Para mí, eso era ser judío, o un poco judío, y no el intruso, autoconsciente y ligeramente trovadoresco judío que retrataba Woody Allen. Además, al igual que Harry, yo me sentía triste, como solo puede sentirse una adolescente extremadamente privilegiada de una buena familia de clase media. Y, como Harry, cometí el error de pensar que eso me convertía en una persona profunda.

No era fácil ser una fanática del cine (y sigue sin serlo). Por lo general, las películas las escriben y dirigen hombres, lo que significa que los personajes femeninos suelen ser aburridos o estar desquiciados. No me di cuenta de ello hasta que pasé de las películas de adolescentes de los ochenta, en las que Molly Ringwald, Ally Sheedy, Winona Ryder y Jennifer Jason Leigh me hacían compañía, a las películas de adultos de los noventa, y en ellas mis opciones se vieron tremendamente reducidas. Así que cuando llegué a la adolescencia y pensé en quién haría de mí en el biopic de mi vida (ya te he dicho que estaba ensimismada), me decidí por Bill Murray. Solo él poseía el humor, el cinismo y el encanto que estaba segura algún día formarían parte de mi personalidad. Bueno, eso fue hasta que vi *Cuando Harry encontró a Sally...*, entonces pensé que Billy Crystal podría ser el elegido. Después de todo, era un poco judío. Y estaba deprimido. Y era profundo.

Pero a medida que me hice mayor, empecé a darme cuenta de otro de los puntos fuertes de la película, del cual no me había percatado de más joven porque, como Harry, estaba demasiado centrada en mí misma: empecé a ver a Sally. Y fue entonces cuando mi vida comenzó a cambiar gracias a *Cuando Harry encontró a Sally...* (Hasta aquí he llegado con los puntos suspensivos. Entiendo que se incluyan en el título pero son un coñazo de escribir y mucho más de leer, y no creo que a Ephron le importase. Ni siquiera le gustaba el título.)

Como decía, no siempre resulta fácil ser una fanática del cine, especialmente una fanática de la comedia. Los hombres suelen protagonizar las comedias porque son ellos quienes suelen escribirlas, así que resulta fácil ir creciendo y sintiéndote un poco molesta con tu propio sexo. ¿Por qué te ha tocado ser una mujer? Las mujeres son aburridas. Las mujeres solo existen para reírse de los chistes de los hombres o para ser arpías a las que nada les parece bien. A las mujeres no les dan los diálogos buenos. Las mujeres son Margaret Dumont y los hombres son los hermanos Marx, y mira que me gusta Margaret Dumont (especialmente cuando se ponía el bañador; sus bañadores en las películas de los hermanos Marx eran increíbles) pero prefiero ser yo quien haga el payaso antes que ponerle cara de desaprobación a Groucho. Y lo que es peor, cuando creces viendo a hombres como protagonistas, como me pasaba cada vez más a mí, acabas acostumbrándote a querer que todo les salga bien, porque te han enseñado a estar de su parte. Me pasé años metida en relaciones con hombres que no se merecían mi cuerpo ni mucho menos mi tiempo, porque me preocupaba que, si los dejaba, acabarían tristes como Lloyd Dobler en *Un gran amor* (pero resulta que no es así, porque Lloyd Dobler es un personaje de ficción) (y también porque todos esos tíos eran unos imbéciles).

Pero entonces llegó *Cuando Harry encontró a Sally*. La escribió una mujer muy divertida y por eso aparecen muchas mujeres divertidas. Sally no es solo la compañera de Harry, como la Sigourney Weaver del doctor Venckman o la Buttercup de Westley. Sally ni siquiera tiene que realizar una de las tres tareas que suelen endilgarle a las mujeres en las comedias románticas: no anhela desesperadamente al hombre, no es una arpía agobiante que obliga al hombre a madurar, ni se libera de su coraza de zorra frígida gracias al poder de su increíble pene. De hecho, durante la primera mitad de la película es Harry quien se muestra con el corazón roto después de que su ex mujer lo abandonara por Ira el contable, dejándolo vulnerable, humillado y necesitado. Sally lo apoya, le ayuda a instalar la moqueta y canta canciones de *Oklahoma!* con él, porque aparentemente ha superado a su ex novio Joe («“Lo he superado”, dice Sally cuando está claro que no es así en absoluto. He dicho esa frase demasiadas veces en mi vida y demasiadas veces me he creído que era verdad», escribió Ephron).

Me di cuenta de que Sally era un personaje femenino adulto que buscaba el amor pero sin dar pena y que la amaban, aunque también era como cualquier otra persona. No era solo el objetivo romántico de Harry, sino una persona completa. Me hizo mucha ilusión descubrir que Ephron había basado el personaje de Sally en ella misma porque eso significaba que Sally debía ser judía. No es que sea una sionista cinematográfica que solo disfruta de personajes kosher, pero esta era otra prueba de que la película no sigue el patrón insufrible: mujer no judía se enamora de judío por sus supuestas y adorables cualidades judías; hombre judío se enamora de mujer porque no es judía (*¡mazel tov!*). Woody Allen dio vida al cliché y Judd Apatow lo promociona sin cesar (mientras Larry David ondea la bandera en televisión). Ephron acuñó con Sally un raro personaje que apenas existe en el cine: la mujer judía deseable. Una mujer algo judía. Sally también me enseñó que estar triste no significaba ser profunda, sino simplemente que me estaba arruinando la vida.

La relación de Sally con sus amigas, especialmente con Marie (Carrie Fisher), es una de mis cosas favoritas de la película. Sus amigas aparecen como un punto de apoyo pero también tienen vidas propias (una auténtica rareza en una película, ya que los amigos normalmente existen solo como amigos del protagonista). Gracias a esto, la amistad que nos muestra la película se siente como totalmente real. «Tienes razón, tienes razón, sí, tienes razón», repite Marie sin parar como un reproche a sí misma cada vez que Sally le recuerda, por millonésima vez, que su amante casado nunca dejará a su mujer por ella.

Al igual que Sally y Marie, viví en Nueva York cuando tenía treinta y pocos y, como ellas, salí con basura humana aun teniendo la cabeza suficiente para haberlo evitado. Me sorprendió darme cuenta de que, incluso aquellas de nosotras que crecemos con la esperanza de ser tan sabias y cínicas como el doctor Venckman, cometemos los mismos errores tristes, aburridos y grises que muchas otras mujeres, y exactamente por idénticas razones: tenemos esperanzas, somos bobas y nos sentimos solas. Ephron era consciente de ello pero no por eso se burló de las mujeres ni las retrató como personas patéticas porque buscan compañía; las miraba con afecto y eso, al final, me empujó a hacer lo mismo conmigo misma. Las malas comedias románticas estigmatizan y ridiculizan el desamor y la soledad, y me hacen sentir que soy un cliché vergonzoso por desear el amor, como un personaje estúpido de una película de Kate Hudson o Katherine Heigl. Las buenas comedias románticas, como *Cuando Harry encontró a Sally*, me reafirman en que eso es lo que hacen las personas. Cada vez que Carol, mi mejor amiga, cometía uno de estos errores, nos llamábamos en busca de consuelo, igual que hacen Sally y Marie, y nos decíamos: «Tienes razón, tienes razón, sí, tienes razón». Y al final acabamos aprendiendo la lección: no te tortures por ello, solo hay que recomponerse y seguir adelante.

Escribir buenas comedias románticas es difícil. No se pueden fingir porque la mayoría de la gente sabe reconocer cuándo algo es divertido y la mayoría de la gente ha estado enamorada, pero, como nadie es un superhéroe, en ese terreno puedes hacer lo que te dé la gana. Me sorprendió leer en un ensayo que a Ephron le «costó» el guion de *Cuando Harry encontró a Sally* y «que fue muy difícil» («solo lo hice por el dinero», admite alegremente) porque suena tan natural y fluido como una charla entre amigos.

Me entra la risa cuando escucho hoy en día a guionistas varones insistir en que no escriben personajes femeninos porque, claro, ¿cómo van a entender a las mujeres si no son más que unas chaladas atontadas? En una entrevista con el *Guardian*, Evan Goldberg, guionista de las comedias de tíos *Supersalidos* y *Juerga hasta el fin*, ofreció lo que, según él, era una explicación razonable del motivo por el que existen tan pocos papeles femeninos en sus películas: «¡Soy un tío! No se me da tan bien escribir sobre mujeres. A Kristen Wiig [que escribió *La boda de mi mejor amiga*] se le da mucho mejor. Ni siquiera acabo de entender del todo las emociones de mi mujer, ¿cómo voy a escribir un buen personaje femenino y descifrar el secreto de las mujeres?».

Aprendió esta mentalidad de su mentor, Judd Apatow, quien ese mismo año dijo esto para el *New Yorker*: «La realidad es que soy un tío y entiendo el rollo de los tíos, así que me inclino más hacia ese lado, igual que Spike Lee lo hace con los afroamericanos». Imagínate lo diferentes que serían las películas si más hombres se dieran cuenta de que las mujeres son personas y no una especie totalmente diferente. Porque insistir en que no eres capaz de escribir diálogos para el sexo opuesto no es ser considerado con este, sino ser vago.

¿Qué pasó después de Harry y Sally? Pues en los noventa se produjo una absoluta saturación de comedias románticas, empezando por la imponente y mastodóntica *Pretty Woman*, la historia romántica y atemporal de lo que ocurre cuando un capullo rico pilla a una prostituta en Los Ángeles para que le haga una mamada. Algunas de las comedias románticas de los noventa fueron una delicia (*Cuatro bodas y un funeral*, *Atrapado en el tiempo*, *El chico ideal*), pero incluso las comedias románticas de Ephron fueron cuesta abajo, desde la magia de *Cuando Harry encontró a Sally*, pasando por la dulzura de *Algo para recordar*, hasta llegar a la insulsa *Tienes un e-mail*. A finales de los noventa y principios de la década de 2000, la tendencia cambió y dejó paso a la indecencia protagonizada por hombres, un movimiento liderado por *Algo pasa con Mary*. Hollywood produjo más comedias románticas con protagonistas masculinos cada vez más hastiados y predecibles (*Y entonces llegó ella*, *Algo en común*), escritas únicamente desde la perspectiva masculina.

«El público no está cansado del romance, está cansado de las fórmulas», le dijo un director al *Hollywood Reporter*, una afirmación que tendría mucho más sentido si Hollywood no subsistiera gracias a *Los Vengadores 7* y *Batman 22*. Sin ánimo de decir obviedades, quizá si el público se cansara de verdad de las películas de fórmula, Hollywood podría hacer comedias románticas que fueran exactamente eso, menos formularias. ¡Ahí lo dejo, amigos! Aunque nunca se hubiera grabado una comedia romántica antes, el público seguiría sin querer ver chorradas horribles como *Qué les pasa a los hombres*, *Love Actually* o *Historias de San Valentín* porque son horrorosas, y el público actual tiene aún menos ganas de verlas porque sabe que las comedias románticas pueden ser buenas. Si *Cuando Harry encontró a Sally* se estrenara hoy, el público iría a verla. El problema es que seguramente no llegaría a filmarse porque en la actualidad ese tipo de películas encuentran dificultades para producirse.

«Las películas de mujeres, como los dramones o las comedias románticas, ya no se encargan porque no funcionan en el extranjero. Hoy en día, la idea de qué es "divertido" es diferente, menos ingeniosa. Lo ingenioso, los matices, no sobreviven a los desplazamientos», dice la productora Lynda Obst, que trabajó en el mercado de la comedia romántica durante años antes de tener que pasarse a la ciencia ficción debido a lo que describe como «una falta de oportunidades para la comedia romántica». «Lo divertido es un hombre asiático a punto de volar tu coche por los aires. Las comedias presentan el mismo estilo que las películas de acción y pasan de una escena planificada a otra; eso no se ve en las películas de Cameron Crowe o Nora Ephron. Sus películas tienen un buen guion, diálogo. Ahora el diálogo sirve para llevarte de una escena a otra en la que va a pasar algo espectacular. Se enseña a los escritores de comedia a que escriban escenas planificadas», dice.

«También existe una sexualización progresiva de las mujeres en las comedias románticas más recientes, especialmente las protagonizadas por Jennifer Aniston», comenta la guionista Melissa Silverstein, y tiene razón. Es increíble ver lo «desaliñada» (es decir, normal) que parece Sally con sus greñas y su ropa ancha si la comparamos con las protagonistas de portada de revista de moda de las comedias románticas actuales.

Christopher Orr argumentó en el *Atlantic* que la razón por la que las comedias románticas lo tienen difícil en esta época es, bueno, porque el amor es demasiado fácil: «Una de las obligaciones fundamentales de la comedia romántica es que debe existir un obstáculo para la felicidad nupcial que la futura pareja debe superar. En pocas palabras, sencillamente esos obstáculos son cada vez más difíciles de encontrar. Antes estaban por todas partes: desaprobación paterna, diferencias de clase social, una promesa hecha a otra persona. Pero la sociedad se ha pasado décadas acabando con cualquier impedimento para el enlace de las almas gemelas. Cada vez más, se considera (quizá en Hollywood más que en ningún otro lugar) que el amor trasciende la clase social, la profesión, la fe, la edad, la raza, el género y (en ocasiones) el estado civil».

Si el señor Orr cree que el amor es fácil hoy en día, quiero tomar lo mismo que él. El amor hoy es una pesadilla, como lo ha sido siempre y siempre lo será, y el motivo es que los seres humanos somos de lo más ridículo. No existía ningún impedimento real al amor entre Harry y Sally: tenían la misma edad, estaban solteros al mismo tiempo y se gustaban, pero tardaron doce años y tres meses en estar juntos, porque así es como somos. Ephron lo sabía, y era lo suficientemente inteligente para saber también que el amor no son las escenas planificadas, los trucos ni los impedimentos tópicos, sino las personas. Jane

Austen también lo sabía y, aunque muchas de las relaciones en sus libros parecen tener su origen en temas de dinero (Darcy es más rico que Elizabeth en *Orgullo y prejuicio*, Edward es más rico que Elinor en *Sentido y sensibilidad*, etcétera), el único impedimento real son los propios personajes: Darcy es demasiado orgulloso, Elizabeth tiene demasiados prejuicios; Edward es demasiado leal a sus compromisos, Elinor es demasiado humilde; a Anne Elliot, en *Persuasión*, la persuaden fácilmente los malos consejos y acaba hiriendo el orgullo del capitán Wentworth; Emma, en la novela homónima, es demasiado inmadura y consentida para ver lo que está delante de sus narices. Por eso sus novelas perduran, y por eso también lo ha hecho *Cuando Harry encontró a Sally*: porque las historias sobre relaciones humanas no pasan de moda. Pero resulta difícil traducir las complejas emociones humanas al extranjero, supongo, y es mucho más fácil escribir sobre coches que explotan.

Con respecto a si resulta demasiado difícil en este mundo moderno nuestro trasladar la vida real a las comedias románticas, tal vez ayudaría si estas no temieran tanto a la mujer moderna real. No recuerdo la última vez que vi una comedia romántica en la que el trabajo de una mujer no se considerara una extraña extensión de su personalidad. Sally trabaja pero a diferencia de, digamos, Sandra Bullock en *La proposición*, eso no significa que sea una bruja mandona y exigente, ni tampoco es esa la razón por la que sigue soltera a los treinta. Y a diferencia de, digamos, Kristen Wiig en *La boda de mi mejor amiga*, quien en la película hace de chef pastelera fracasada, o Wendy, en la abominable *Qué esperar cuando estás esperando*, gerente en una tienda de ropa de bebés, Sally no tiene un trabajo «femenino» que no resulta amenazador: es periodista y aparentemente tiene tanto éxito como Harry, que trabaja de asesor político. De hecho, Sally tiene el mismo trabajo, periodista de la revista *New*

York, que Jezz, el mejor amigo de Harry, a quien interpreta Bruno Kirby. En esta película, no hay distinción entre Trabajos para Hombres y Trabajos para Señoritas. Resulta incomprensible que pocos cineastas entiendan hoy en día lo que Ephron sí comprendió entonces, que un trabajo no tiene que definir ni menoscabar a una mujer, es simplemente algo que hace. Igual que lo hace un hombre. ¡Fíjate tú!

La representación de las mujeres con trabajos importantes no fue siempre perfecta en los ochenta (la zorra de la jefa que interpreta Sigourney Weaver en *Armas de mujer* probablemente no pasará a la historia como un clásico del feminismo) pero era mucho mejor que ahora, cuando ya nadie habla del tema. Las mujeres en las comedias románticas de los ochenta no solo trabajaban, sino que tenían más éxito que los coprotagonistas. El personaje de Kathleen Turner en *Tras el corazón verde*, Joan Wilder, tiene mucho más éxito y es más famosa que el personaje de Michael Douglas, Jack Colton, y eso acaba salvándoles la vida cuando unos sicarios la reconocen y se confiesan seguidores suyos: «¡Ja, ja! El pobre Michael no sale muy bien parado en la película, ¿eh?», comenta Turner alegremente.

Cher, en *Hechizo de luna*, trabaja de contable mientras que Nicolas Cage es panadero. En *Al filo de la noticia*, Holly Hunter tiene un puesto superior a Albert Brooks y William Hurt, y los dos se enamoran de ella. Aunque no termine con ninguno de los dos, tampoco acaba sola. En *Arizona Baby*, Holly Hunter (de nuevo) tiene tanto éxito en comparación con su devoto marido (Nicolas Cage, de nuevo) que ella es la poli que le hace la foto de archivo cada vez que lo arrestan. En *Baby, tú vales mucho*, Diane Keaton se ve forzada a dejar su trabajo de alta ejecutiva en Wall Street cuando hereda un bebé porque los hombres de su oficina no son capaces de hacerse cargo de él, incluido su novio, interpretado por Harold Ramis (qué vergüenza, Egon). Así que se va a vivir al campo, se convierte en una exitosa magnate de la comida de bebés y, una vez más, disfruta de mucho más éxito que su novio veterinario (Sam Shepard). Y en ningún momento, en ninguno, eso se considera un problema.

Gracias a las películas de los ochenta con las que crecí, me imaginé que mi vida de adulta sería así: trabajaría en una oficina en un edificio de acero y cristal, con un traje de falda, pantis, taconazos y un abrigo camel, perfecta tras mi cita en el salón de belleza a las siete de la mañana, con un maletín en una mano y un café en la otra, con dos hombres sacados de un catálogo de modelos vestidos con trajes de Brooks Brothers caminando a mi lado y hablándome de forma atropellada sobre el acuerdo con Del Monte que debíamos cerrar ese mismo día. Entonces iría a mi oficina, situada en una de las esquinas de la planta, le daría mi abrigo a mi secretario Tom al entrar (acto seguido, Tom me traería un capuchino) y revisaría varios mensajes urgentes antes de reunirme con mi jefe de pelo plateado, Chesterton, para comer en el nuevo restaurante francés del centro, con manteles blancos y vino blanco. Estaría ocupada toda la tarde con reuniones, dirigidas por mí, por supuesto; cerraría el trato con Del Monte y todos me aplaudirían. Por la noche, mi abrigo camel y yo nos encontraríamos con mi novio —que tendría un trabajo no tan importante como el mío— para cenar en un encantador restaurante en la zona de Uptown pero tendríamos que dormir en mi casa porque a las seis de la mañana del día siguiente tenía una cita con mi entrenador personal. Estaba DESEANDO ser adulta.

Ese mundo ya no se muestra en las películas de ahora, en parte porque el mundo corporativo no resulta tan inspirador como en los ochenta, pero también porque el papel de las mujeres en las películas ha cambiado. Ahora, si una mujer tiene más éxito que un hombre en una película, es una zorra a la que hay que doblegar, como vemos en *La proposición*, *La cruda reali-*

dad o *El diablo viste de estereotipos chovinistas.*[4] Lo que hace aún más ridícula esta mentalidad es que hoy en día las mujeres son el principal sostén económico de las familias en Estados Unidos. «Para que una mujer resulte adorable tienes que acabar con ella desde el principio. Es algo que hago de forma consciente: abuso de ella y la hago trizas, acabo con su dignidad, y solo entonces puede vivir nuestras fantasías y pasarlo bien. Es tan fácil como hacer que una chica llore en los primeros quince minutos de una película», declaró una guionista de éxito en el *New Yorker.*

«Es la reacción negativa. Este contragolpe llega cuando las mujeres progresan. La convención que reina en los estudios ahora es que las películas funcionan mejor cuando los personajes femeninos tienen trabajos que no resultan amenazadores, ya que al público esto le parece enternecedor», dice Obst. Pero al público no se le da ninguna opción, por supuesto. Son los estudios y los directores quienes deciden.

Otro factor es la ausencia de mujeres trabajando tras las cámaras en el cine. Las mujeres dirigen estudios en Hollywood desde 1980, año en que Sherry Lansing llegó a la presidencia de 20th Century Fox, y, por ejemplo, Cheryl Boone Isaacs, que es la presidenta actual de la Academia de Artes y Ciencias Cinematográficas, el grupo tras los Oscar. Pero, como señala la crítica cinematográfica del *New York Times* Manohla Dargis:

4. De hecho, para comparar cuánto ha cambiado la actitud sobre las mujeres trabajadoras desde los ochenta hasta ahora, solo hay que ver las comedias de situación que definieron las dos épocas. En *El show de Bill Cosby,* Claire Huxtable (Phylicia Rashad) es abogada, en igualdad profesional con su marido Cliff (el ídolo caído en desgracia Bill Cosby), que es médico, y ella es el núcleo sosegado y sabio de la familia. En *Modern Family,* las dos mujeres de la serie, interpretadas por Sofía Vergara y Julie Bowen, son amas de casa y claramente inferiores profesionalmente a sus maridos, y ambas tienen asignados los típicos clichés reservados para las mujeres: la fresca, sexy y demasiado emocional (Vergara) y la agobiante arpía que no para de pinchar a su marido (Bowen).

«La filtración del concepto de igualdad desde las capas más altas no funciona en Hollywood, ni siquiera cuando las mujeres están al mando y son ellas quienes contratan las películas».

En 2013, solo hubo un 10% de mujeres entre los guionistas que trabajaron en las 250 películas con mayor recaudación. Si el 90% restante de los guionistas son demasiado vagos para escribir una película desde la perspectiva de una mujer, el resultado es lo que vemos ahora: una absoluta escasez de películas sobre y para mujeres. Amy Pascal, la entonces copresidenta de Sony, dijo: «Hablamos de alrededor de una decena de comedias para mujeres en el periodo de una década frente a las cientos de comedias para hombres. Y todas y cada una de esas comedias para mujeres las escribió, dirigió o produjo una mujer. Es una cuestión de números, de que haya suficientes mujeres guionistas y mujeres en posiciones de poder para conseguir que se hagan películas».

Tampoco es que, de todas formas, los estudios estén especialmente interesados en estas películas para mujeres: quieren franquicias, y las comedias románticas y las comedias femeninas no se consideran material de taquillazo. «Los ejecutivos de los estudios creen que el éxito de estas películas es una excepción —dijo Nancy Meyers, que escribió y dirigió *Cuando menos te lo esperas* y *No es tan fácil*—. Dicen que una de las razones principales por las que la película funcionó fue gracias a que Jack aparecía en ella [o] porque no se había estrenado una comedia para mujeres mayores desde hacía una eternidad.» Según Melissa Silverstein, editora de *Women and Hollywood*, «cada vez que una película para mujeres tiene éxito, los estudios atribuyen dicho éxito a un millón de factores, y ninguno de ellos está relacionado con las mujeres».

Las comedias románticas no tienen nada que ver con la cirugía cardiovascular pero, cuando son buenas, exploran y explican cómo funciona el corazón, y por eso las buenas son tan fantásticas y las malas son tan, tan horribles. Por eso también es una pena que los estudios crean que no merecen malgastar su tiempo en ellas. También hay que decir que escritoras tan inteligentes, divertidas y buenas como Ephron (o Austen, ya que nos ponemos) no aparecen todos los días. Pero la situación ha llegado a un extremo cuando publicaciones cinematográficas admiten que *Cuando Harry encontró a Sally* no se rodaría en la actualidad.

¿Por dónde íbamos? A medida que me hacía mayor, me parecía cada vez más a una mezcla de Harry (un poco judío) y Sally (periodista, dependiente de mis amigos, en busca del amor) y, como ellos, al final encontré a la persona adecuada para mí, aunque, también como ellos, me tomé mi tiempo y tampoco me puse las cosas muy fáciles. Al igual que Harry, esperaba a alguien que me hiciera reír y, como Sally, esperaba a alguien que quisiera que yo le hiciera reír. Pero la persona de esta película de la que más aprendí fue Ephron, porque me enseñó no solo todo lo que sé sobre los hombres y las mujeres, sino también sobre el amor y el matrimonio y la amistad y lo divertido y la buena escritura. Y sé que es mucho pedirle a una película pero pienso que no es demasiado pedírselo de vez en cuando. Tengo razón, tengo razón, sí, tengo razón.

LOS CINCO MEJORES MOMENTOS DE RICK MORANIS

Ay, el dulce Rick Moranis. Era el mayor *nerd* de los ochenta y, de repente, desapareció. Es algo que me molestó durante años, así que al final decidí preguntárselo a él mismo: «Oye, Rick, ¿qué narices te pasó?».

Y esto es lo que me contestó: «Me tomé una pausa porque tenía que cuidar de mis hijos yo solo[5] y al final se me hizo demasiado difícil trabajar y cuidar de ellos —dice—. La pausa se fue haciendo cada vez más larga y me di cuenta de que no echaba de menos lo que hacía antes; no nos olvidemos de que las últimas películas que hice no resultaron tan gratificantes, ya que no eran comedias en colaboración.[6] El cine estaba cambiando, mis hijos estaban cambiando, así que decidí dejarlo y una cosa llevó a la otra. No crecí queriendo ser actor o artista. Me convertí en un producto comercializable tras alcanzar un gran nivel de éxito y a partir de entonces me empezaron a pedir que participara en los proyectos de otra gente y que hiciera de actor y no de cómico, y eso no lo disfrutaba tanto. Así que lo dejé».

¿Lo echa de menos?

«Uy, no.»

Muy Moranis, ¿no? Hace que eche de menos su dulce cara de empollón aún más. Al menos todavía nos quedan sus mejores momentos.

5. La mujer de Moranis, Ann, murió de cáncer en 1991.

6. Entre las últimas películas de Moranis se incluyen *Los Picapiedra* y, mmm... *Cariño, nos hemos encogido a nosotros mismos*. Así que me parece bien.

5. Wayne Szalinski, ***Cariño, he encogido a los niños***
Moranis entra en el infierno de las franquicias. Está claro que la primera fue la que más disfrutó y no sorprende que le quede tan bien el papel de científico loco.

4. Nathan, ***Dulce hogar... ¡a veces!***
Un papel excepcional en el que Moranis no hace de *nerd*, y está adorable. Puntos extra por cantar una canción de los Carpenters.

3. Casco Oscuro, ***La loca historia de las galaxias***
¡Rick Moranis de Darth Vader! Por favor, ¿cómo no lo vamos a adorar?

2. Seymour, ***La tienda de los horrores***
Vale, el tío no es Pavarotti, pero canta bien. ¡De verdad que canta bien!

1. Louis Tully en ***Cazafantasmas***
Está divertidísimo como el contable que organiza la peor fiesta del mundo («Amigos, estos son Ted y Annette Fleming. Ted tiene un negocio de limpieza de moquetas que está en suspensión de pagos. Annette cobra de un plus diferido de hace dos años»), y adorable como el demoníaco Maestro de las Llaves. Moranis más Moranis que nunca.

Cazafantasmas (con una incursión en *Top Gun*): cómo ser un hombre

Leí muchos libros de cine mientras investigaba para esta (especie de) libro de cine y aprendí un par de cosas sobre cómo escribir libros de cine para que la gente se los tome en serio, y estas son las lecciones que creo son tan útiles para la escritura de libros de cine como para la vida en general:

1. Deja caer alguna que otra frase en francés siempre que sea posible para que parezca que estás citando la revista de cine francesa *Cahiers du Cinéma*, porque, aunque no tengas ni idea de lo que hablas, nadie se dará cuenta.
2. Ante la duda, da la brasa con Godard.
3. Nunca describas una película como «tu película favorita». Queda infantil y poco profesional. En vez de eso, con voz chillona *comme les écrivains de Cahiers du Cinéma*, afirma que es la Mejor Película.

Zut alors! Malheureusement, ni todos los franceses del mundo son suficientes para convencer a alguien de que me interesa más Godard que *Los Goonies*, así que empezamos mal. Pero voy a utilizar una de estas lecciones tan prácticas y a afirmar que la mejor pieza de cine de autor, la más brillante y extraordinaria de todos los tiempos, es *Cazafantasmas*.

Durante prácticamente toda mi vida asumí que este era un hecho aceptado por todo el mundo: *Cazafantasmas* es la mejor película que se ha hecho jamás. Sí, sí, ya, la gente suele soltar palabras sin sentido como *Ciudadano Kane*, *Vértigo* u *Oz, un mundo fantástico*[1] cuando *Cahiers du Cinéma* les pregunta cuál es su película favorita. Pero pensaba que lo decían igual que cuando te preguntan a quién invitarías a cenar y contestas «a la Madre Teresa y a Nelson Mandela» cuando lo que de verdad todo el mundo quiere decir es, obviamente, Madonna y Bill Murray.

Bien, uno podría tomarse mi creencia de que mis gustos reflejan los del resto del planeta de dos formas:

1. Mi ego del tamaño de Asia va de la mano de un importante narcisismo e incipientes tendencias sociopáticas.
2. *Cazafantasmas* es tan buena que, aunque no sea la película FAVORITA de todo el mundo, probablemente esté entre sus diez preferidas así que, cada vez que menciono mi devoción por *Cazafantasmas*, la gente responde: «sí, a todo el mundo le gusta *Cazafantasmas*».

Para este capítulo, nos decantaremos por la opción dos.

Nunca pensé que mi obsesión por *Cazafantasmas* —y sí, lo admito, es una obsesión— fuera algo excepcional. En todo caso, la consideraba una respuesta absolutamente natural ante una obra maestra. ¿Dedicar un estante completo a libros y artículos escritos por o sobre alguien relacionado, incluso de manera tangencial, con la realización de esta película? Una curiosidad intelectual encomiable. ¿Gastarme 150 libras en un libro

1. La elección del verdadero inconformista.

sobre *Cazafantasmas* que salió el año que se estrenó la película solo porque por fin explica por qué el personaje de Winston acaba medio excluido de la película? Oye, ¡es una inversión! ¿Negarme a una segunda cita con alguien porque no reconoció una cita cualquiera (y que, sinceramente, tampoco venía a cuento) de *Cazafantasmas* durante una cena?[2] No pensaba malgastar mi tiempo con perdedores. No fue hasta las dos de la mañana de un martes, con treinta y tres años cumplidos, mientras estaba rebuscando por eBay porque se rumoreaba que había una copia del guion original de Bill Murray de *Cazafantasmas*, y que obviamente no iba a encontrar allí, cuando sentí que había llegado el momento de pensar en serio qué estaba pasando y por qué, después de todo el tiempo que había pasado, *Cazafantasmas* seguía siendo tan especial para mí, o incluso más que eso.

Sin duda hay que tener en cuenta el sentimentalismo no exactamente por mi niñez, sino por la ciudad de mi niñez. Al igual que las películas de Woody Allen, *Cazafantasmas* es una carta de amor a Nueva York, aunque menos acomplejada, que muestra a neoyorquinos comportándose con relativa normalidad ante una invasión de los no muertos.[3] Muchos de los chistes de *Cazafantasmas* parten de la idea de que, fantasmas aparte, Manhattan es un lugar fuera de control, una Gotham en la que un hombre puede desplomarse contra la ventana de Tavern on the Green, el restaurante de lujo que estaba situado en Central Park, y los comensales no harán otra cosa que ignorarlo. La basura se acumula en las aceras y los taxis amarillos con cuadros blancos y negros pasan zumbando: esta reconstruc-

2. No identificar citas de *Cuando Harry encontró a Sally* e *Indiana Jones* también era motivo de ruptura. Es realmente sorprendente que siguiera soltera hasta los treinta y cinco.

3. *Zombies party* (2004), una comedia de terror muy inglesa que muestra la ciudad de Londres ocupada por los zombis, le debe mucho a *Cazafantasmas*.

ción de Nueva York en 1984 (el Nueva York de mi niñez) es como sigo imaginándome la ciudad, aunque, para bien o para mal, ha cambiado mucho desde entonces.

Incluso los divertidísimos anacronismos me ponen la piel de gallina: las burlas a Louis por su afición a las vitaminas y el agua mineral; Ray y Peter fumando sin parar mientras cargan reactores nucleares a sus espaldas; Larry King en una nube de humo de cigarrillos mientras habla con sequedad por la radio; el malo que pertenece a la Agencia de Protección Medioambiental. Todas parecen anticuadas en el Manhattan de hoy en día y no puedo evitar pensar que la ciudad es más pobre por ello. Pero mi momento neoyorquino favorito de la película es al final, cuando un portero trae el Ecto-1 después de que los Cazafantasmas hayan salvado el mundo, o al menos Central Park West, de la destrucción. A pesar de haberse enfrentado al muñeco de marshmallow gigante minutos antes, Dan Aykroyd aún tiene un par de dólares en el bolsillo del mono para darle una propina al portero. No se puede ser más neoyorquino.

Pero *Cazafantasmas* tiene algo más que me pone sensiblera, algo de la película que me encanta y que ya no existe. La descripción de cómo ser un hombre.

Aunque solo sea en términos de variedad, hay sitios mucho peores donde buscar consejos sobre cómo ser un hombre que en las películas de los ochenta. En general, al pensar en la masculinidad en las películas de los ochenta, probablemente lo primero que nos venga a la cabeza sea ese extraño género que brotó y se hinchó durante esa década como los bíceps de Popeye después de comer espinacas: hombres que parecen condones atiborrados de nueces[4] y que pronuncian sus frases con extraños

4. Copyright: el gran Clive James.

acentos enfatizando sílabas al azar, lo que indica que seguramente se aprendieron el guion fonéticamente: Schwarzenegger, Lundgren, Stallone[5] y, hacia el final de la década, Van Damme. Chuck Norris también se puede incluir aquí, a pesar de su falta de nueces, pero se ha ganado un puesto en este grupo gracias a su obvia falta de talento actoral y a su afición por incluir mensajes de derechas en sus películas.[6]

Pero hay muchos otros tipos de hombres en los ochenta. Para empezar, tenemos a los que crían a bebés y niños (*Las locas peripecias de un señor mamá*, *Tres hombres y un bebé*, *Solos con nuestro tío*). Parte de la crítica feminista de la época afirmó que estas películas constituían una reacción negativa contra el feminismo porque parecían burlarse de la idea de los hombres feminizados. De hecho, en retrospectiva, parece más bien que estas películas le están pillando el truco con cierta torpeza a eso del feminismo (aquí también podemos incluir *Tootsie*, con un hombre que finge ser mujer y que en ocasiones tiene que cuidar de un bebé, y acaba siendo mejor persona por ello). Está claro que *Las locas peripecias de un señor mamá* (1983), en la que Michael Keaton se queda sin empleo y tiene que cuidar de los niños mientras su mujer trabaja, no sabe muy bien qué hacer con eso del «feminismo»: el mensaje de la película es que el intercambio de los roles de género tradicionales probablemente acabará con el matrimonio y casi seguro destrozará la casa (tristemente, la película la escribió John Hughes).

Pero, en 1987, *Tres hombres y un bebé* le iba cogiendo el tranquillo a la cosa. A los protagonistas (Tom Selleck, Steve Gut-

5. Aunque no lo parezca, técnicamente es nativo angloparlante.

6. Durante las elecciones estadounidenses de 2012, Chuck Norris y su mujer Tina grabaron un vídeo con el que lanzaron una «advertencia desesperada» a Estados Unidos. En el vídeo sugerían que, si Obama salía elegido presidente, sentenciaría a «nuestros hijos a mil años de oscuridad». Las estrellas de los ochenta nunca se desvanecen, solo se van volviendo ellas mismas cada vez más.

tenberg y Ted Danson) les endosan inesperadamente un bebé y, al final de la película, quieren que la pequeña se quede con ellos en su piso de solteros, incluso tras el retorno de la atontada madre inglesa (estos extranjeros...). Resulta que, a diferencia de en *Las locas peripecias de un señor mamá*, sí que son capaces de cuidar de un bebé sin provocar el caos ni destrozar ningún electrodoméstico (hombres, ¿eh?, ¿eh?). Los hombres de *Tres hombres y un bebé* son mucho menos repelentes que *les mecs* de la versión francesa original, *Tres solteros y un biberón*, quienes tienen un pacto por el cual no permiten que ninguna mujer pase más de una noche en su casa y que suelen llamar «cerda» al bebé cuando tiene un accidente en el sofá. *Ahh, les Français: ils sont très masculins, oh là là!*[7]

Con esto no quiero decir que la versión estadounidense no tenga lo suyo. *Tres hombres y un bebé* se esfuerza tanto en confirmar al público la supermasculinidad de los tres hombres, a pesar de su talento ATERRADORAMENTE FEMENINO para cuidar de un bebé, que los protagonistas acaban siendo amanerados de una manera desternillante. El culmen del amaneramiento se alcanza, en mi opinión, cuando Selleck sale a correr vestido con poco más que unos pantalones cortos minúsculos y su enorme bigote, y elige una revista de deporte llena de fotos de hombres musculosos y medio desnudos. Si esa no es la definición de una palpitante masculinidad heterosexual, no sé qué es.

Sí, los ochenta fueron una época diferente y las películas estadounidenses de entonces parecían pensar que *homosexual* significaba «asesino psicópata» o «decorador de interiores ostentoso» en latín. Pero, sin embargo, cada vez que veo esta película (lo que sucede más a menudo de lo que me atrevo a confesar por escrito), creo que es una pena que no se decantaran

7. ¿Ves? Palabras francesas al azar. Siempre funciona.

por la opción más obvia y que los tres hombres fueran homosexuales viviendo en un feliz *ménage à trois*. Después de todo, eso explicaría por qué tres treintañeros aparentemente solventes con carreras importantes[8] prefieren compartir un apartamento en el Midtown de Manhattan en lugar de buscarse su nidito de soltero particular digno de *American Psycho*. Y, vamos a ver, ¿te has fijado en el mural estilo Broadway que Steve Guttenberg pinta de los tres en el apartamento? No hay suficientes referencias a la afición de Selleck por el deporte que puedan ocultar el hecho de que él y sus dos amigos viven en el apartamento más amanerado al norte de la calle 14. Estos hombres —¡un actor!, ¡un arquitecto!, ¡un dibujante!— son, básicamente, la versión *yuppie* de los ochenta de los Village People.

Y hablemos de ese homoerotismo. El homoerotismo accidental es otra de las grandes maravillas de las películas de los ochenta y esta fue la última década que nos brindó esos placeres, porque, a partir de los noventa, la cultura y referencias gais se volvieron demasiado populares y reconocibles y ya no pasaban desapercibidas para los estudios.

La plétora de películas de colegas de los ochenta cae fácilmente y con frecuencia en el homoerotismo accidental; los personajes femeninos quedan explícitamente excluidos durante la película y toda la tensión emocional se concentra en los masculinos. *Arma letal* es un ejemplo de ello y otro aún más obvio es *En el punto de mira*, donde Emilio Estevez y Richard Dreyfuss viven juntos durante toda la película en un estado de falsa domesticidad mientras que Estevez espía cual *voyeur* los encuentros sexuales de su compañero.

Jóvenes ocultos es la película popular para adolescentes más descaradamente homoerótica que jamás se ha hecho. En la pe-

8. Casualmente, de más prestigio que los personajes de la versión francesa. Qué típico de estos estadounidenses, tan obsesionados con sus carreras. ¡Qué competitivos! *Bof.*

lícula, el joven Michael (el vórtice del carisma Jason Patric) se inicia en la vida varonil de una ciudad nueva adentrándose en una cueva con Kiefer Sutherland y sus amigos, y bebiéndose sus fluidos corporales (a ninguno parece importarle el hecho de que una medio desnuda Jami Gertz merodee borracha delante de ellos). Claro, ¿por qué no? Los vampiros son homoeróticos por naturaleza y el director Joel Schumacher (quien más tarde homoerotizó *Batman*, algo no muy difícil, la verdad, añadiendo pezones al Bat-traje) se deleita en esa conexión a lo largo de la película, a diferencia de *Crepúsculo*, que tristemente evita esta conexión de forma deliberada. En cierto momento, Michael acaba acostándose (aunque parece que el sexo no resulta nada satisfactorio) con Jami Gertz, aunque no para de mirar con intensidad al joven Jack Bauer. Y ni siquiera he mencionado al hermano pequeño de Michael, Sam (Corey Haim), que se viste como si fuera a presentarse a una audición para Wham! y tiene un póster en la puerta de su armario de Rob Lowe levantándose la camiseta. Claro, claro, ¿por qué no?

Jóvenes ocultos no es la única película de los ochenta que sugiere que convertirse en hombre significa rechazar el mundo de las mujeres y mirar a otros hombres con deseo. *Top Gun* es la reina del amaneramiento, con hombres de uniforme que se miran con pasión y se ofrecen a pegarse a la cola del otro. *Top Gun* es oficialmente lo más homoerótico que haya existido jamás, y lo dice alguien que se ha pasado ocho años cubriendo desfiles de moda masculinos en Milán.

La mayoría de las películas de los superproductores Jerry Bruckheimer y Don Simpson —incluidas *Flashdance*, *Top Gun*, *Superdetective en Hollywood* y, en los noventa, *Días de trueno* y *Dos policías rebeldes*— son, como mínimo, amaneradas porque, según lo describe la productora Julia Philips, son «una serie de bandas sonoras en busca de una película». Dicho de una manera más sencilla, son videoclips extendidos (de hecho, algunas de las escenas no son más que videoclips, con montajes y una balada rock de fondo) pero, en mi opinión, eso no es nada criticable. Me encantan los videoclips de los ochenta, adoro los montajes y cualquiera que diga que no se emociona con una balada rock se está engañando a sí mismo. Estas películas son divertidas (bueno, excepto *Días de trueno*) porque son pura emoción. Pero también se vuelven amaneradas porque esto consiste en la exageración y en la estética superficial, lo que describe perfectamente las películas de Simpson y Bruckheimer.

Al propio Simpson se le conocía por el tipo de postureo exagerado de machote, parecido al que se ve en sus películas: la bebida, el hedonismo, el uso voraz de prostitutas. Y, como siempre ocurre con los machos autoconscientes en exceso, había algo extraordinariamente amanerado en él. Esto es especialmente así en los machos de los ochenta, cuando los hombres hetero se vestían como miembros de Duran Duran, se secaban el pelo con secador y mostraban un claro interés por el culturismo. El propio Simpson era el Liberace del Hollywood heterosexual de los ochenta: obsesionado con la cirugía estética y la imagen corporal, se gastaba cantidades disparatadas de dinero en ropa y coches y cultivó una imagen que incluía la invención de historias sobre su niñez. Sus películas incluyen casi invariablemente una relación de amistad masculina tremendamente íntima aunque platónica: en *Top Gun* es sobradamente conocido el tortuoso triángulo de Maverick (Tom Cruise, obviamente) con su relación de amor con Goose (Anthony Edwards) y de lujuria con Iceman (Val Kilmer). Incluso la supuesta novia de Maverick, Charlie (Kelly McGillis), tiene un nombre masculino.[9] No resulta sorprendente que todo esto reflejara la vida

9. En el único momento interesante de la película de los noventa que por todo lo demás merece ser olvidada, *Duerme conmigo*, Quentin Tarantino explica esta teoría con todo detalle: «*Top Gun* es una historia sobre la lucha de un hombre con su homosexualidad. Eso es. De eso trata *Top Gun*. Tenemos a Maverick que

de Simpson fuera de la pantalla. Su relación con Bruckheimer era muy cercana y, aunque ninguno de los dos era homosexual, había algo extrañamente amanerado en el dúo que formaban. Durante el rodaje de *Top Gun* se compraron sendos Ferrari negros a juego, así como dos Mustang descapotables, diseñaron sus casas de la misma forma y, como si no quisieran dejar lugar a dudas de que querían parecer una pareja de villanos amanerados, contrataron a unas gemelas idénticas como secretarias. Se regodeaban en sus despliegues de macho como si quisieran esconder sus propias inseguridades o carencias: cada viernes por la noche, durante el rodaje de *Top Gun*, el reparto y el equipo organizaban una enorme fiesta en la piscina a la que Simpson invitaba a montones de chicas que conocía en la playa. Un viernes, el reparto y los pilotos que trabajaban en *Top Gun* decidieron tirar a Bruckheimer y a Simpson a la piscina. El primero

---

está al límite, tío. Está a punto de explotar, joder. Y tenemos a Iceman y a los suyos. Son gais, representan a los gais, ¿sí? Y le dicen: "Ven, ven al lado gay". Podría elegir cualquier lado. Kelly McGillis es la heterosexualidad. Ella dice: "No, no, no, no, ve por el lado normal, sigue las normas, sigue el camino normal". Ellos le dicen: "No, ven al lado gay, ven al lado gay, ven al lado gay, ¿sí?". Eso es lo que pasa durante toda la película. Él va a casa de ella. Parece que van a acostarse, están ahí pasando el rato, él se da una ducha y todo. Pero no hay sexo. Él se monta en su moto y se marcha. Ella se queda pensando: "¿Qué coño está pasando aquí?". En la siguiente escena la vemos en el ascensor vestida como un tío. Lleva la gorra, las gafas de aviador, lleva la misma chaqueta que Iceman. Ella piensa que tiene que conseguir al hombre pero él va hacia el lado gay, tiene que traerlo de vuelta, tiene que traerlo del lado gay, así que piensa en usar un truco, en vestirse como un hombre. ¿Sí? Así es como se enfrenta ella a la situación. Pero el final REAL de la película es cuando se enfrentan a los MIG. Porque ahí ya se ha pasado al lado gay. Son la maldita fuerza aérea gay. Y les están dando caña a los rusos, los gais les están dando caña a los rusos. Y se acabó, aterrizan los putos aviones y Iceman, que lleva todo el tiempo intentando conseguir a Maverick, por fin lo consigue. ¿Y cuál es la última puta frase que intercambian? No paran de abrazarse, de besarse, están todos felices, y entonces Iceman se acerca a Maverick y le dice: "Puedes pegarte a mi cola cuando quieras". ¿Y qué le dice Maverick? "¡Y tú a la mía!". ¡Pelea de espadas! ¡Pelea de espadas! Sí, joder, tío».

se rindió, pero solo tras quitarse sus caras botas de vaquero con actitud remilgada. El segundo se agarró desesperado a las barras de metal pero no consiguió quitarse de encima a los pilotos, que acabaron lanzándolo a la piscina. Simpson se hundió hasta el fondo, «demasiado avergonzado para decirle a nadie que no sabía nadar».

Bruckheimer siguió siendo colega de Simpson, que cada vez estaba más fuera de control, hasta que ni siquiera él pudo tolerar más los excesos de su amigo. Posteriormente, al igual que el otro estandarte de la imagen de la heterosexualidad amanerada de Estados Unidos, Elvis Presley, Simpson murió, hinchado, maltrecho y demasiado joven, en su propio retrete.

De hecho, si alguien quería aprender a ser el hombre cinematográfico definitivo de los ochenta, el lugar obvio donde empezar a buscar no es *Cazafantasmas*, sino *Top Gun*. Además del homoerotismo, esta película también muestra las otras dos visiones de la masculinidad de las películas de la década: los puños al aire en un gesto que indica el amor por el ejército estadounidense y la celebración del hombre inconformista = lobo solitario.

Los ochenta fueron la década en la que los políticos estadounidenses, encabezados por el presidente Reagan, comenzaron a reescribir la historia de la guerra de Vietnam y a presentarla no como un periodo trágico y desperdiciado de la historia estadounidense, sino como una «noble causa», como prefería definirla Reagan. El presidente continuó este revisionismo lanzando una serie de incursiones militares en Centroamérica y Libia, para borrar así el mal sabor de la derrota en Vietnam y reemplazarlo con un nuevo militarismo estadounidense.

Hollywood pronto reflejó ese cambio con películas como *Amanecer rojo* y *Top Gun*. Incluso con películas como *Acorralado (Rambo) Parte II* y *Depredador*, que tratan presumiblemente del fracaso de los altos cargos militares en Vietnam y celebran la fuerza individual de los soldados frente a los sospechosos nativos. Estas películas parecían pura propaganda, y eso es exactamente lo que eran: muchas se hicieron con ayuda militar a cambio de la aprobación del guion, ya que el Pentágono consideraba que estas películas serían una gran vía de reclutamiento. Y así fue: según David Sirota, la tasa de reclutamiento aumentó un 400 % tras el estreno de *Top Gun*, en parte gracias, como informó el *LA Times* en aquella época, a la inteligente idea de los marines de «colocar una mesa con militares a la salida de los cines durante el estreno de *Top Gun* para responder a las preguntas que tuvieran los chavales aspirantes a piloto al salir de la película con ganas de velocidad y de subirse a un avión de combate F-14». Por supuesto, la mayoría de estos jóvenes no se dieron cuenta de que lo que habían visto era poco más que anuncios del ejército, ni tampoco sus padres, cuyos impuestos habían financiado parcialmente los tanques y armas que se utilizaron en la película que había atraído a sus hijos para que se alistaran.

Hollywood ya había colaborado con el ejército en numerosas ocasiones antes de los ochenta y podemos retroceder hasta 1927, con la película *Alas*, la primera ganadora del Oscar a la mejor película, producida con la ayuda del ejército. Pero, dado el gran éxito de *Top Gun*, el número de colaboraciones entre Hollywood y el ejército aumentó exponencialmente durante los ochenta. Los directivos de los estudios estaban convencidos de que producir propaganda probélica en masa a cambio de acceso al material militar era una fórmula ganadora y el ejército, a su vez, estaba totalmente convencido de que el reclutamiento a través de las películas era el camino a seguir. Y así, junto a películas angustiosas sobre Vietnam como *Platoon*, *La chaqueta metálica* y *Good morning, Vietnam*, llegó lo que Movieline describe como «género fantástico del supermacho armado con bazuca», como *Top Gun*.

Esta es una lección de las películas de los ochenta que sigue muy vigente hoy en día. La horrible franquicia *Transformers* de Michael Bay, el ridículo fracaso de *Battleship* (2012), con Rihanna como especialista en armas, y *Acto de valor* (2012), que Movieline describe como «peli porno de marines», fueron todas respaldadas por el Pentágono y presentan obedientemente su mensaje de macho desafiante y totalmente promilitar. Y no solo se graban bodrios siguiendo estas pautas: *Capitán Philips* (2013), con Tom Hanks como un capitán al que toman como rehén unos piratas somalíes, también se rodó con la cooperación del ejército y también presenta un punto de vista en el que los estadounidenses de uniforme son totalmente dignos de admiración. «Si sabes que vas a necesitar la ayuda del ejército, y sabes que van a revisar tu guion, lo escribes con la idea de dejarlos contentos desde el principio», escribe David Robb.

Pero ya, ya, *Top Gun* no trata solo de estar con el ejército. ¡Qué va! ¡También va (aunque resulte un tanto contradictorio) de rebelarse contra él! Porque ya sabes que los hombres de verdad son así. Un hombre de verdad no es un chupatintas, sino un lobo solitario, un renegado, un inconformista, un Maverick.[10] Los hombres de verdad van en sus motos hacia la zona de peligro con el atardecer de fondo. Las mujeres se acuestan con los inconformistas, pero los hombres SON los inconformistas. ¡Choca esos cinco arriba y abajo, al estilo *Top Gun*! ¡Sí! Y por si acaso esto no queda del todo claro con el guion, el nombre del personaje de Cruise es, cómo no, Maverick (a los hombres de verdad tampoco les van las sutilezas).

La idea del macho rebelde que no acaba de encajar no se forjó en los ochenta, ni mucho menos, pero la idea del rebelde que no acaba de encajar luchando contra el torpe o incluso malvado gobierno estadounidense no solo cobró fuerza en los

10. *Maverick* significa en inglés 'inconformista, disidente'. (*N. de la t.*)

ochenta, sino que fue el propio gobierno quien la fomentó o, para ser más exactos, el presidente Ronald Reagan. «Siempre he pensado que las palabras más terroríficas que existen en inglés son "soy del gobierno y he venido a ayudar"», dijo Reagan en 1986. Con mucha astucia, Reagan se percató de la sensación que recorría el país y que había crecido en los setenta, tras la guerra de Vietnam y la humillación del Watergate. Disidentes contrarios a la moral del gobierno comenzaron a aparecer en las películas de esta época, incluido Han Solo (otro personaje que, al igual que Maverick, fue bendecido por el determinismo nominativo), el sexy rebelde solitario que hizo fortuna trabajando contra el Imperio y, por supuesto, Harry el Sucio, de Clint Eastwood. Resulta revelador que Reagan, un actor de poca monta de los pies a la cabeza, disfrutara utilizando referencias a las películas donde aparecen ambos personajes. Se refería a la Unión Soviética como el «Imperio del mal», para horror de George Lucas, y acuñó un famoso comentario con referencia al aumento de impuestos en 1986: «Anda, alegradme el día». Los frikis cinematográficos de todo el mundo como yo entenderán esta táctica de Reagan: si no puedes aparecer en la película, al menos cítala.

Así, la mentalidad de los ochenta en Estados Unidos empezó a coger forma: el gobierno y el colectivismo social son malos, el hombre renegado es bueno. Esta mentalidad se reflejó de forma instantánea en series de televisión (*El equipo A*, *El coche fantástico*, *El sheriff chiflado*, *Luz de luna*) y películas. El salvaje corsario en busca de dinero Jack Colton (Michael Douglas) en *Tras el corazón verde* y *La joya del Nilo* es una copia total de Han Solo. Al igual que Indiana Jones, ya que nos ponemos, el arqueólogo renegado que intenta salvar artefactos culturales y religiosos de los coleccionistas y de los nazis. Como si Spielberg quisiera no dejar lugar a dudas de ello, consiguió que el actor que hizo de Han también interpretara a

Indy. *Arma letal*, *Jungla de cristal* y *Superdetective en Hollywood* también juegan con la idea del inconformista que se salta las reglas con el loco de Riggs (Mel Gibson), el sudoroso John McClane (Bruce Willis) y el chistoso Axel Foley (Eddie Murphy), decididos respectivamente a provocar úlceras a sus superiores entrados en carnes con su estilo disidente (al fin y al cabo hacen lo CORRECTO).

E.T. probablemente sea el ejemplo más obvio (para quienes la vieron de niños) y más formativo de una película que presenta al gobierno estadounidense como malvado. En la película, unos agentes sin rostro del gobierno arrasan la casa de Elliott como si fueran zombis devastando el soñoliento barrio residencial donde vive su familia, al más puro estilo de una película de terror. El gobierno no solo secuestra al dulce e inocente E.T. (y aparentemente a Elliott), sino que casi los mata a ambos y lo único que consigue salvarlos es la naturaleza pura e infantil de Elliott, no la actuación torpe y zafia del malvado gobierno. *1, 2, 3... Splash* y *Proyecto X* son un pedazo de copia, quiero decir, un sincero homenaje a *E.T.*, con sus tramas claramente similares que incluyen en lugar de un extraterrestre, respectivamente, a una sirena y a monos que debían esconderse para estar a salvo del entrometido gobierno.

Pero es en *Top Gun* donde este tropo del rebelde que se salta las normas muestra su grandiosidad en toda su ridícula gloria porque está muy relacionado paradójicamente con otro de los tropos de las películas de los ochenta sobre la masculinidad: el ejército mola. Y eso significa que al final de la película es cuando se les va totalmente. La descarada arrogancia y el egoísmo temerario de Maverick resulta que era la actitud adecuada, lo que significa que en realidad no hay ningún mensaje. Los videoclips presentan viajes emocionales más interesantes que *Top Gun*. De hecho, los guionistas se mostraron tan reacios a mostrar en lo más mínimo que la actitud rebelde de Maverick era la equivocada que se negaron a darle a la película el giro que obviamente necesitaba: que Maverick fuera la razón por la que muere su compañero Goose. Pero, a pesar de la culpa que siente Maverick tras el accidente, la muerte de Goose no tiene nada que ver con él, se debió a un fallo del equipo. La única lección que Maverick (y el público) aprenden de ese incidente es que Maverick no debería haber dejado que la muerte de su mejor amigo le hiciera perder la confianza en sí mismo, porque es entonces cuando alcanza su punto menos macho y les resulta repulsivo tanto a su novia (Charlie) como a su novio (Iceman). Solo cuando recupera la confianza en sí mismo vuelve a ser el triunfador piloto molón y Ice le invita a pegarse a su cola otra vez.

La película sugiere que así es como sobrevivirá el ejército, al igual que la policía depende de personajes que se saltan las reglas como Riggs en *Arma letal*, McClane en *Jungla de cristal* y Axel Foley en *Superdetective en Hollywood*. Estas películas no abogan por la destrucción de las instituciones, solo por el triunfo de los individuos desatados que las conforman, y por eso estas películas se rodaron en los ochenta: la era del individualismo egoísta sin llegar a la revolución total.

Ser un hombre al estilo *Top Gun* sigue siendo un mensaje muy extendido en las películas estadounidenses de hoy en día, así como en la política. El Tea Party se basa explícitamente en la premisa de que el colectivismo federal suscita muchas sospechas y de que el individualismo es el camino a seguir en el futuro. Si el gobierno de Estados Unidos casi mata a E.T., no es de extrañar que millones de estadounidenses no confíen en él para ocuparse de la asistencia médica del país. ¿Se ha olvidado el presidente Obama del color lechoso de E.T. cuando su gobierno le puso las manos encima? ¡Blanco, por el amor hermoso! ¡No es el color natural de un alienígena!

Pero había otra forma de ser un hombre según las películas de los ochenta, y no tiene nada que ver con el homoerotismo, el ejército o los lobos solitarios aulladores. Tal vez tenga algo que ver con cuidar niños, pero ese no es su tema principal. Y aun así, aunque de lejos es mucho más preferible, a diferencia del estilo *Top Gun*, es algo que apenas se promociona en las películas de hoy, o, más bien, en la cultura pop estadounidense en general. Es el estilo de *Cazafantasmas*.

Desde que vi la película con seis años, compartiendo mi asiento plegable del cine con el enorme bolso de mi madre para añadir peso y que no volviera a cerrarse y me tragara como la planta asesina de *La tienda de los horrores*, *Cazafantasmas* representa para mí el ideal de la masculinidad. No es solo porque me gusten todos, cosa que es cierta, los Cazafantasmas están todos buenorros, aunque este hecho apenas se menciona por algún motivo que se me escapa. Para empezar, el joven Aykroyd está en mi top cinco, incluso en mi top tres, y lo único más atractivo que él saludando a las masas al final de *Cazafantasmas* con un cigarrillo en la boca en Central Park West es él mismo en modo tierno, pobre y triste en *Entre pillos anda el juego* (mmm, el tierno, pobre y triste Aykroyd...). A ver, que me pierdo.

Puede que resulte extraña la idea de que un grupo de tíos corriendo por Manhattan con un logo de un monigote en el uniforme y el coche represente lo bueno de la masculinidad, y habrá quien no esté de acuerdo conmigo.[11] De hecho, alguna alma retorcida ha acusado a *Cazafantasmas* de sexismo y, siendo justos con esa gente y sus almas, no es del todo difícil ver por qué: los fantasmas son todos mujeres (excepto Moquete, claro) y su objetivo es matar a los Cazafantasmas (Zuul, Gozer) o practicarles sexo oral;[12] Venkman acosa sexualmente o se

11. Chalados.

12. La escena en la que Ray (Aykroyd) sueña que un fantasma se lo hace en la película es, en cierto modo, el momento más malo y raro de la película. No tiene

muestra condescendiente con cada mujer que se cruza en su camino; la sensación general de colegueo masculino de toda la película. Interpretado de esta manera, el largometraje parece un horrible precursor de una de las horribles películas de Adam Sandler, y podría haberlo sido, si la hubiera protagonizado o escrito cualquier otra persona (imagínate que fuera una película de Gene Wilder y Richard Pryor. O mejor no). Para defender a la película de tales acusaciones, el escritor y megafan de *Cazafantasmas* Adam Bertocci escribe que la confusión procede del hecho de que la película trata en realidad de las «antiguas luchas de poder en las que la frontera se situaba entre dos mundos, masculino y femenino, y todo lo que eso representaba: Apolo contra Dionisio, yang contra yin, sol contra luna, fuego contra agua, ego contra ello, razón contra emoción, ciencia contra magia». Un punto de vista muy tierno pero que también enfatiza las supuestas distinciones de género de la película. El periodista Noah Berlatsky se muestra un poco menos indulgente y describe *Cazafantasmas* como una película «totalmente sexista» porque «denigró y demonizó (literalmente) a las mujeres» y, en ella, los «fluidos corporales se consideran una guarrada ectoplásmica».

Dejando a un lado el hecho de que, al menos que yo sepa, las mujeres no son las únicas que producen fluidos corporales, entiendo (más o menos) lo que Berlatsky quiere decir, pero se equivoca. ¡Se equivoca pero bien! Acusar a *Cazafantasmas* de sexismo significa aplicar un algoritmo muy básico para definir su política sexual, lo que a su vez implica que las formas sutiles y muy tiernas en las que *Cazafantasmas* subvierte los tropos sexistas de las comedias protagonizadas por hombres, tanto de los ochenta como de ahora, se han pasado por alto. En mi

---

ningún sentido, especialmente porque formaba parte de otra escena que se eliminó. Que se escribiera y se mantuviera en la película es un pequeño recuerdo de que Aykroyd es, como comentaremos más tarde, un tipo un tanto raro.

experiencia personal y objetiva hay una razón por la que a las mujeres les gusta tanto como a los hombres esta película, y no es que estemos poseídas por Zuul y nos hayamos convertido en perros.

En primer lugar, la representación de la amistad masculina. Los tres Cazafantasmas principales —Peter Venkman (Bill Murray), Ray Stantz (Dan Aykroyd) y Egon Spengler (Harold Ramis)— son amigos. Buenos amigos. Se caen bien, se divierten juntos y permanecen juntos cuando los despiden al principio de la película de sus trabajos en la universidad. No hay nada erótico en esa amistad, ninguna compensación excesiva de masculinidad, ni se lanzan coñas en plan competitivo. En otras palabras, no hay crueldad (aunque Venkman se muestra muy poco caballeroso cuando hace que Stantz hipoteque la casa de sus padres para financiar el negocio). Tampoco se sugiere en ningún momento que la amistad masculina es tan especial que debe protegerse de los intrusos que la amenazan, es decir, las mujeres.

En *Cazafantasmas* y *Cazafantasmas II*, Ray y Egon son amables con Dana: la acogen en su grupo e intentan protegerla de los excesos de Peter. Compara esta actitud con el tratamiento que se asigna a los intereses románticos de los protagonistas en películas modernas equivalentes como *Virgen a los 40*, *El reportero: la leyenda de Ron Burgundy* y *Lío embarazoso*, u otras películas de colegueo como *Entre copas*, en la que los amigos se comportan de forma horrible con las mujeres, sin excepción (o lo que ellos entienden por mujeres: INTRUSAS). Venkman les toma el pelo a algunas de las mujeres de su entorno (se burla de Janine por sus «ojos saltones», babea por Dana), pero siempre pide perdón inmediatamente y ni la película ni sus amigos alaban sus tonterías. Eso me parece mucho más importante que el sexo de los fantasmas.

Los Cazafantasmas tampoco se pelean entre ellos. Esto también resulta interesante y los convierte en unos bichos raros en el mundo de la amistad masculina en las películas. En comedias más recientes protagonizadas por hombres, como *Te quiero, tío* y *El reportero: la leyenda de Ron Burgundy*, siempre llega el momento en que los amigos se pelean, a lo que sigue una reunión emotiva. Eso sucede porque, en esas películas, la amistad entre los protagonistas se celebra hasta tal punto que (casi) se ha convertido en un romance platónico y, por lo tanto, la trayectoria de la amistad sigue el cliché de una historia de amor de película: chico conoce a chico, chico pierde a chico, chico recupera a chico. Los Cazafantasmas nunca se pelean porque son amigos, solo amigos, y son adultos. Luego vuelvo a este punto.

Al igual que las amistades excesivamente íntimas de *Top Gun* fueron un reflejo del vínculo de los productores tras las cámaras, las relaciones de los Cazafantasmas fueron una expresión de lo que sucedía tras las cámaras. La idea original de la película nació de una amistad en particular: la existente entre Aykroyd y su mejor amigo y antiguo compañero de reparto en *Saturday Night Live*, John Belushi. Cuando Aykroyd se sentó a escribir lo que sería el primer borrador de la película, el pesimista pero tierno y tremendamente autodestructivo Belushi había estado tambaleándose entre fracasos cinematográficos y su adicción a las drogas desde la última película de la pareja, *Granujas a todo ritmo* (1980), y Aykroyd pensó en la película de fantasmas como el proyecto conjunto que su mejor amigo necesitaba: «Abbott y Costello, Dean Martin y Jerry Lewis, todos hicieron una película de fantasmas», dijo Aykroyd. Y aun así, a pesar de todos esos precedentes cómicos, no la veía como una comedia.

En vez de eso, la veía como un acercamiento medio serio a lo paranormal y a la parapsicología, una idea que cobra más sentido si se tiene en cuenta que Aykroyd es espiritista y miembro de la Sociedad Estadounidense de Investigación Psíquica.

De hecho, algunos de sus ancestros fueron místicos y su padre escribió lo que *Vanity Fair* describe con aparente seriedad como «una muy estimable historia de los fantasmas». Para Aykroyd, este proyecto era muy personal: por un lado, exploraba lo que llama «el negocio familiar»; por el otro, intentaba rescatar a su mejor amigo. Pero una cálida y soleada tarde de marzo de 1982, mientras Aykroyd estaba en su casa de Nueva York escribiendo para su amigo, sonó el teléfono. Era el mánager de Belushi, Bernie Brillstein, que llamaba desde Los Ángeles. Belushi había muerto en el Chateau Marmont de una sobredosis de cocaína y heroína. Tenía treinta y tres años.

Aykroyd quedó destrozado. Fotos del funeral de Belushi en Martha's Vineyard muestran a Aykroyd con la cara desencajada dirigiendo la procesión en moto y a un joven Bill Murray, que veneraba a Belushi, descompuesto al colocar una flor sobre el ataúd del difunto cómico. Aykroyd decidió poco después que su colega de reparto de *Saturday Night Live*, Murray, interpretaría el personaje que había escrito para Belushi y este fue el papel con el que Murray consiguió la fama, como Aykroyd esperaba que hubiera sucedido con Belushi. Pero mantuvo a su difunto amigo en la película a su manera: Moquete es un homenaje directo a Belushi, quien, como la masa verde, robaba comida de las bandejas del servicio de habitaciones en los pasillos de los hoteles y solía provocar el caos. De forma más indirecta, Black Rhino Productions, la productora de Aykroyd, se encargó de la película, y su nombre procede de un sueño que tuvo tras la muerte de Belushi, en el que un rinoceronte a la carga tenía la cara de su amigo.

Resulta fácil exagerar la influencia de Belushi en la comedia estadounidense de los ochenta por puro sentimentalismo y tristeza ante su muerte prematura, pero resulta igual de fácil minimizarla porque murió muy joven y hace mucho tiempo. Sin embargo, su impacto afectó en gran medida a la película que pronto se convertiría en la comedia más exitosa de todos los tiempos y la dotó de una ternura de la que carecen otras películas de la misma época, protagonizadas por los mismos actores y con el mismo director. «Para Danny, la muerte de Belushi fue el alma de la película pero también afectó a mis sentimientos de amistad y humanidad —afirma el director de la película, Ivan Reitman—. Sabía que lo importante de la película era que el público se preocupara por ellos, que sintiera que era amigo de los personajes y se interesara por su amistad.»

El guion original de Aykroyd, que le enseñó a Reitman, estaba ambientado en el futuro, en varios planetas y diversas dimensiones. «Mi primer borrador estaba escrito de forma que un físico especializado en la aceleración la habría disfrutado más que el público en general», dijo Aykroyd.

«El primer borrador de Dan era básicamente imposible de rodar», recuerda Reitman. Pero a Reitman le encantó la premisa básica del guion: un grupo de hombres que actúan como bomberos pero que en realidad cazan fantasmas. Así que llevó a Aykroyd a comer y le sugirió algunos cambios, como ambientarla en el Nueva York del presente («Se convirtió en mi película de Nueva York», comenta Reitman con una sonrisa). El siempre predispuesto Aykroyd accedió a todos los cambios. Murray ya le había dicho a Aykroyd que le gustaba el guion e hizo sus característicos y confusos sonidos para indicar que tal vez se comprometería con el proyecto. Reitman sugirió contratar a Harold Ramis, con quien había rodado la comedia militar *El pelotón chiflado* en 1981, también protagonizada por Murray. Tras conseguir que Columbia aceptara un presupuesto de 25 millones de dólares (lo que se consideraba una obscena cantidad de dinero para una comedia), Ramis, Aykroyd y Reitman salieron pitando hacia Martha's Vineyard para reescribir el guion. Todos eran viejos amigos y su relación acabó siendo mejor aún tras la película. «Esas semanas en Martha's Vineyard fueron las más divertidas de mi vida», recuerda Reitman.

Primero, crearon rasgos diferentes para los tres Cazafantasmas, que hasta entonces, en el guion original de Aykroyd, eran prácticamente intercambiables. «Unidos [los personajes de Peter Venkman, Raymond Stantz y Egon Spengler], tienes al Espantapájaros, al León y al Hombre de Hojalata», dijo Aykroyd.

«Para los actores, especialmente en la comedia de grupo, esos arquetipos siempre funcionan», dijo Ramis.

También utilizaron rasgos de ellos mismos: Venkman adoptó el tono disidente y sarcástico perfeccionado por Murray y Stantz se convirtió en el *nerd* paranormal, al igual que Aykroyd era y sigue siendo. Es imposible no disfrutar al ver a un actor interpretar un papel para el que parece haber nacido, ya sea Clark Gable como Rhett Butler o Humphrey Bogart como Rick. En *Cazafantasmas*, eso ocurre por triplicado: Murray es el listillo, Ramis es el cerebrito y Aykroyd es el friki zopenco. Desde entonces, cada vez que uno de ellos deja estos personajes atrás para convertirse en otro (Murray como el padre deprimido en *Academia Rushmore*, Aykroyd como el bonachón sureño en *Paseando a Miss Daisy*, Ramis como el padre fumeta en *Lío embarazoso*), me parece un atrevimiento perturbador, como si hubiera pillado a mi padre travestido.

Después, se deshicieron de los viajes interplanetarios en el tiempo del guion de Aykroyd y, de forma muy acertada, eliminaron todo el rollo espiritual y dejaron las frikadas científicas: las mochilas de protones, las unidades de contención, los rayos que nunca deben cruzarse. Las frikadas científicas se estaban convirtiendo en una de las características definitorias de los ochenta, especialmente en las comedias protagonizadas por hombres, y aparecieron en películas como *La mujer explosiva*, *Cortocircuito* (es decir, un E.T. robot), *Nuestros maravillosos aliados*, y la cabina de viajes en el tiempo de *Las alucinan-*

tes aventuras de Bill y Ted o el mejor experimento científico de las películas de los ochenta, el DeLorean y su condensador de flujo. Esta es la ciencia ficción que me gusta y los hombres que me gustan: cerebritos tiernos, absurdos y encantados de serlo.

Este tipo de ciencia ficción y los efectos especiales que la acompañan (efectos especiales sin sentido) han sobrevivido mucho mejor que otras visiones más ostentosas, como, por ejemplo, *La guerra de las galaxias*, con tanto sable de luz fálico y aburrido. En ocasiones, la película se mofa de su mala calidad, como cuando Egon utiliza un escurridor para leerle la mente a Louis (Rick Moranis). Pero a excepción del perro demonio que se cuela en la fiesta de Louis, que se hizo con muñecos *stop motion*, los efectos especiales de *Cazafantasmas* siguen en tan buena forma hoy en día como en los ochenta, al igual que los efectos de *Regreso al futuro*, *Las alucinantes aventuras de Bill y Ted* y la lamentablemente infravalorada *El secreto de la pirámide*. Y este es en parte el motivo por el cual estas películas han sobrevivido tan bien al paso del tiempo y por el que aún atraen a personas que ni siquiera habían nacido cuando aún se fabricaban DeLoreans.

Mientras tanto, Murray estaba en la India rodando otra película. El día que aterrizó en Nueva York, Reitman y Ramis fueron a recogerlo al aeropuerto de LaGuardia y lo llevaron a un restaurante en Queens para enseñarle el guion. Pero Murray confiaba tanto en sus amigos que apenas le echó un vistazo, hizo «un par de comentarios sobre el guion» y volvió a marcharse, recordaba Ramis. «Había confianza. *Cazafantasmas* fue la primera película en la que se comprometió sin pelear y pelear», dijo Ramis.

Pero, por supuesto, en *Cazafantasmas* no solo aparecen los Cazafantasmas. Otros actores y actrices trabajaron alrededor de esta amistad tan consolidada. Cuando Aykroyd escribió el guion, lo hizo pensando en un papel para John Candy y Reitman le ofreció interpretar a Louis. Cuando Candy sugirió que su personaje debería tener un fuerte acento y dos perros, Reitman decidió que era demasiado vulgar, incluso para *Cazafantasmas*. En su lugar, eligieron al cómico canadiense Rick Moranis, poco conocido para el público estadounidense.

«Mi carrera fue un golpe de suerte tras otro —afirma Moranis—. Me surgían varios proyectos y elegía el que consideraba más divertido o aquel en el que coincidía con quien sería más interesante trabajar. Pero no me ofrecían muchos papeles tipo Schwarzenegger: cuando tienes una cara redonda y judía, no llevas lentillas y mides metro sesenta y cinco, te ofrecen cierto tipo de papeles. Siempre pensaban en mí como el empollón, incluso con papeles que no tenían ninguna característica de este estilo.»

Como el papel de Louis se había escrito para Candy, Moranis lo moldeó más a su imagen: sugirió que Louis fuera contable, más empollón y menos lujurioso con las mujeres, a diferencia de lo que habían escrito en un principio. «Ivan me dejó trabajar con mi personaje, fue algo maravilloso. Todos eran muy amables, te apoyaban y me animaron a dar mi opinión, aunque ellos se conocían desde hacía años y yo era el nuevo», dice Moranis.

Sigourney Weaver también acabó moldeando su papel, cosa que benefició a la película. Se presentó a la audición para el papel de Dana. «Sé que suena ridículo, pero hicimos que Sigourney se presentara a la audición cuando ya había rodado *Alien* y *El año que vivimos peligrosamente* —comenta Reitman entre risas—. Aunque nunca había hecho comedia. No tenía ni idea de que la comedia era su verdadero amor.»

Weaver demostró sus dotes cómicas al empezar la audición sugiriendo que Dana se convirtiera en perro en la película; acto seguido, saltó sobre la mesa de centro de Reitman, se puso a cuatro patas y empezó a aullar.

«Me quedé fascinado con esa actuación tan ridícula —comenta Reitman, que aún parece estar recuperándose del encuentro más de treinta años después—. Creí que era una buena idea que debíamos explorar.»

Weaver también sugirió que Dana fuera músico en lugar de modelo, como aparecía en el guion original, y siguió aportando sugerencias similares a lo largo del rodaje para que su personaje fuera más profundo. En la escena en que Venkman va al piso de Dana por primera vez para examinar el frigorífico encantado, el guion presentaba a Dana de forma pasiva: ni siquiera entra al trapo cuando Venkman se le insinúa y se la ve asustada, hasta el punto de que parece que va a ponerse a gritar en cualquier momento. En la película, Weaver pone los ojos en blanco y deja claro que él le parece ridículo; así, la escena es mucho menos repulsiva de lo que podría haber sido, ya que, a fin de cuentas, Venkman la está acosando sexualmente en su propio apartamento. Pero Dana le planta cara y, de ese modo, Venkman parece un simplón que se queda sin palabras frente al glamur y el saber estar patricio de Weaver; la balanza de poder en esa situación se inclina hacia ella. La escena se vuelve tierna en lugar de estúpida, lo que demuestra el hecho poco reconocido de que, cuando se permite a los personajes femeninos ser más fuertes que un trapo mojado, todo el mundo sale ganando.

«Sigourney insistió, sin resultar de ninguna manera ofensiva, en hacer que su personaje resultara real —dijo Ramis—. A menudo, en las comedias, hay personajes haciendo todo tipo de cosas extrañas y los demás actúan acorde con este comportamiento, como si fueran el clown que tiene que mantenerse serio y no estuviera ocurriendo nada extraordinario. Así que cuando Sigourney se comporta como una persona normal y le dice a Bill [en esa escena] "Es usted tan raro", fue totalmente auténtico, y fue a ella a quien se le ocurrió decir eso.

Me encantó, porque le dio al público la libertad de pensar "sí, ES muy raro"».

«Nosotros [Ramis y Aykroyd] nunca antes habíamos escrito personajes femeninos muy bien», admitió Ramis, lo que me parece un lavado de manos decepcionante por su parte. Pero tristemente *Cazafantasmas* no pasa el test de Bechdel y es un claro ejemplo del Principio de Pitufina de Katha Pollitt. Pero al menos tuvieron la sensatez y un ego lo suficientemente fuerte para aceptar las sugerencias de Weaver y permitirle al personaje principal femenino una mayor voluntad de la que le habían otorgado al principio, mucho más de lo que hacen los directores de las comedias de hoy en día protagonizadas por hombres.[13] Dana es mucho más interesante que un simple objeto de interés romántico genérico, en gran parte gracias a Weaver, y el hecho de que Reitman seleccionara a la actriz principal de *Alien* demuestra que buscaba a una actriz que el público reconociera como alguien fuerte. La película llega hasta a modificar y literalizar el ya famoso tropo de los cómics y películas basadas en cómics, «Mujeres en la nevera», que se refiere a la tendencia a asesinar o herir a los personajes femeninos como recurso argumental. (El nombre procede de una trama en el cómic *Linterna Verde* en la que un personaje femenino acaba asesinado y metido en una nevera, sin ningún motivo.) En *Cazafantasmas*, Dana adquiere poderes a través de su nevera y vive para contarlo (y para morrearse con Murray en la Quinta Avenida).

Otro factor en la película es Murray, quien, desde el comienzo de su carrera con *Los incorregibles albóndigas* (1979), es

13. Cuando la actriz Katherine Heigl se quejó (con razón, aunque tarde) de los personajes femeninos de *Lío embarazoso*, el coprotagonista masculino Seth Rogen se burló de ella en el programa de radio de Howard Stern en julio de 2009: «No somos los únicos de los que ha dicho alguna mierda. Ahora le ha dado por ahí». La representación de los personajes femeninos en las películas de Apatow y Rogen no ha cambiado nada desde entonces.

un maestro cuando se trata de coger un personaje horrible y modificarlo lo justo para reducir su lado asqueroso y volverlo aceptable. Incluso en la escena inicial, cuando lo vemos en la universidad mientras intenta seducir a la estudiante guapa, su histrionismo y sus vacilaciones le hacen parecer más ridículo que un depredador baboso. El hecho de que literalmente esté electrocutando a un estudiante en pro de su favorita enfatiza que la película quiere que lo veamos no como un tío guay, sino como un capullo. Más tarde, Venkman se niega a acostarse con Dana cuando está poseída y se lo suplica una y otra vez, lo que demuestra que este ex profesor universitario baboso tiene también valores morales, una idea que se reitera con su cara de dolor cuando cree que Dana ha muerto. *Cazafantasmas* es una comedia protagonizada por hombres, sin duda. Pero es una película que no solo los respeta a ellos.

De hecho, el miembro del reparto al que le costó más penetrar el muro de la amistad de los hombres blancos Aykroyd-Ramis-Reitman-Murray no fue una mujer blanca, sino un hombre negro: Ernie Hudson, que interpreta al cuarto Cazafantasma, Winston Zeddemore, lo que dio pie al mayor defecto de *Cazafantasmas* y de su descripción de la masculinidad. En los ochenta, Hudson era padre soltero de dos hijos y trabajaba como actor a destajo para mantenerlos él solo. «En cuanto leí el guion pensé que era una película genial que podría cambiar nuestras vidas», recuerda.

En la versión que Hudson leyó, Winston forma parte del equipo de Cazafantasmas prácticamente desde el principio de la película pero en la que terminaron rodando no aparece hasta casi el final, lo que significa que la mayoría de sus frases no aparecieron. Durante años, los seguidores de *Cazafantasmas* especularon con la hipótesis de que la parte de Winston se redujo porque Eddie Murphy rechazó el papel para hacer *Superdetective en Hollywood* y no querían darle tanto protagonismo a alguien relativamente desconocido como Hudson. Otros sugirieron que fue una cuestión de racismo y que el Hollywood blanco se la volvió a jugar al negro. Reitman ha negado el rumor de Murphy («Nunca pensamos en Murphy») pero Aykroyd dijo que originalmente escribió la película pensando en Murphy como uno de los Cazafantasmas. Reitman también rechaza sin dudar las acusaciones de que el reducido papel de Hudson responde simplemente a la participación simbólica de un actor negro: «La película se escribió con los tres en mente, crecimos juntos y éramos un grupo cómico, por así decirlo. Elegimos a Ernie porque su energía era completamente diferente a la de los demás».

Hudson quedó destrozado por este cambio de guion pero intentó mostrarse pragmático: «Creo que el estudio pensó que podrían vender la película con los tres de *Saturday Night Live* y quisieron incluir a Winston solo de forma secundaria. No sé. Culpo al estudio porque me resulta más fácil decir "algún ejecutivo" en lugar de nombrar al tipo sentado a mi lado. No creo que fuera decisión de los chicos [Aykroyd, Ramis y Reitman], ellos son lo más, pero ¿qué sé yo?». Dice que intentó no «tirar por el lado racial del asunto» porque no quería transmitirles un mensaje derrotista a sus hijos.

Al estudio sin duda le emocionaba mucho menos la rentabilidad de Hudson comparada con la de Aykroyd y Murray. Pero la verdad es que fueron Ramis y Aykroyd quienes redujeron el papel de Winston por las razones concretas que Hudson temía: raza y estrellato, pero no como él se imaginaba. Según Ramis:

> Como escritores, nunca habíamos creado un personaje negro. Desde el Writer's Guild envían cartas de forma regular sobre el tema: «Queremos ver a más mujeres y minorías». Así que cuando escribimos el personaje de Winston, hicimos lo posible por aportar nuestro granito de arena y «reaccionamos» contra la reacción.

> Nos volcamos en convertir a Winston en un buen personaje y, en consecuencia, lo hicimos tan bueno que era el mejor de la película. Lo miramos y nos sorprendimos. «¡Tiene todas las frases buenas!» Al mismo tiempo, todos decían que el personaje de Bill flojeaba, así que, poco a poco, volcamos la actitud de Winston en el personaje de Bill (algo totalmente lógico) y acabamos retrasando la presentación de Winston hasta más avanzada la película.

Eso explica por qué hay dos escépticos entre los Cazafantasmas (Venkman y Winston), cosa que siempre me pareció una exageración. A diferencia de Winston, Venkman no parece un hombre normal y corriente, ya que Murray interpreta el papel de forma «tan rara», como dice Dana, y, gracias a ello, los solapamientos entre los dos no resultan tan obvios.

Una vez que empezaron a rodar, Reitman dice que se dieron cuenta de que Hudson era muy divertido, por lo que decidieron volver a ampliar su papel, pero solo hasta cierto punto. Winston tiene algunas frases buenas («He visto hechos que me han dejado blanco», «Adoro Nueva York»), pero no cabe duda de que su papel se metió a presión. Las decepciones de Hudson continuaron tras la película: lo rechazaron para ponerle voz a su propio personaje en la versión de dibujos de *Cazafantasmas* (se lo dieron a Arsenio Hall) y, de nuevo, su papel casi se quedó fuera de la secuela (que es un poco insulsa). «Me resultó difícil porque no lo entendía. Pero si te dejas llevar por el enfado, se acabó. Así que seguí trabajando con actitud positiva. También te digo que la película original es perfecta tal y como está», dice Hudson.

Aparte de tratar el tema de la raza con torpeza, lo es. Pero lo que la convierte en una película perfecta hoy en día en cuanto al tema de la masculinidad es el hecho de que los personajes son hombres adultos.

Resulta extraordinario ver comedias de los ochenta en la actualidad, especialmente las que presentan amistades masculinas, como *Cazafantasmas*, *Entre pillos anda el juego*, *Cuando Harry encontró a Sally*, *Tres hombres y un bebé*, e incluso *Tres amigos*, porque, por muchas tonterías que hagan los hombres de estas películas (y a veces hacen muchas), se comportan como adultos. Nada de adolescentes atrofiados, ni bebés creciditos y misóginos, no, adultos. Les gustan las mujeres, suelen tener trabajo, no desean volver a tener diecinueve años, no se pasan el día fumando cachimbas y no son unos capullos. Es una de las grandes diferencias entre las comedias de los ochenta protagonizadas por hombres y las de hoy en día. Sí, las comedias contemporáneas protagonizadas por hombres muestran que todo lo anterior ocurre porque los hombres están verdes y necesitan madurar, pero también nos dicen que los hombres son muy divertidos, mientras que las mujeres no son más que unas arpías aburridas cuya única misión en la vida es arrastrar a los pobres hombres (que no paran de quejarse y masturbarse) lejos de sus PlayStation hasta llevarlos al mundo triste y apagado de la madurez. Estas películas aceptan el hecho de que los hombres tienen que crecer, pero no les gusta.

«No conozco a nadie que quiera crecer —dice Judd Apatow, quien, junto con Adam Sandler[14] y el director Adam McKay (*El reportero: la leyenda de Ron Burgundy*, *Hermanos por pelotas*), están a la cabeza de la popularización del tropo del hombre-niño grande—. Me resulta natural contar historias sobre personas que se resisten a madurar; no hay nada divertido en tener responsabilidades y lidiar con problemas del mundo real. Siempre me ha fascinado el momento a partir del cual alguien debe

14. De hecho, Sandler y Apatow compartieron apartamento cuando ambos empezaban. Amigas, solo nos queda echar la vista atrás y lamentarnos por no haber podido codearnos con Sandler y Apatow en su apartamento de solteros repelente de mujeres.

definirse como adulto. También me gustan las historias sobre sentir la presión del tiempo. Todo el mundo siente que debe hacer determinadas cosas antes de llegar a cierta edad: casarse, tener hijos. Todos escuchamos el tictac del reloj y eso nos vuelve locos, así que escribo mucho sobre el tema.»

Aunque Apatow cita las películas de los ochenta como su fuente de inspiración más formativa, especialmente *Cazafantasmas*, *Aquel excitante curso*, *Un gran amor* y las películas de John Hughes, admite que no existen películas de esas épocas con hombres que se resisten a crecer. Con una excepción: *Diner*, la película de 1982 de Barry Levinson ambientada en 1959 en la que un grupo de veinteañeros pasan el rato juntos poco antes de la boda de un amigo. «Una de las cosas que más me gustan de *Diner* es que muestra el momento en el que deben crecer y casarse. No sé por qué, pero es un momento al que sigo volviendo en mis películas porque pasan muchas cosas durante esa transición», dice Apatow. Pero, en esa película, Levinson se encarga de enfatizar la crueldad de la inmadurez de los jóvenes protagonistas varones mostrando el daño que les hacen a sus mujeres cuando les gritan por no poner los discos en su funda correcta. La película sugiere que esa actitud es un tipo de abuso marital. Cuando en *Lío embarazoso* de Apatow, la mujer de Pete descubre que él le ha mentido para poder jugar a la consola, la película nos dice que no son más que dos colegas inmaduros pasándoselo bien. En *Diner*, los hombres no se muestran como personajes divertidos cuando se comportan como imbéciles y no se insinúa en ningún momento que serían más felices si siguieran actuando así para siempre; son solo crueles.

En comparación, los hombres de *Cazafantasmas* se comportan como adultos y parecen mucho más maduros que la mayoría de los hombres de la cultura popular de hoy en día. Y cuando los Cazafantasmas son modelos relativos de madurez, algo raro está pasando.

«¡Sí, exacto!», exclama Reitman, alterado, como si llevara años esperando para decir esto:

> Por muy tontas y crudas que sean las películas de los ochenta, no son vulgares. Creo que ahora, con las últimas generaciones, esto ha evolucionado. Los jóvenes siguen estudiando durante el máximo tiempo posible y, especialmente ellos, parecen sentir el deseo de posponer el momento de sentar cabeza. Muchas de las ideas de estas películas tratan de eso, de lo infantiles que son los hombres jóvenes. Creo que es algo que resulta divertido durante un tiempo pero también es algo que ya he visto y ha llegado la hora de pasar a otra cosa. Es una de las razones por las que creo que esas películas no aguantan bien varios visionados a diferencia de las películas de los ochenta, que la gente ve una y otra vez.

Sí, los jóvenes dejan de estudiar cada vez más tarde y, sí, hay una mezcla de generaciones que nunca se había dado hasta el momento, con abuelos dándoles toques a sus nietos en Facebook y madres e hijas comprando juntas en Topshop. Nunca había resultado tan fácil seguir formando parte de la cultura joven durante tanto tiempo. Pero, aunque me encantaría culpar a Facebook de absolutamente todos los males del mundo, la verdad es que los jóvenes de hoy no se parecen más al Adam Sandler de *Billy Madison* que antes (menos mal). Lo revelador es que se describe a los hombres como adolescentes estancados, no a las mujeres,[15] y eso ocurre porque el tropo del hombre-niño es la respuesta más perezosa y pobre al tema que lleva

15. *La boda de mi mejor amiga* y la serie de HBO *Girls*, ambas producidas por Apatow, muestran a mujeres jóvenes a las que les cuesta crecer. Pero estos casos no son más que anomalías y la cantidad de atención que recibieron ambos proyectos, cuando lo único que muestran es a mujeres haciendo lo que los hombres llevan décadas haciendo en pantalla, señala las diferentes expectativas que se tienen para los personajes ficticios masculinos y femeninos.

décadas desarrollándose en la cultura popular: cómo incorporar tramas masculinas en una sociedad cada vez más cultivada con el feminismo.

A pesar de que todavía obtienen la gran mayoría de los papeles principales y de las líneas argumentales, los hombres no consiguen mucho más en la cultura pop actual. Un tropo especialmente popular para los padres en las series de televisión hoy en día, desde *Los Simpson* y *Modern Family* pasando por *Peppa Pig*, es describirlos como hombres-niño incompetentes que intentan con poca fortuna seguirles el ritmo a sus mujeres más maduras. Comparemos, por ejemplo, al inútil de Phil Dunphy en *Modern Family* (que siempre lo hace todo mal, siempre compra el coche equivocado, sus hijos se burlan todo el rato de él), con Cliff Huxtable, el médico patricio a quien sus hijos respetan a pesar de su cuestionable gusto por la ropa de punto. En las comedias estadounidenses de ahora, los hombres no son bobos de una forma tierna ni buscan la atención femenina con ganas pero sin llegar al punto de la desesperación, como ocurría en los ochenta, sino que ahora se presentan como adolescentes crecidos que ven a las mujeres como zorras a las que humillar o como figuras maternales a las que venerar. Las películas de colegas sugieren que las mujeres son necesarias en la vida pero los hombres solo se sienten a gusto si pasan el rato con sus colegas hombres intercambiando pelis porno, tomando setas en Las Vegas o soltando chistes homófobos mientras juegan a la consola.

El motivo de esto se puede deducir no de las películas, sino de la televisión. Las series de éxito más célebres de la televisión reciente describen la erosión del patriarcado: «Tony [Soprano], Walter [White] y Don [Draper] son los últimos patriarcas —escribe el crítico de cine del *New York Times* A.O. Scott—. Pero parece que, al acabar con la autoridad patriarcal, tal vez sin darnos cuenta, también nos hemos cargado a los adultos...

En mi trabajo principal como crítico de cine, durante los últimos quince años he visto como los estudios dedicaban sus enormes recursos financieros y creativos a crear franquicias que fomentan una visión juvenil del mundo. Las películas basadas en cómics, las aventuras animadas para la familia, las historias de heroísmo adolescente y las comedias sobre el desarrollo atrofiado no solo componen el centro comercial del Hollywood del siglo XXI, son su alma artística. Este género de películas —continúa Scott— es una cloaca llena de homofobia nerviosa y perezosos estereotipos raciales. Su postura frente a la rebelión suele ejemplificar el hábito conservador de fingir que los que ostentan un mayor poder social son en realidad los más acosados y oprimidos». En otras palabras, el hombre-niño es el producto de una rabieta en respuesta a la desaparición de las estructuras patriarcales, un enorme y confuso encogimiento de hombros ante la incógnita de cómo van a comportarse los hombres ahora que no pueden seguir actuando como Don Draper sin acabar arrestados. Es una forma de rebelión cuando lo único contra lo que hay que rebelarse son las mujeres y ellos mismos, y es un paso de gigante hacia atrás desde *Tres hombres y un bebé*, en la que los hombres, en comparación, parecen progresistas.

Se podría argumentar fácilmente que fueron los ochenta los que iniciaron esta tendencia hacia la infantilización, especialmente en los hombres, cosa que tiene sentido ya que esta década fue la época de la llamada «reacción contra el feminismo». Después de todo, fue entonces cuando se produjo el auge de la cultura juvenil, con la MTV y las películas de adolescentes dominando la cultura popular, así como de las películas de alto concepto (aquellas que pueden describirse aproximadamente con una frase), la definición de una forma de arte infantilizada. En su ensayo encantadoramente pretencioso y fascinante sobre *Indiana Jones y la última cruzada* (1989), Peter Biskind sostiene que George Lucas y, en particular, Steven Spielberg popularizaron en los setenta y especialmente en los ochenta «la auténtica lección de los sesenta: no confíes en los adultos, especialmente en aquellos con autoridad». Obviamente, *La guerra de las galaxias* es una película de niños contra padres (el Imperio) en la que los primeros están en el lado del bien. Lucas describió *Encuentros en la tercera fase* como una película «para el niño que todos llevamos dentro», y películas como *La guerra de las galaxias* e *Indiana Jones* despiertan una sensación de asombro incondicional e infantil en el público de todas las edades («Quiero que una película me arrolle», dijo Spielberg en una ocasión), les golpean con espectáculo y hazañas épicas y anticuadas, y sustituyen a las películas más complejas y angustiosas post Vietnam de los setenta por algo mucho más sencillo y con una clara distinción entre buenos y malos.

Hace décadas que a Spielberg le gusta incluir el tropo de la sabiduría de los niños contra la torpeza de los adultos en sus películas, y esto quizá resulta más obvio en los ochenta. En *E.T.*, Elliott se muestra como la persona que debería controlar la situación, no su madre y sobre todo no el gobierno de Estados Unidos. En *Indiana Jones y la última cruzada*, Indy ocupa rotundamente el papel del niño atrapado en una batalla edípica con su padre (Sean Connery), con el que está resentido pero al que busca complacer desesperadamente, como un adolescente necesitado.

Los ochenta fueron testigos de un extraño frenesí de hombres-niño reales en un montón de películas totalmente prescindibles sobre padres, abuelos e hijos intercambiando cuerpos: *Viceversa* (Judge Reinhold y Fred Savage), *Plantón al cielo* (George Burns y Charlie Schlatter), *De tal astilla... tal palo* (Dudley Moore y Kirk Cameron) y *Una chica de ensueño* (Jason Robards y Corey Feldman; sospecho que Robards no recuerda la película con mucho orgullo). Pero todas estas películas muestran que es preferible ser adulto: practicas sexo, conduces, no vas a clase y no tienes que escuchar a tus padres. En estas películas, ser niño es lo peor.

La maravillosa aunque muy, muy extraña película de 1988, *Big*, se acerca más a la mentalidad actual que idealiza a los hombres-niño. Cuando Josh Baskin, de trece años, le pide a Zoltar el Magnífico que lo haga mayor, se convierte en Tom Hanks, con el pelo en el pecho de Tom Hanks y el pene de Tom Hanks, y es más de lo que yo nunca conseguí en las máquinas de los recreativos. Como un adulto con mentalidad de niño, conquista a las mujeres y a sus colegas de trabajo en su nuevo empleo en una fábrica de juguetes; la película insinúa que su encantadora inocencia es exactamente lo que necesita el mundo adulto. La teoría funciona bien en el área de trabajo de Josh (¿a quién se le van a ocurrir mejores ideas de juguetes para niños que a un niño?) pero se torna repulsiva en cuanto pasamos a la vida amorosa. Aquí se insinúa que lo que necesita una profesional treintañera y hastiada es un hombre que es —y que actúa como tal— un virgen prepubescente. Si fuera a casa de un hombre y me sugiriera que durmiéramos cada uno en una cama de la litera, como le ocurre a Susan (Elizabeth Perkins) cuando va al loft de Josh por primera vez, no se me ocurriría pensar: «Vaya, qué chico tan dulce. Estoy superemocionada como solo una chica puede estarlo ante su forma tan inocente de ver el mundo». No, cogería el teléfono y diría: «¿Oiga? ¿Operador? Páseme con la Unidad de Bichos Raros que Andan Sueltos». Sin embargo, Susan no reacciona así y termina acostándose y conviviendo con un tío al que Carrie Bradshaw apodaría «el tío de la litera», lo que en sí ya es bastante raro, pero que aún le resulta más extraño al público, que sabe que Josh, repito, tiene trece años.

«En el guion se enfatiza que el hecho de que fuera un niño es un secreto —dice Tom Hanks, un tanto a la defensiva cuando se le pregunta por esto—. Cuando rodamos la escena en la que van a tener relaciones por primera vez, está ese momento en el que vuelve a encender la luz porque pensé que, sin duda, un chico de trece años querría ver lo que estaba a punto de pasar.»

Claro, claro, la escena de sexo resulta creíble pero eso no significa que no sea raro. Tiene TRECE AÑOS.

«Sí —dice—. Fue raro.»

Pero, al menos en el caso de *Big* y en el resto de las películas donde hay un cambio de cuerpo, la razón por la que el hombre actúa como un niño es porque, bueno, es un niño. En ninguna de ellas, por mucho que celebren al «niño que todos llevamos dentro» de George Lucas, se sugiere que los hombres deben resistirse a crecer, ni que esa sea su predisposición natural. La razón por la que, en mi opinión, los *Cazafantasmas* representan un tipo idealizado de masculinidad es porque ni son patricios, ni hombres-niño, solo unos tipos divertidos y simpáticos cuya chispa no depende de la misoginia ni de la inseguridad. ¿Es eso mucho pedir hoy en día?[16] De niña, se parecían lo suficiente a mi padre para que me hicieran sentir cómoda (Harold Ramis), se parecían lo suficiente a mí para querer ser amiga suya y reírme con ellos (Bill Murray) y eran lo suficientemente guapos como para que me dieran ganas de hacerles cosas que apenas empezaba a entender (Aykroyd, obviamente).[17] Y resulta que todo eso aún es cierto, dentro y fuera de la pantalla.

A principios de 2014, el *Guardian*, donde trabajo cuando no estoy viendo películas de los ochenta, me envió a Los Ángeles para cubrir los Oscar y la famosa fiesta postceremonia de *Vanity Fair*. Dio la casualidad de que Bill Murray presentó un premio y le dedicó un homenaje improvisado a Harold Ramis, que había muerto ese mismo año. Cuando lo vi en la fiesta, ni

16. Sí.

17. Me da la sensación de que no te acabas de creer lo de «Aykroyd = buenorro».

siquiera me paré a pensar ni me dio tiempo a sentir timidez. Corrí hacia él instintivamente, sin importarme parecer una fan loca.

«Señor Murray, *Cazafantasmas* es mi película favorita de todos los tiempos. ¿Cuál es el secreto del atractivo eterno de la película?», balbuceé casi sin aliento, aterrorizada y entusiasmada como solo se puede estarlo cuando conoces a uno de tus héroes.

Bajó la vista (Murray es sorprendentemente alto), con su pelo gris pero tan desastrado como Peter Venkman tras un encontronazo con un fantasma. Durante un humillante segundo, pensé que iba a contestarme que me largara.

«La amistad», respondió sin dudarlo. Y después me frotó la cabeza con los nudillos.

LOS CINCO MEJORES MONTAJES

(sí, he dejado fuera el montaje del entrenamiento de *Rocky*. Demasiado fácil)

5. El partido de voleibol, «Playing with the Boys» de Kenny Loggins, *Top Gun*
Hombres sudorosos sin camiseta haciendo deporte y una canción que se llama «jugando con los chicos» interpretada por Kenny Loggins. En serio, ¿qué más se puede pedir de un montaje de los ochenta?

4. El éxito de los Cazafantasmas, «Ghostbusters» de Ray Parker Jr, *Cazafantasmas*
Montaje clásico con portadas de periódico girando en la pantalla y una foto de Aykroyd MUY guapo en la portada de la revista *Time*.[18] Los cameos de locutores reales de los ochenta, como Casey Kasem y Larry King, me hacen derramar una lagrimita.

3. Alex ensaya, «Maniac» de Michael Sembello, *Flashdance*
Suelda, ¡y baila! Y mientras baila hay un montón de primeros planos de su trasero. Puro Bruckheimer y Simpson cuando empezaban a cogerle el tranquillo al tema.

1 = El viaje al Instituto de Arte de Chicago, «Please, Please, Please» de The Dream Academy, *Todo en un día*
La escena que John Hughes describía como «autoindulgente», mucho más emotiva por eso. Es la escena que confirma a *Todo en un día* como la película de adolescentes más poética de los ochenta, y puede que de todos los tiempos.

18. Sí, aún sigo con el tema de lo guapo que era Aykroyd.

1 = Baby aprende a bailar, «Hungry Eyes» de Eric Carmen, *Dirty Dancing*

Muy sexy, adorable. Me encanta cuando las zapatillas se transforman en zapatos de baile. Podría ver ese montaje un millón de veces, y probablemente lo haya hecho.

Todo en un día: el impacto de la clase social

Se suele decir que los ochenta fueron la época de la venalidad. A nadie en Estados Unidos —qué digo, en el mundo— le interesaba ganar dinero hasta que llegaron los ochenta y nos corrompieron a todos. Aparentemente, era la época en la que todo el mundo vestía lamé de oro y consideraba que Ivana Trump era la abanderada del estilo chic sencillo. En serio, no podías sacar al perro a pasear en los ochenta sin tropezarte con un logo dorado gigante de Versace. Y un par de hombreras enormes. Y una montaña de cocaína. Y la cocaína causa estragos con unos zapatos de tacón de aguja de Armani.

No seré yo quien difame las descripciones perezosas de una época, y quizá fuera así, pero una verdad que apenas se comenta es que esta no era la mentalidad representada en muchas de las películas populares de los ochenta. Muchas de estas películas de Hollywood argumentaron que, si bien no había una guerra de clases declarada, sí que existía desconfianza en cuanto a la riqueza. Una y otra vez, los ricos se representan como personas desagradables, frívolas e incluso homicidas, mientras que la clase obrera es noble y bienintencionada, como en películas no dirigidas exactamente a un nicho de población como *Wall Street*,[1]

1. *Wall Street* es básicamente el equivalente en película de la canción *Born in*

Superdetective en Hollywood, *Por favor, maten a mi mujer*, *Arizona Baby* y *Un mar de líos*. Solo hay que compararlas con películas de hoy en día como *Iron Man*, en la que el multimillonario es el superhéroe (inspirado en el multimillonario Elon Musk), y la muy, muy extraña *El caballero oscuro: La leyenda renace*, en la que el malo propone la redistribución de la riqueza y por eso DEBE SER DESTRUIDO. Pero las películas de los ochenta que más se interesaron por los problemas de clase fueron las de adolescentes.

La fuerza motora tras casi cada película de adolescentes clásica de los ochenta no era vender bandas sonoras, ver cómo un Tom Cruise de dieciocho añitos intentaba mojar ni ver qué peinado ridículo iba a lucir Nicolas Cage en la película de turno, sino la clase social. Tenemos a *Karate Kid*, en la que el hijo de una madre soltera intenta sin éxito esconder su pobreza de los chicos populares de clase, quienes se burlan del coche de esta; *Dirty Dancing*, en la que una chica de clase media sale con un chico de clase obrera para horror de su padre progresista; *No puedes comprar mi amor*, en la que un empollón se vuelve popular pagando por ello; *La chica del valle*, en la que una chica de clase media-alta sale con un chico de clase obrera; *Un gran amor*, en la que una chica privilegiada sale con un chico de clase media-baja del ejército y su padre resulta ser un criminal financiero; *The Flamingo Kid*, en la que un chico de clase trabajadora queda deslumbrado por un acomodado club de campo y empieza a desvincularse de su padre obrero; y todas las películas de adolescentes de John Hughes.

Por supuesto, los problemas de clase se pueden encontrar

---

the USA, en el sentido de que el grupo de gente al que satirizaban las malinterpretó y se las reapropió: al igual que los banqueros de Wall Street adoptaron el mantra de Gordon Gekko —«La codicia es buena»—, la campaña de Ronald Reagan para la presidencia en 1984 adoptó torpemente la canción protesta contra la guerra de Vietnam de Springsteen.

en el trasfondo de prácticamente todas las películas estadounidenses, desde *Historias de Filadelfia* hasta *El padrino*. La diferencia con las películas de adolescentes de los ochenta es que estas lo tratan de forma totalmente abierta: la clase es el motor principal de la trama, aunque resulte fácil no darse cuenta de ello entre tanta canción pop y la sonrisa de Eric Stoltz. Todas esas películas enfatizan con ganas que el dinero que tiene tu familia lo determina todo: quiénes son tus amigos, con quién sales, tu estatus social en clase, la felicidad de tus padres y tus aspiraciones de futuro. En diversa medida, rabian contra el fracaso del sueño americano, enfatizan que la movilidad de clase es prácticamente imposible y sin duda que la amistad y el romance entre clases diferentes son poco comunes, por la sencilla razón de que los ricos son unos capullos y la gente de clase media-baja y obrera son buena gente. Y esto resulta desafortunado porque, según la gran mayoría de las películas de adolescentes de los ochenta, la única manera en la que alguien puede subir de clase socioeconómica es saliendo con alguien más rico que ellos, como la Cenicienta.

La única excepción a esta norma es *Regreso al futuro*, que no protesta contra el sistema estadounidense, sino que concluye que el dinero sí que puede comprar la felicidad y eso es fantástico. Cuando Marty vuelve de 1955 a 1985, se da cuenta de que ha cambiado la historia sin querer y de que sus padres, que antes eran pobres, estaban tristes y apenas se hablaban, ahora son ricos y felices y se dan palmadas en el trasero alegremente. «Recuerdo lo disgustados que Crispin [Glover, quien interpretó a George McFly] y Eric [Stoltz, quien fue elegido originalmente como Marty] estaban con el final de *Regreso al futuro*: son felices ahora que tienen dinero —comenta Lea Thompson, quien hizo de Lorraine Baines McFly—. Les pareció indignante. Naturalmente, yo no lo entendía, quizá porque era pobre y, cuando me hice rica, conseguí ser feliz.»

«El tema era que la confianza en uno mismo y la capacidad de no dejarse pisotear son las cualidades que llevan al éxito —dice Bob Gale, coguionista de *Regreso al futuro*—. Así que mostramos que George y Lorraine habían mejorado su calidad de vida, se comportaban con cariño el uno con el otro y George era un autor de éxito. Fue nuestra forma de mostrar al público que George se había convertido en un hombre mejor. Por supuesto, al principio, mostramos a George como un perdedor y a Lorraine como una borracha, con un coche horrible y una casa llena de muebles viejos que no combinan entre sí.»

Regreso al futuro es una película tan encantadora que resulta fácil dejarse llevar por ella y no darse cuenta de que equipara ser de clase media-baja con ser un «perdedor». Pero se hace eco del mismo mensaje que transmiten otras películas de los ochenta: la clase en la que naces determina cada aspecto de tu vida.

«La clase siempre ha sido un tema central en Estados Unidos; no la raza, la clase —dice Eleanor Bergstein, guionista y productora de *Dirty Dancing*—. De adolescente, empiezas a darte cuenta de eso.» Y no hay director de películas de adolescentes que lo sienta tan profundamente como Hughes.

David Thomson se queja en su majestuoso *Diccionario biográfico del cine* de que en las películas de adolescentes de Hughes «la exactitud de las observaciones, el ingenio y la ternura de los jóvenes nunca acaba de trascender la tendencia general de resolver problemas y de fingir una sonrisa. Nadie en Estados Unidos se ha atrevido todavía a retratar el aburrimiento o la desesperación de la vida adolescente; solo hay que ver las películas de Mike Leigh para ver qué podría hacerse». Lo primero que hay que decir ante esto es que quejarse de que John Hughes no se parece lo suficiente a Mike Leigh es como cabrearse porque una galleta de chocolate no se parece lo suficiente a un asado. Pero no es justo calificar las películas de Hughes como carentes de «desesperación», ya que su repetida representación de los problemas de clase sin duda muestra dicha «desesperación» en las vidas de estos adolescentes estadounidenses. *La chica de rosa* (chica de clase media-baja se enamora del chico rico) y *Una maravilla con clase* (chico de clase media-baja se enamora de chica de clase media-baja que ha conseguido la aceptación de los chicos ricos gracias a su aspecto) son los ejemplos más obvios de las películas de adolescentes de Hughes obsesionadas con las injusticias de clase y lo difícil que les resulta a los adolescentes de diferentes clases conectar entre sí (Hughes, a pesar de su naturaleza inherentemente romántica, parece ser que creía que no era posible). Pero eso está en todas sus películas de adolescentes, incluida *Dieciséis velas* (la casa de Jake es considerablemente más grande y ostentosa que la de Samantha) y *El club de los cinco* (la vida en casa de Bender suena un tanto improbable[2] y se la compara con el mundo consentido de Claire, en el que ella puede regalar unos pendientes de diamantes sin pensárselo dos veces). Pero la película que realmente enfatiza lo injusto que Hughes consideraba el sistema es *Todo en un día*.

Hay muchas razones para adorar *Todo en un día*, y las he vivido todas. De niña me encantaba porque pensaba que Ferris era muy guay: era guapo, divertido y, lo más emocionante de todo, podía conducir. Cuando por fin, contrariamente a todas mis expectativas, llegué a la adolescencia y me di cuenta de que conducir no era algo tan excepcional como me parecía con nueve años, decidí que la verdadera razón para amar la película era su rareza. Al igual que todas las películas de Hughes, la premisa es simple (chico se salta las clases y se lleva a su mejor amigo, Cameron, y a su novia, Sloane, con él) y se desarrolla en

2. Aunque, para ser justos con Hughes, el hecho de que resulte tan poco convincente puede ser más un reflejo de la actuación de Judd Nelson que del guion de Hughes.

un corto periodo de tiempo (como *El club de los cinco*, en *Todo en un día* no pasan ni veinticuatro horas). Pero es una bestia mucho más extraña que cualquier otra cosa escrita por Hughes. Mientras que el resto de sus películas de adolescentes lidian con las minucias emocionales de ser adolescente, *Todo en un día* no intenta siquiera simular el menor realismo. Los personajes son todos exageraciones surrealistas de personajes reconocibles (Ferris, el adolescente un tanto demasiado arrogante; Ed Rooney [Jeffrey Jones], el director demasiado chiflado) y las situaciones que describe son claramente imposibles.

«John siempre quiso que la película fuera una fábula —dice Matthew Broderick—. La versión original y más larga de la película incluía algunas reflexiones sombrías típicas de Hughes sobre cómo todo deja de importarte cuando te conviertes en adulto. Pero, mientras la montaba, decidió dejar bien claro que se trataba de una comedia de fantasía, así que lo cortó todo. Desde el principio, sabía que no iba a ser una película con mensaje, como *El club de los cinco*. Quería que fuera una película sobre pasarlo bien.»

Durante años, yo tenía la teoría —y me sentía muy orgullosa de ella— de que *Todo en un día* no trata de Ferris en absoluto: trata de su triste amigo y toda la película se desarrolla a través de los ojos de Cameron.[3] Por eso vemos a Ferris como el niño mimado, que no comete errores, al que todo le sale bien y a quien todo el mundo quiere: porque así es como lo ve Cameron. Todos hemos tenido un amigo en el instituto —y algunos aún más tarde— que, en nuestra mente, existe rodeado de una especie de halo dorado, y allí siempre es más divertido, inteligente, guay y popular de lo que era en realidad, y ese es

3. Hay una famosa teoría conspiratoria en Internet que dice que Ferris es en realidad un producto de la imaginación de Cameron. Es una buena teoría, pero personalmente no quiero vivir en un mundo en el que Ferris no existe, aunque solo sea al otro lado de la pantalla.

Ferris a ojos de Cameron. Mientras que Ferris se enrolla alegremente con su novia frente a las vidrieras del Instituto de Arte de Chicago (en el segundo mejor montaje de una película de los ochenta), Cameron tiene una pequeña epifanía mientras observa fijamente *Un dimanche après-midi à l'Île de la Grande Jatte*, de Georges Seurat, al darse cuenta de que, al igual que el niño del cuadro, no es más que un conjunto de puntos sin sentido. Para Cameron, que piensa demasiado en todo, nada es fácil, pero para Ferris, que no piensa con profundidad en nada, todo es fácil. La prueba irrebatible de mi teoría es que Cameron es quien sufre un cambio emocional durante la película. Aprende que, para poder alcanzar finalmente la felicidad en la vida, tendrá que plantarle cara a su padre por una vez. Por su parte, Ferris está tan contento y despreocupado al final de la película como al principio.

Me gustaba mucho esta teoría, principalmente porque se me ocurrió a mí, pero también porque explicaba todas las cosas de la película que me encantaban: el surrealismo de ensueño, con Ferris rompiendo la cuarta pared constantemente (a Hughes le encantaba que sus adolescentes rompieran la cuarta pared pero nunca lo hizo mejor, ni tantas veces, como en *Todo en un día*) y los extraños personajes con sus extraños pecados veniales, como Grace, la secretaria de la escuela, que se saca bolis de su enorme pelo; Charlie Sheen, como el punk drogadicto que reparte consejos sobre la vida en la comisaría; los profesores, cuyas clases son tan aburridas que parecen una lobotomía.[4]

4. El profesor de economía que pasa lista «Bueller... Bueller...» lo interpretaba Ben Stein, amigo de Hughes y célebre economista, que dijo que actuar en *Todo en un día* fue el día más feliz de su vida: «[Mi obituario] incluirá una foto mía y encima pondrá "Bueller... Bueller". El hecho es que he asistido a la Facultad de Derecho de Yale, he sido columnista para el *Wall Street Journal* y el *New York Times*, he escrito treinta libros, pero nada de eso cuenta, dirá solo "Bueller... Bueller". Y eso será perfecto» (de *You Couldn't Ignore Me If You Tried*, de Susannah Gora). Stein omite de su lista de logros que también escribió discursos para

Son todo exageraciones y eso está bien si la película se cuenta a través de los ojos de un adolescente, porque ellos lo exageran todo y lo sienten todo con mucha intensidad. Y me encantaba Cameron, el mejor amigo triste de Ferris, quien cada vez más me parecía el alma de la película. Me di cuenta de que Ferris era un poco capullo: coge el coche vintage del padre de su amigo, para horror de este (matrícula NRVOUS), solo porque le apetece conducirlo. Manipula el amor ciego de sus padres, atormenta a su hermana pequeña y le miente prácticamente a todas las personas que aparecen en la película.

«Durante el rodaje de la película nos preocupaba que Ferris pareciera simplemente un capullo. —Se ríe Broderick—. Pero yo lo veía como el *maître* de la película, y está bien que no tenga ningún desarrollo emocional durante la historia. Es el anfitrión de la película.»

Todos estos detalles me convencieron aún más de la honestidad de mi teoría: la película no puede ser otra cosa que la fantasía de Cameron porque solo un adolescente como él (o una niña como yo) creería que Ferris mola. Los adultos creen que es un idiota. Claro que la película se cuenta a través de los ojos de Cameron.

Pero, de adulta, me he dado cuenta de que tampoco nada de eso es cierto. Lo que hace que *Todo en un día* sea tan especial y sincera no es que se centre en Cameron ni en las relaciones tras

---

Nixon, fue presentador de un concurso y representante de publicidad (lo que le llevó a que lo despidieran del *New York Times*) y escribió una risible defensa de Dominique Strauss-Kahn, ex director del FMI que fue acusado en 2011 de violar a una trabajadora de un hotel. Stein despreció la alegación con el férreo argumento de que «los que cometen crímenes son criminales», no personas ricas e importantes como Strauss-Kahn. ¿Quizá esos logros no le parecieron a Stein tan dignos de mención como su asistencia a la Facultad de Derecho de Yale? Pero no importa. Al menos en este libro, una buena aparición en *Todo en un día* puede borrar todos los pecados.

la cámara, sino que trata de John Hughes y, en particular, de un tema muy especial para él, la clase social.

Hughes escribió todas sus películas de adolescentes con una rapidez y una facilidad dignas de Ferris, en solo un par de noches: «¿Sabes cuando Salieri miraba con rabia a Amadeus cuando este escribía como de la nada?», dijo su colaborador Howard Deutch, al recordar a Hughes trabajando en *Todo en un día* y utilizando como analogía otra película clásica de los ochenta. «A mí me pasaba lo mismo con John. No sé cómo lo hacía.»

La razón por la que Hughes era capaz de escribir sus guiones sobre adolescentes tan rápido era porque incluía mucho de él mismo en ellos, tanto emocionalmente como en los detalles. Resulta fácil burlarse de la homogeneidad del mundo que se presenta en estas películas, en el que todos los personajes son blancos y heterosexuales. Pero Hughes nunca pretendió que sus películas fueran universales, eran retratos tremendamente personales de su propia infancia y de su adolescencia en los barrios residenciales de Illinois (casi nadie hacía películas ambientadas en Chicago hasta que apareció Hughes). Pero las emociones que presentan universalizaron su cine y, con su narrativa sencilla, sus tropos conocidos y sus claras divisiones entre lo bueno y lo malo, las películas de adolescentes de Hughes se han convertido en un equivalente de finales del siglo XX de lo que fueron los westerns para la primera mitad del siglo: los estadounidenses que crecieron con ellas ven sus propias vidas y los no estadounidenses que crecieron con ellas ven Estados Unidos. Hay una parte de mí que aún siente, y probablemente siempre sea así, que no fui a un instituto de VERDAD porque el mío (privado, solo para chicas y urbano) no se parecía en nada a las escuelas públicas, mixtas y suburbanas que crecí viendo. En mi colegio de Nueva York ni siquiera teníamos instituto, sino «escuela superior». Cada vez que la gente me pregunta sobre mis experiencias en el «instituto», durante unos segundos me imagino en Shermer High School, High Valley School o incluso en Westerberg High School.[5] Y después recuerdo la aburrida verdad.

Citar todas las referencias que Hughes incluyó en sus películas procedentes de su propia vida requeriría otro libro entero pero algunas de las que se incluyen en *Todo en un día* son la dirección de Ferris (el número de su casa es 2800 y Hughes creció en el 2800 de Shannon Road); las escenas en «Shermer High» se rodaron en el antiguo instituto de Hughes, Glenbrook North High School; Hughes y su mejor amigo del instituto solían convencer a restaurantes exclusivos para que les dejaran comer en ellos, igual que Ferris hace con sus amigos en Chez Quis (juego de palabras que hace referencia a la cadena de pizzerías estadounidense Shakey's, como señala Susannah Gora). Pero probablemente el momento más autobiográfico de la película sea cuando Ferris lleva a Cameron y Sloane al Instituto de Arte de Chicago. Cuando Hughes estaba en el instituto, decía que el museo era «un lugar de refugio» para él (en *Una maravilla con clase*, el protagonista masculino, Keith, describe el museo como «su santuario») y que «aquella fue la ocasión perfecta para volver a ese lugar y enseñar mis cuadros favoritos». Pero, mientras que Hughes iba él solo al museo de adolescente, en la película el protagonista lleva a su novia y a su mejor amigo (y el propio Hughes lleva ahora consigo a todo el público).

Todo en un día no es la fantasía de Cameron sobre Ferris, es la fantasía de un antiguo adolescente inadaptado sobre cómo debería haber sido su vida adolescente, y por eso resulta tan atractiva para el público de Hughes, ya que la mayoría de ellos eran o son adolescentes inadaptados. *Todo en un día* presenta la visión idealizada de un empollón sobre la vida adolescente:

5. Institutos de *El club de los cinco, Todo en un día, Dieciséis velas, Regreso al futuro* y *Escuela de jóvenes asesinos*, respectivamente. *(N. de la t.)*

sana, segura y tierna, en la que todo el mundo te adora por ser raro y puedes hacer lo que te dé la gana. Es una visión que atrae enormemente a un antiguo adolescente inadaptado (Hughes) y a una futura (yo de pequeña).

«Veía a Cameron y Ferris como las dos caras de John Hughes, porque podía estar malhumorado y en silencio, pero también había otra faceta de él en la que no le importaba nada y podía ser muy divertido», dice Broderick.

Hughes escribió *Todo en un día* tras *La chica de rosa* y mientras reescribía *Una maravilla con clase*, y ambas películas incluyen al inadaptado arquetípico de Hughes: Duckie (Jon Cryer) y Keith (Eric Stoltz). Ferris debería encajar por derecho propio en este grupo, dado que es raro, no le interesa hacer lo que las personas con autoridad le dicen que haga y le gusta la música de los Nuevos Románticos ingleses. Como a Duckie, le van los estampados animales (Duckie: zapatos; Ferris: chaleco), habla consigo mismo y baila al ritmo de canciones de la vieja escuela.[6] Y, también como Duckie, resultaría insufrible si no fuera tan dulce. (Que Jon Cryer parezca casi el hermano gemelo de Broderick de adolescente ayuda aún más a la identificación entre sus personajes.) Pero hay dos diferencias fundamentales entre Ferris, Duckie y Keith: Ferris es rico y popular, mientras que Duckie y Keith son pobres e inadaptados y, en una película de adolescentes de los ochenta, estos problemas están indisolublemente conectados.

Hughes creció en una familia de clase media-baja en un barrio de clase media-alta, fue un inadaptado artístico en un instituto típico de barrio residencial, y nunca olvidó lo que se siente

6. Las maneras de bailar de Ferris y Duckie también son muy similares, lo que no resulta sorprendente, ya que el hombre que coreografió el baile de Ferris, el gran Kenny Ortega, también hizo lo mismo con el baile de Duckie para la canción «Try a Little Tenderness» en *La chica de rosa*. Más tarde coreografió *Dirty Dancing* y *High School Musical* (aunque esta última no le resulta tan emocionante a este libro).

al estar en el «extremo más bajo de una comunidad rica», como le dijo al *New York Times*. Las divisiones que marca entre los chicos pobres y los ricos son tan crudas que solo podía haberlas definido un hombre que ha sentido en sus carnes el esnobismo de clase. En las películas de Hughes, ser rico significa que eres un capullo pero popular, mientras que los miembros de la noble clase obrera se las arreglan en la sombra.

Así que cuando Hughes decidió escribir una película —por única vez en su carrera— sobre un chico popular pero simpático, cogió al rarito de su película previa, Duckie, y lo hizo rico. En el mundo de Hughes, así era como los adolescentes conseguían ser populares, incluso si eran tan raros como Duckie | Ferris. Está claro que los Bueller tienen dinero, el suficiente para comprarle un ordenador a su hijo y un coche a su hija. Mientras que aparentemente Duckie duerme en un colchón en una habitación vacía en *La chica de rosa*, su *alter ego*, Ferris, duerme en una habitación rodeado de ordenadores y un enorme estéreo. Mientras que Duckie babea perdidamente por su mejor amiga y fantasea en vano con casarse con ella, Ferris sale con la chica más guapa del instituto, que está desesperada por casarse con él. Y Duckie no parece contar con ninguna figura paternal en su vida, mientras que los padres de Ferris creen que es maravilloso, incluso cuando el director les dice que no lo es. *Todo en un día* es como la fantasía de Duckie, porque es, hasta cierto punto, la fantasía de Hughes. Pero, como no puede faltar en una película de Hughes, hay pullas a la riqueza y en este caso corren a cargo de Cameron.

Cameron es claramente mucho más rico que Ferris. Mientras que la casa de este último es una casa típica aunque lujosa de la clase media-alta, Cameron vive en lo que parece el búnker multimillonario de un villano de Bond. Solo la colección de coches vintage de su padre cuesta probablemente el doble que la propiedad de los Bueller. Y Cameron está categóricamente triste. Hughes sugirió que, sencillamente, sus padres no lo querían (la razón del primer plano del cuadro de Mary Cassatt *Mother and Child* en el montaje del museo se debe a que, según Hughes, era «un cuadro muy relevante para Cameron, la ternura entre una madre y un niño que él no tenía») y Cameron es consciente de que su padre quiere a su Ferrari más que a su familia. Aunque la película no se ensaña tanto con los niños ricos, Hughes no pudo evitar volver a destacar que ser un adolescente rico —a pesar de lo que pueda parecer desde fuera— no mola nada. Aunque no seas un capullo, como Steff en *La chica de rosa* o Hardy en *Una maravilla con clase*, es muy probable que tus padres sí lo sean.

«La conciencia de clase era algo muy importante para John y es fácil darse cuenta de ello, ya que él escribió mucho sobre el tema —dice Broderick—. No hablaba demasiado de esas cosas pero, con el tiempo, me he dado cuenta de que, aunque políticamente era muy conservador, tenía problemas con la riqueza si estaba demasiado concentrada. Siempre escribe sobre este tema, incluso en una película como *Mejor solo que mal acompañado*. Casi siempre hay alguien con dinero y alguien sin dinero. Con Ferris, intentó presentarlo como una fábula, pero esos elementos sin duda siguen ahí.»

En gran parte gracias a Hughes, el tema de la conciencia de clase se convirtió en un elemento esencial en las películas de los ochenta hasta el punto de llegar a convertirse en un cliché, como el momento cumbre del baile de graduación. Pero es uno de los ingredientes del género que nunca han adoptado sus muchos copistas. Durante la pasada década, han aparecido muchas películas que homenajean explícitamente a las películas de adolescentes de los ochenta, especialmente a las de Hughes, desde *Rumores y mentiras* hasta *Infiltrados en clase*, que el protagonista y productor, Jonah Hill, describió como «una mezcla entre *Dos policías rebeldes* y una película de John Hughes». Pero ninguna de estas películas trata los temas de clase que Hughes describió. En parte porque quienes realizan estos homenajes recuerdan las películas como las vieron de pequeños y, en líneas generales, los niños no se percatan de la movilidad social, se centran más bien en las baladas rock y en las peleas en el comedor. Pero también porque Hollywood —y, por extensión, Estados Unidos— no habla de los problemas de clase como solía hacerlo.

«Ahora se evita hablar de la identificación de clase. Se habla de la identificación de género, de sexualidad y de raza, pero no de clase —dice Eileen Jones, profesora de cine y medios en la UC Berkeley y escritora de la revista de corte socialista *Jacobin*—. Al menos en Estados Unidos, la identificación de clase está pasando por lo mismo que el feminismo en los ochenta: está demodé.»

Aún más demodé es decir que la movilidad social es imposible. Eso va específicamente en contra del sueño americano y, por lo tanto, se encuentra en el límite del tipo de discurso que llevaría a un cineasta a que Fox News lo denunciara. Las películas populares de Hollywood llevan veinte años mostrando la movilidad social con películas como *Erin Brockovich* o incluso *Pretty Woman*, en las que se sugiere que es posible salir del pozo de tu clase (aunque haya que convertirse en prostituta y, lo que es peor, pasar una semana con Richard Gere en Beverly Hills para conseguirlo). Las películas de adolescentes de los ochenta sostienen justamente lo contrario. «Las películas de los ochenta se atrevían a tratar el tema de ser pobre y de que la estructura económica puede destrozar una vida. Eso apenas se ve en las películas de hoy en día», dice el doctor James Russell, profesor titular de cine en la Universidad De Montfort.

La razón por la que las películas estadounidenses de adolescentes dejaron de mostrar los problemas de clase después de los ochenta puede volver a rastrearse hasta una película concreta:

Clueless (fuera de onda). Esta tuvo un impacto tan grande que inevitablemente cambió la estructura de las películas de adolescentes, incluida la tendencia de la cultura popular de mostrar, no cómo vivían los adolescentes de clase media, sino cómo les gustaría vivir aunque no lo supieran. Ya a mediados de los noventa, películas como *10 razones para odiarte* y *American Pie* reflejaban un mundo en el que todos los adolescentes pertenecían a la clase media-alta, donde todo el mundo vivía en casas enormes y conducía coches grandes. Seguía habiendo grupitos e inadaptados en los institutos, pero ya no tenían nada que ver con la clase social. De hecho, la idea de un adolescente pobre o de clase media-baja en una película actual se ve tan pasada de moda como una película sobre los sindicatos.

Pero, en lugar de investigar por qué las películas de adolescentes estadounidenses en particular ya no tratan el tema de la clase, la pregunta podría ser por qué tantas se interesaron por ese tema en los ochenta.

«Nunca hay que subestimar las ganas de Hollywood de copiar algo que tenga éxito. —Se ríe Eleanor Bergstein, de *Dirty Dancing*—. La razón por la que tantas películas de adolescentes trataban sobre la clase es porque tenían éxito, así que aparecían muchas otras iguales.»

Otro factor es el sector demográfico al que pertenecen las personas que hacían esas películas. Hughes procedía de una familia de clase media-baja, Bergstein creció en una situación económica similar y *Dirty Dancing* nació de los recuerdos de su infancia, «y esos eran los temas de los que hablábamos», recuerda. Es imposible encontrar estadísticas precisas sobre el sector demográfico de quienes trabajan en Hollywood actualmente pero hay algo en lo que casi todo el mundo está de acuerdo: «Hollywood nunca ha sido diverso culturalmente, pero se está volviendo cada vez más cerrado y, sin duda, es más estrecho de miras que hace treinta años —dice el doctor James Russell—.

Es mucho más masculino, más blanco, con más formación universitaria y más de clase media. No bebe de un entorno particularmente amplio, en especial en las esferas más altas. Cuesta imaginar a Sam Peckinpah formando parte de la industria actual».

Pero probablemente el factor crucial es el hecho de que hoy en día las películas dependen más que nunca del mercado internacional.

«Si una película trata de problemas específicamente estadounidenses no puedes venderla a Japón o a China. Así que, aunque siguen ambientadas en Estados Unidos, son mucho más vagas y, sin duda, no tratan sobre los problemas sociales del país —dice el doctor Russell—. Además, eran las películas de presupuesto mediano las que solían tratar de problemas sociales en los ochenta y en Hollywood ya no se hacen películas con ese presupuesto. Solo se ruedan grandes taquillazos o películas independientes de bajo presupuesto.» El Hollywood de los ochenta produjo cientos de películas sobre los problemas sociales estadounidenses. Cuatro trataron de la crisis agrícola de los ochenta: *Campo de sueños, En un lugar del corazón, Country* y *Cuando el río crece.* Hoy por hoy, la concienciación social se deja en manos de las producciones independientes, mientras que las películas de gran presupuesto están orientadas a las masas y tienen mucho cuidado de no hablar de nada específico.

Todo en un día no es solo una fantasía sobre la riqueza, sino también sobre crecer. Las mejores películas de adolescentes de Hughes (*El club de los cinco*, *La chica de rosa* y *Todo en un día*) tratan básicamente del miedo a crecer, de irse a vivir a otro lugar, de perder esa chispa que se tiene de adolescente y de morir por dentro, como parece que han muerto todos los adultos que los rodean. Todo aquel que ve esas películas de adolescente crece con ese miedo y, al final, lo lamenta. Y esto es algo a lo que Hughes se enfrentó, al igual que sus seguidores. Resulta irónico que Hughes, que creó una película tan estupenda sobre la fantasía de cómo sería ser rico y popular, lo pasara tan mal cuando él mismo alcanzó ese estatus.

Cuando empezó el rodaje de *Todo en un día*, Hughes ya era, en palabras de Broderick, «el dios al estilo Spielberg de las películas de adolescentes». Tras el estreno de la película, que se convirtió en su mayor éxito, pasó a ser uno de los directores y guionistas más apreciados de Hollywood. Todo el mundo quería conocerlo y trabajar con el niño que deambulaba por los museos en solitario. «Y creo que a John eso no le gustaba nada —dice Howard Deutch—. Siempre se sintió como un inadaptado, y por eso pudo escribir esos personajes. Cuando alcanzó el éxito en Los Ángeles y todo el mundo quería trabajar con él, desde Spielberg hasta Katzenberg, y toda la élite quería hacer negocios con él, se dio cuenta de que había entrado a formar parte del club de los populares. Creo que eso le parecía un obstáculo para seguir escribiendo esos personajes en los que creía porque sentía que ya no era él mismo.»

Así que Hughes y su familia volvieron a Chicago, su ciudad natal y donde siempre se sintió más feliz, y siguió escribiendo. Pero las películas que escribió desde entonces «nunca alcanzaron el impacto emocional que yo consideraba el auténtico talento de John», dice Molly Ringwald. En lugar de eso, especialmente a partir de 1990, escribió sus «comedias tontas»: *Beethoven, uno más de la familia*, *101 dálmatas: ¡Más vivos que nunca!* y, por supuesto, *Solo en casa*. Ya no escribía sobre los inadaptados adolescentes de gran corazón, quizá porque sabía que ya no era uno de ellos.

También cortó el contacto con casi todos los amigos que había hecho en esas películas, a los que dejó atrás cuando abandonó el género. «Fui al entierro de John y, una vez allí, me di cuenta de que no lo veía desde hacía casi una década —recuerda Broderick—. Fue triste porque el rodaje de la película fue una época muy feliz e incluso después John nos invitaba a Jennifer [Grey] y a mí a su casa y pasábamos el rato en la piscina con su familia. —Sonríe al recordarlo y después suspira—: Pero de repente desapareció.»

Ferris tuvo su día perfecto. El coñazo suele ser lo que viene después.

LAS DIEZ MEJORES CANCIONES DE AMOR DE LA BANDA SONORA DE UNA PELÍCULA DE LOS OCHENTA

10. «Almost Paradise», de Mike Reno y Ann Wilson, *Footloose*
La canción que suena mientras esperan a que empiece el baile de fin de curso. Un dueto clásico ochentero.

9. «It Might Be You», de Stephen Bishop, *Tootsie*
Una horterada empalagosa de canción, pero en el buen sentido.

8. «Let's Hear it for the Boy», de Deniece Williams, *Footloose*
Todo lo relacionado con esta canción es adorable, incluso la forma en que la cantante deletrea su nombre.

7. «I Melt With You», de Modern English, *La chica del valle*
Esta canción debería ser más famosa. La película, no.

6. «Hungry Eyes», de Eric Carmen, *Dirty Dancing*
Intro de teclado buena, buena, y puntos extra por haberse utilizado en el mejor montaje de la década.

5. «Take My Breath Away», de Berlin, *Top Gun*
La canción es tan buena que hace que acostarse con Tom Cruise se parezca hasta sexy.

4. «(I've Had) The Time of My Life», de Bill Medley y Jennifer Warnes, *Dirty Dancing*
El hecho de que este clásico no sea número uno sirve como prueba de la calidad de las canciones de amor de los ochenta.

3. «Waiting for a Star to Fall», de Boy Meets Girl, *Maniquí*
Película horrible, canción increíble del mejor grupo con un solo éxito de todos los tiempos.

2. «In Your Eyes», de Peter Gabriel, *Un gran amor*
La canción más bonita del mundo, y eso es un hecho.

1. «She's Like the Wind», de Patrick Swayze, *Dirty Dancing*
Patrick Swayze escribe Y canta esta pequeña genialidad. La número uno, obviamente.

Magnolias de acero: las mujeres son interesantes

De todas las increíbles cualidades de las películas de Hollywood de los ochenta (los peinados espectaculares, su respeto a las baladas rock, la ternura que despierta la confianza depositada en las dotes interpretativas de Steve Guttenberg), resulta extraño que su representación de las mujeres no suela citarse entre sus puntos fuertes. La teoría dice que las películas de los ochenta eran absolutamente horribles con las mujeres, y nadie defendió esto tan categóricamente como las críticas feministas. «La reacción [contraria al feminismo] dio forma a gran parte de la representación de las mujeres en el Hollywood de los ochenta —escribe Susan Faludi en *Reacción. La guerra no declarada contra la mujer moderna* (1991), en su famoso capítulo centrado en las películas de los ochenta—. Hollywood volvió a plantear y reforzó la tesis de la reacción: las mujeres eran infelices porque tenían demasiada libertad, su liberación las había privado del matrimonio y la maternidad... [Mientras que] en los setenta, la industria cinematográfica se encaprichó de la causa feminista.»

Faludi tiene razón en una cosa: entre los setenta y los ochenta, las películas cambiaron su actitud hacia el feminismo. En los setenta se rodaron muchísimas películas abiertamente feministas sobre mujeres independientes como *La recluta Benjamin*,

Mi brillante carrera, *Norma Rae* y *Alicia ya no vive aquí*. El matrimonio se representaba como una cárcel para las mujeres en películas como *Las esposas de Stepford*, la más famosa. Claro que no todas las películas se mostraron tan cautivadas con el feminismo: en la incomprensiblemente aclamada *Kramer contra Kramer* (1979), se muestra el feminismo como un comportamiento excéntrico y egoísta al que se culpa explícitamente de la ruptura del matrimonio de Ted (Dustin Hoffman) y Joanna (Meryl Streep)[1] y la película insinúa que el hijo con ojos de cordero de la pareja se pasará el resto de su vida odiando a las mujeres PORQUE EL FEMINISMO LO ESTROPEA TODO. Pero es cierto que las películas no se interesaban tan abiertamente por el feminismo en los ochenta como lo habían hecho en los setenta, con la célebre y magnífica excepción de *Cómo eliminar a su jefe* (1980). En esta divertidísima (aún hoy en día) película, Dolly Parton, Jane Fonda y la estupenda Lily Tomlin se enfrentan a su jefe despótico y sexista (Dabney Coleman) para conseguir paridad salarial, horario de trabajo flexible y una guardería en la oficina (¡Volved, Dolly, Jane y Lily! ¡Las mujeres trabajadoras del siglo XXI todavía os necesitamos!).

También es cierto que algunas películas de los ochenta se mostraron excesivamente nerviosas frente al feminismo, tanto, de hecho, como *Kramer contra Kramer*. Por ejemplo, en *Jungla de cristal* (1988), el único motivo por el que John McClane (Bruce Willis) va a Los Ángeles de visita y casi muere víctima del acento alemán de Alan Rickman es porque su mujer Holly (que tiene un nombre buenísimo, Bonnie Bedelia) ha decidido EGOÍSTAMENTE mudarse allí para progresar en su carrera. Y mira QUÉ ha conseguido con SU ACTITUD: una oficina destruida, hijos traumatizados y un marido apaleado. EL FEMI-

1. Faludi no menciona a *Kramer contra Kramer* en su estudio de las películas de los setenta como una utopía feminista, pero yo soy la menos indicada para criticarla por su visión selectiva de las películas de una década.

NISMO LO ESTROPEA TODO. Pero menos mal que su marido llegó a la ciudad para salvarla de su terrible error feminista, ¿eh? Para que quede todavía más claro que esta mujer es una cerda egoísta, insiste en utilizar su nombre de soltera, madre mía, qué poca vergüenza, según sugiere la película, porque su marido la quiere mucho, mucho. Pero, al final, aprende la lección y se presenta como «Holly McClane», y su marido sonríe con alegría a su mujer obediente. En la siguiente escena vemos a la feliz familia McClane comiendo *cupcakes* que la esposa ha horneado mientras miran por la ventana a las encantadoras vistas de 1952.

El famoso argumento de que las películas de los ochenta trataron fatal a las mujeres se basa sobre todo en un ejemplo ridículamente exagerado y que lo emborrona todo: *Atracción fatal.* Dirigida por el antiguo publicista británico Adrian Lyne, *Atracción fatal* está tan claramente pensada para fastidiar a las mujeres que bien la podría haber escrito alguien del *Daily Mail.* El mensaje de la película es que las mujeres que trabajan y no están casadas a la decrépita edad de treinta y seis años son patéticas, el deseo de ser madres las ha vuelto locas y se merecen que una ama de casa buena y humilde les pegue un tiro (no exagero, este es el mensaje literal de la película). Junto con la comedia romántica sadomaso *Nueve semanas y media*, que también dirigió Lyne, *Atracción fatal* distorsiona toda posible discusión sobre las mujeres en las películas de los ochenta, y es una pena.

Sí, las fantasías de Lyne sobre que todas las mujeres son unas masocas a quienes les encanta hervir conejos acaparan fácilmente la atención, pero dejar que eso suceda es básicamente hacerle el trabajo a Lyne.[2] Porque, a diferencia de lo que Lyne

2. Para empezar, había otras películas mucho más inteligentes sobre la infidelidad masculina que *Atracción fatal*, como, por ejemplo, *Hechizo de luna*. En esta película, Olympia Dukakis tiene que lidiar con el mujeriego compulsivo de su

parecía creer, hubo muchas otras mujeres en los ochenta aparte de las acosadoras y las aficionadas al sexo sádico. En las películas de esta década hubo muchos personajes femeninos interesantes y muchas grandes películas sobre mujeres. No todas fueron explícitamente feministas pero el hecho de que se rodaran con un reparto prácticamente femenino y que contaran historias de mujeres parece una actitud muy feminista comparada con las películas de hoy que hacen que Andrea Dworkin suene descafeinada, tanto que las críticas feministas —las que crecieron leyendo a Faludi— ahora echan la vista atrás a los ochenta como un gran momento para las mujeres en el cine: «El estatus de las mujeres en el cine ha empeorado desde los ochenta», escribió la periodista Amanda Hess, en una discusión en 2014 sobre *Reacción* y las películas de los ochenta.

«Fijémonos en 1983, por ejemplo. No sé qué pasó pero se rodaron *Yentl*, *La fuerza del cariño* y *Silkwood*, todas grandes películas para las mujeres. Después estaban películas como *Frances, En un lugar del corazón, Gorilas en la niebla, Aliens: El regreso*... Pero ahora, bueno, ya sabemos lo que pasa ahora», dice la guionista de cine Melissa Silverstein.

Y es cierto. Pero cuando pienso en las mujeres de las películas de los ochenta, no lo hago en ninguno de esos ejemplos perfectos (resulta imposible de imaginar que se rodara alguno de ellos hoy en día). No, pienso en las películas clásicas de mujeres.

La mayoría de la gente conoce el test de Bechdel, que determina lo feminista que es una película planteando las siguientes premisas:

---

anciano marido. Pero *Hechizo de luna* es sensible y nada estúpida, a diferencia de *Atracción fatal* (o de la más reciente y pésima *No hay dos sin tres*, 2014), y muestra que el matrimonio consiste en algo más que marcarse puntos, que la infidelidad es algo más que solo sexo, y que la mujer traicionada es una mujer inteligente. Así que no veas *Atracción fatal*, sino *Hechizo de luna*.

1. Deben aparecer al menos dos personajes femeninos...
2. Que hablen entre sí...
3. De algo que no tenga que ver con un hombre.

Pero a mí me gustaría acuñar el test Magnolia, llamado así por una película a la que le tengo especial cariño, mediante el cual se determina si una película es de verdad una película de mujeres o no:

1. El reparto es mayoritaria, tal vez completamente, femenino...
2. Y los personajes femeninos se tratan bien entre sí porque se caen bien, y hablan de un millón de cosas que nada tienen que ver con los hombres...
3. Y la relación entre las mujeres es mucho más importante que las relaciones que tienen los hombres.

(Puntos extra si la película cuenta con cualquiera de las siguientes actrices: Shirley MacLaine, Dolly Parton, Bette Midler, Olympia Dukakis. Puntos triples si aparece Sally Field).

En un mundo ideal, estas películas se calificarían simplemente como «películas», en lugar de «películas de mujeres». Pero, como demuestra el éxito continuado de Michael Bay, no vivimos en un mundo ideal. Y así, durante demasiado tiempo, cuando se trata de los papeles principales de una película, las mujeres son consideradas la excepción en lugar de la norma. Las películas que se centran en historias de mujeres son (ahora más que nunca) tachadas de «nicho», aunque las mujeres componen más del 50 % de la raza humana y (dado el tema que estamos tratando) del público que acude al cine. Así que la distinción de género es necesaria, al igual que aparentemente Michael Bay es necesario para el éxito económico del Hollywood de hoy en día.

Hay quien tacha sarcásticamente a las películas de mujeres de «domésticas», como si eso fuera algo negativo. El hogar es algo que la mayoría de nosotros conocemos y tachar algo de «doméstico» como algo vergonzoso es calificar de inútiles las vidas que viven millones y millones de mujeres. También he oído quejas de que, mientras que a los hombres les dan películas de acción y del oeste, a las mujeres «solo» les dan dramas domésticos y dramones de lagrimón. Pues si quiero ver películas ambientadas en la selva o en el espacio, lo haré, y gracias a las películas de los ochenta, estarán protagonizadas por mujeres que son la hostia, como en *Tras el corazón verde* y *Aliens*.

Lo que más me gusta de las películas clásicas de mujeres es que les dicen a ellas que su vida cotidiana es interesante. Las películas del oeste, de acción y otros géneros considerados dentro de la zona de machotes no dicen eso, porque no representan la vida de la mayoría de los hombres, aunque haya muchas otras películas que solo muestran su vida cotidiana. Las películas de mujeres las muestran llevando una vida normal: cuidan de sus hijos, luchan contra el cáncer de mama, se ríen con sus amigas, lidian con maridos infieles, plantan cara a jefes sexistas, en otras palabras, cosas que afectan a las mujeres cada día en todo el mundo. Estas películas también respetan el valor de la vida emocional de las mujeres y en ellas se mantienen conversaciones sobre temas más allá de los hombres. Prácticamente en el resto de las películas, se ve a los hombres haciendo esto. ¿Y a las mujeres? Pues no tanto. En las películas de mujeres, estas existen por derecho propio, no como apéndices, ni como solteronas solitarias, ni como víctimas idealizadas, ni como la mujer de alguien o la madre de alguien, sino como personas divertidas, tristes, enfadadas, amables, comprensivas, independientes; ¿y de cuántas películas se puede decir lo anterior? Sí, vale, los hombres tienen sus películas del oeste y su estoicismo y sus plantas rodadoras, pero las mujeres se hacen amigas de Dolly Parton mientras comen tarta de queso. Los hombres lanzan comentarios despectivos sobre las películas de mujeres porque están celosos, y la verdad es que no los culpo.

Cómo eliminar a su jefe pasa el test Magnolia con nota, así como lo mejorcito de las películas de mujeres de los ochenta, como *La fuerza del cariño* y *Eternamente amigas*, dos de las películas de lagrimón más clásicas de todos los tiempos. Estos largometrajes estaban protagonizados por mujeres, hechos por mujeres, narraban historias de mujeres relacionadas con el cáncer de mama, los maridos y la maternidad, y los escasos hombres que aparecen en pantalla las decepcionan una y otra vez, mientras que las mujeres se apoyan hasta la muerte. *Eternamente amigas* tiene el extra añadido de ser la última película en ofrecernos un increíble momento musical con un cepillo como micrófono para cantar frente al espejo gracias a la irresistible banda sonora de Bette Midler, un rasgo ausente de manera dolorosa y frustrante en las películas de hoy en día. Además, sirve de distracción de los labios de Barbara Hershey, que parecen hincharse y deshincharse durante toda la película. Probablemente no hayas visto *La fuerza del cariño* recientemente, pero deberías hacerlo, pues resulta tan deliciosa como cabría esperar de una película con Shirley MacLaine como una malhumorada entrometida y Jack Nicholson como su amante astronauta (¡!). Pero el alma real de la película es la relación entre MacLaine y su hija (Debra Winger), encantadora y alelada, quien, mientras está casada con un inútil (Jeff Daniels) y es pretendida por otro (John Lithgow), descubre que tiene cáncer de mama. Estas dos películas son tristes pero, como los mejores dramones, también son muy divertidas, y esto me lleva a una defensa de los dramones de mujeres.

La feminista crítica de cine Mollie Haskell, que escribió una década antes de los ochenta, se mostró muy despectiva con las películas de mujeres y, en particular, con los dramones en su texto clásico *From Reverence to Rape: The Treatment of Women in the Movies*:[3] «Las películas de mujeres sacian una necesidad masturbatoria, son porno emocional *softcore* para el ama de casa frustrada —escribe—. Los dramones se basan en una estética falsamente aristotélica y conservadora en lo político, según la cual la autocompasión y las lágrimas, no la compasión ni el miedo, empujan a las espectadoras a aceptar su destino en vez de rechazarlo. Que exista una necesidad y un público para tal opiáceo sugiere una infame cantidad de tristeza».

Para empezar, a diferencia de Haskell, no veo que haya nada de malo en proporcionar munición para la masturbación, especialmente si la persona en cuestión se siente frustrada. Me parece un acto de simple generosidad. Segundo, la idea de que llorar con una película triste es una forma de transferencia resulta, sinceramente, una chorrada mayúscula. Una película que te hace reír y llorar es tan satisfactoria como una canción pop que sea conmovedora y eufórica a la vez.[4] Trata del placer de experimentar un amplio espectro de emociones con una única obra de arte, de esa sensación que se tiene al final, exhausta tras la paliza emocional pero riéndote todavía con alguna de las bromas. Después de todo (pie para una canción instrumental y emotiva perteneciente a una película de mujeres de los ochenta), ¿no trata de eso la vida? Puedo entender por qué algunos críticos (especialmente las críticas feministas) se oponen al tropo de que una mujer muera en una película de mujeres (*spoiler* tardío: alguien muere en *La fuerza del cariño* y *Eterna-*

3. Algún día escribiré un libro sobre los títulos intensos de los textos y estudios feministas. Son lo mejor, todos.

4. Véase la obra de The Cure y New Order, de los ochenta, obviamente.

mente amigas). Pero eso es solo una pequeña parte de ambas películas: en realidad tratan de la amistad femenina, y de madres y de hijas. Es solo que las muertes aceleran las lágrimas y estas forman parte de la manera en que el público femenino (obviamente me refiero a mí) establece vínculos con las películas y con otras mujeres mientras la están viendo. Una película que te hace llorar es una película que te gusta, y llorar mientras ves una película con una amiga es algo tan íntimo como emborracharte con ella.

Pero el detalle más revelador es que estas películas consiguen que el público (mayoritariamente femenino) llore por la muerte de una mujer. Muy a menudo, las mujeres que mueren en las películas (y en los libros) son personas idealizadas o completamente anónimas, y resulta imposible llorar por tales personajes hoy (por ejemplo, no he llorado nunca por la muerte de la pesada de Melanie en *Lo que el viento se llevó*). Por el contrario, acabamos conociendo bastante bien a las mujeres de *La fuerza del cariño* y *Eternamente amigas*: sus deseos sexuales, sus defectos, sus celos. El hecho de que el público femenino siga llorando al final de estas películas es una prueba de lo mucho que se esfuerzan en ellas para que los personajes femeninos se sientan como si fueran reales.

Por eso, de todas las grandes películas de mujeres de los ochenta, mi favorita es *Magnolias de acero*. La veo al menos dos veces al año (y siempre dejo de trabajar si me la encuentro en la tele). Aún me hace reír a carcajadas («Yo no estoy loca, M'Lynn, lo que pasa es que llevo de mal humor cuarenta y tantos años», le dice Ouiser, el personaje de Shirley MacLaine, a la M'Lynn que interpreta Sally Field, y esa cita en particular ha resultado ser sorprendentemente útil en la vida real) y, sí, sigo llorando al final cada vez que la veo. «Reír llorando es lo que más me gusta», comenta el personaje de Dolly Parton, Truvy, y ese podría ser el lema de la película, y parece ser que el de todo el mundo. Veinticinco años más tarde, seguía venerándose tanto la película que se rehízo (tristemente muy mal)[5] en 2012 con un reparto completamente negro.

«La gente aún me habla de *Magnolias de acero* —dice una de las estrellas de la película, Olympia Dukakis—. En actos benéficos, siempre pido a las mujeres que levanten la mano si han visto la película cinco veces, diez veces, quince veces. El otro día llegué hasta las veintisiete. ¡Había mujeres que habían visto la película veintisiete veces! Tiene un gran poder de atracción. Les dice a las mujeres que la amistad femenina es profunda, y las mujeres la ven juntas y lloran juntas, aún hoy en día.»

Pero aún más importante que las lágrimas y las risas es la manera en que enseña al público que se puede esperar más de las películas en cuanto a la representación de las mujeres.

Para empezar, está protagonizada por seis personajes femeninos y no hay ni una sola pelea entre brujas, ni tampoco discuten por un hombre ni una sola vez. ¡Qué te parece! ¿Qué será lo próximo, una película que sugiera que las mujeres pueden trabajar juntas sin tirarse tampones a la cabeza? Una película que dice que las mujeres se gustan y se respetan, ¡venga ya! Cada uno de los seis personajes femeninos tiene su historia, algunas más esbozadas que otras: Truvy (Parton) tiene que lidiar con un marido y un hijo que son unos vagos; Annelle (Daryl Hannah) ha salido de un mal matrimonio y está rehaciendo su vida; Clairee (Olympia Dukakis) acaba de quedarse viuda; Ouiser (MacLaine) ha empezado una nueva relación; M'Lynn (Field) se enfrenta a la muerte de su hija, y Shelby (Julia Roberts) arriesga su vida para tener el bebé que tanto desea. Todas son historias típicas de mujeres, interpretadas por seis actrices que alcanzaban una media de cincuenta años cuando se estrenó la película.

5. Dice Hadley, enfadada.

Es imposible imaginarse una película actual con historias tan cotidianas, incluso «domésticas», con mujeres tan trágicamente al norte de los treinta y cinco. El único ejemplo ligeramente similar que se ha estrenado en la última década es *Criadas y señoras*, en la que cinco actrices principales (Emma Stone, Octavia Spencer, Viola Davis, Jessica Chastain, Bryce Dallas Howard) sumaban una edad media de 34,8 años cuando se estrenó la película y, en lugar de centrarse simplemente en las vidas de mujeres reales, tomó como argumento una de las tramas favoritas de Hollywood: los blancos resuelven el problema del racismo. De hecho, Hollywood no ha estrenado una película clásica de mujeres desde los noventa, con *Tomates verdes fritos* y *Ellas dan el golpe*.

Pero, si el rasgo indicador de una película clásica de mujeres es arrojar luz sobre la realidad de la vida de dichas mujeres, no sorprende que *Magnolias de acero* sea tan buena, porque la razón de su existencia fue arrojar luz sobre la vida de una mujer en particular. Cuando la enfermera de pediatría Susan Robinson, una chica de cara dulce de Luisiana, murió de repente en 1985 debido a complicaciones derivadas de la diabetes a los 35 años, dejando atrás a un hijo de dos años, su hermano, Bob Harling, quedó destrozado. Pero cuando el viudo de su hermana, Pat, volvió a casarse solo cinco meses después de la muerte de Susan, supo que tenía que hacer algo. «Fue muy, muy duro. Solo habían pasado cinco meses, eso es muy poco tiempo —dice Harling, desde su casa en Natchitoches, Luisiana, el pueblo natal de él y su hermana—. Susan pasó por todo eso por devoción a su hijo y cuando lo escuché llamar "mamá" a otra mujer pensé que no era justo, que debía conocer la historia de su madre y su abuela.»

Harling había trabajado como actor pero nunca había escrito una palabra antes... Pero afirma que se obsesionó con contar la historia de Susan. Así que, con el apoyo de algunos amigos escritores, compuso una obra de teatro sobre seis mujeres ambientada en un salón de belleza, y rebautizó a su hermana como «Shelby». «La escribí muy rápido porque quería capturar cómo hablaban las mujeres. Pero no tenía ni idea de si alguien haría algo con aquello, solo quería crear un documento que celebrara a Susan», dice con su suave acento de Luisiana.

Lo primero que hicieron fue convertirlo en una obra del Off-Broadway y se estrenó con grandes elogios de la crítica. Para sorpresa de Harling, algunos estudios de Hollywood contactaron con él y le pidieron que la adaptara y la convirtiera en un guion. Al estar en los ochenta, el hecho de que la obra de teatro contara con un reparto exclusivamente femenino no disuadió a los productores de pensar que podría ser un gran éxito y le plantearon varias ofertas. «Creo que tener tantas ofertas me malcrió para el resto de mi carrera», dice Harling.

Pero uno de los productores, Ray Stark, sabía que para que la película funcionara debía sentirse como real, y la mejor manera de empezar a conseguirlo era rodarla en el pueblo donde sucede la historia. Y así, cuando Stark sugirió rodar la película en Natchitoches, Luisiana, en los lugares que Susan recorrió y con la gente que la había conocido, Harling firmó con él.

Harling y sus padres, Robert y Margaret, vivieron la extraordinaria experiencia de ver a algunos de los mejores actores y actrices de la época representar sus vidas y las de sus amigos en su pueblo natal. «Fui lo que se llama un "consultor de casting", fueron muy generosos conmigo y me dejaron estar presente. —Sonríe—. Pero cuando te dicen que Sally [Field] quiere interpretar a tu madre y que Shirley [MacLaine] quiere hacer de Ouiser y que Olympia [Dukakis] (quien acababa de ganar un Oscar unas tres semanas antes) sería Clairee, bueno, no puedes negarte.»

Al tratarse de una familia sureña, es lógico que les hiciera una especial ilusión la idea de que Dolly Parton interpretara a la dueña del salón de belleza, Truvy: «Dolly era algo más glamurosa que la mujer real en la que se basaba Truvy pero era de esperar», dice Harling con su sangre fría sureña.

Al principio, Meg Ryan iba a hacer de Shelby, pero se echó atrás cuando consiguió el papel protagonista en *Cuando Harry encontró a Sally*. La casi desconocida Julia Roberts fue la elegida y, «en cuanto vi esa sonrisa, pensé: "Ahí está Susan"», recuerda Harling.

Roberts visitaba a los Harling con frecuencia, consultó sus álbumes de fotos y la gente del pueblo le contó historias sobre Susan. Por su parte, Field se mostró más reservada; quería crear su propio personaje, «y mi madre, una dama sureña, no quería molestar. Además, si eres una mujer de un pueblecito del sur y Sally Field te va a interpretar en una película, la animas a que haga lo que quiera y todo te parece bien».

Aunque se modificaron algunos aspectos de la película para darle un mayor efecto dramático (Shelby se desmaya en casa con su bebé mientras que Susan entró en coma en el hospital), la película fue extraordinariamente fiel a las mujeres y sus historias, dice Harling. Su madre le donó un riñón a su hija, su hermana lo arriesgó todo para tener un hijo y las mujeres en las que se basan los personajes hablan como lo hacen en la película, «con eslóganes de pegatinas para el parachoques», según palabras de Harling: «Tu marido es un forúnculo en el culo de la humanidad»; «Si no puedes decir nada bueno de alguien, ven a sentarte conmigo».

«Quería mostrar la fuerza de estas mujeres y la fuerza que se daban las unas a las otras —dice Harling, quien posteriormente escribió *Escándalo en el plató*, también con Sally Field, en los noventa—. Disfruto escribiendo sobre el viaje emocional de las mujeres, pero hoy en día resulta difícil hacer películas que no se basen en cómics. Las películas fundamentadas en buenos personajes son terreno del cine independiente en el que nunca entrará un estudio porque son todo corporaciones. Cada vez es más difícil hacer películas con papeles humanos, y eso en parte también significa que es más difícil hacer películas con personajes femeninos.»

«No creo que *Magnolias de acero* encajara en la industria de hoy en día», dice Dukakis con una buena carga de ironía.

Antes, los estudios hacían películas de mujeres, ahora hacen «películas sobre la sororidad negativa», por emplear la memorable frase de Wesley Morris. Las películas de mujeres de ahora se han convertido en eso y resulta incomprensible que un género que sugiere que las mujeres se odian y que el castigo por su estupidez será pasarse la vida peleándose por hombres y siendo humilladas en pantalla lo máximo posible sea tan popular. Ya sabes a qué películas me refiero: *Guerra de novias* (2009), *No hay dos sin tres* (2014), la saturación tóxica de películas con nombres absurdos como *Qué esperar cuando estás esperando, Qué les pasa a los hombres, Tentación en Manhattan*, prácticamente cualquiera en la que salga Kate Hudson.

Se podría decir que este género arrancó en los ochenta, con películas como *Armas de mujer*, en la que Melanie Griffith y Sigourney Weaver se enzarzan en una cansina y predecible pelea de gatas sobre su trabajo, en apariencia, o sobre el aburrido Harrison Ford, en realidad. Esta es una de las razones por las que, en mi opinión, *Armas de mujer* es una película muy inferior a otra de las grandes películas de los ochenta sobre mujeres trabajadoras, *Baby, tú vales mucho*.[6] *Las brujas de Eastwick* también podría describirse como una película antisororidad, pero dicha película —protagonizada por Michelle Pfeiffer, Susan Sarandon y Cher, todas obsesionadas con el pene de Jack Nicholson— es básicamente una sátira del género.

6. Además, el coprotagonista de *Baby, tú vales mucho* es James Spader, lo que convierte automáticamente a la película en un triunfo.

Las películas de sororidad negativa se han convertido en el estilo por defecto de lo que anteriormente fueron comedias románticas y películas de mujeres: tratan sobre mujeres que se odian y compiten entre sí. Lo más extraño es que estas películas tienen menos éxito que las películas de mujeres tradicionales como *Magnolias de acero*. Así que, si te apetece saber lo poquito que le interesan las mujeres a Hollywood, solo tienes que ver una película de sororidad negativa.

Todo el mundo sabe que la representación de las mujeres en las películas actuales es mala. Incluso Faludi, que protestó tan apasionadamente contra la representación de las mujeres en las películas de los ochenta, tuvo que admitir que, a principios de los noventa, los papeles femeninos habían disminuido hasta tal punto que los personajes masculinos conformaban dos tercios de las personas vistas en pantalla, y esa proporción sigue vigente hoy en día. Cuando Faludi volvió a *Reacción*, escribió lo siguiente en la introducción de la edición de 2005: «En los ochenta... ¿las mujeres solteras se atrevieron a romper las normas del cortejo y a tomar la iniciativa sexual? "¡Te convertirás en una psicópata asesina y te reunirás con tu creador en una bañera rebosante!", decretaron los mulás de Hollywood. Ay, los viejos tiempos.» Después de todo, «hay cosas peores que las reacciones negativas», concluyó.

En 2013, las mujeres formaban solo el 21,8 % de los equipos de las 100 películas con mayor recaudación en Estados Unidos, y ese porcentaje se ha mantenido bastante estable en los últimos veinte años. Pero la gente de la industria dice que se trata de una imagen sesgada y que aquello que ha cambiado es lo que los estudios les permiten hacer ahora. «Me encantan las directoras pero, durante mucho tiempo, esa idea resultaba imposible —dice Paul Feig, director de los éxitos protagonizados por mujeres *La boda de mi mejor amiga* y *Cuerpos especiales*—. En las reuniones siempre te preguntan: "Anda, una mujer de protagonista. ¿Por qué no haces que sea un hombre?" Una película con un hombre como protagonista es lo normal, pero si la protagonista es mujer responde a un truco publicitario, y no me parece lógico.»

Y esto ocurre con películas tanto para niños como para adultos. En 2006, Feig firmó el contrato para dirigir la película infantil *¡Peligro!, menores sueltos*, sobre un niño y su hermana pequeña que siembran el caos en un aeropuerto.

«Cuando nos pusimos a reescribirla, me enteré de que estaba basada en una historia real que les ocurrió a dos hermanas. Otra vez habían cambiado a la protagonista por un niño, es para volverse loco. Ni siquiera se consideró la posibilidad de que una niña fuera la protagonista. Nunca fue una opción —recuerda con una carcajada de frustración—. Y todo este debate sobre si una superheroína puede tener su propia película, ¡hacedla y punto, joder! ¿Qué hay que debatir? ¿Por qué Wonder Woman tiene que formar parte de un grupo? ¿Por qué no puede tener su propia película? ¿Por qué le dan tantas vueltas? En mi opinión, no hay ningún problema, por eso me parece tan divertido que lo sea.»

El argumento más común en defensa de la escasa representación femenina en el cine actual es que los estudios no son sexistas, sino que solo piensan en la rentabilidad. Mientras que las mujeres van a ver una película con protagonistas masculinos o femeninos, los hombres solo quieren ver películas con hombres como protagonistas; en otras palabras, es el público el que es sexista. Este problema no es exclusivo del mundo del cine. La web de libros Goodreads realizó una encuesta recientemente a cuarenta mil de sus miembros y descubrió que, de manera abrumadora, los lectores prefieren leer libros escritos por autores de su propio sexo. El 90% de los 50 libros más leídos por hombres están escritos por hombres y 45 de los 50 libros más leídos por mujeres son obra de mujeres. Currer Bell, George

Sand, George Eliot y Robert Galbraith no necesitaron cuarenta mil personas para confirmar que los lectores juzgan a los autores por su sexo.[7]

Pero, además, del mismo modo que la encuesta de Goodreads halló que los lectores, tanto hombres como mujeres, otorgaron a las autoras una puntuación más alta que a los escritores, el público —hombres y mujeres— ha demostrado repetidamente lo mucho que les gustan las películas con protagonistas femeninas. Largometrajes recientes con protagonistas femeninas, incluidas *La boda de mi mejor amiga*, *Frozen: el reino del hielo*, *Criadas y señoras*, *Gravity* y *Cuerpos especiales* han sido grandes éxitos, mientras que películas con protagonistas masculinos como *El llanero solitario* o *After Earth* han fracasado. De hecho, los mayores desastres de taquilla de todos los tiempos cuentan con protagonistas masculinos, sin excepción. Entre ellos se incluyen *La leyenda del samurái (47 Ronin)* (Keanu Reeves), *El guerrero nº 13* (Antonio Banderas), *El llanero solitario* (Johnny Depp y Armie Hammer) y *La puerta del cielo* (Christopher Walken y Kris Kristofferson). Hoy por hoy, nadie ha considerado el fracaso de estas películas como una prueba de que los hombres no son divertidos o que no pueden llevar el peso de una película, ni tampoco nadie ha pensado que tal vez al público no le gusta ver películas protagonizadas por hombres.[8]

7. Una de mis columnas de periódico favoritas del mundo es la serie «By the Book» del *New York Times* en la que personajes famosos hablan de sus escritores favoritos. Casi sin excepción, los lectores se aferran a su sexo. Bruce Springsteen, por ejemplo, nombró a 37 autores, de los cuales solo dos eran mujeres, aunque, la verdad, bien puede ser un reflejo fiel de los seguidores de Springsteen.

8. Manohla Dargis, del *New York Times*, señaló que, cuando la película de Michael Mann *Ali* (2001) no consiguió recuperar costes, su carrera apenas se vio afectada y poco después volvió a dirigir películas de gran presupuesto para Paramount y Universal. Cuando la película de 2002 de Kathryn Bigelow *K-19: The Widowmaker* no consiguió cubrir costes, ella no volvió a dirigir otra película hasta 2007 y, aun entonces, la financió una empresa francesa. «Bigelow es una de las

El hecho es que las películas de mujeres —las pocas que consiguen ver la luz— son en general muy rentables. No recaudan tanto dinero como la mayoría de las películas de hombres, pero eso se debe a que las películas de acción (actualmente protagonizadas siempre por hombres) son producciones más grandes con más capacidad de marketing, pero también con mayores costes. De hecho, el blog *Women and Hollywood* de Silverstein reveló en 2013 que las películas con protagonistas femeninas ese año recaudaron un 20 % más que aquellas que contaban con un protagonista masculino, con una cifra total de 116 millones de dólares en comparación con las protagonizadas por hombres, que alcanzaron solo 97 millones de recaudación, pese a que, de las 100 películas utilizadas en el muestreo, solo 16 contaban con protagonistas femeninas. Pero, como señala Amanda Hess: «Todavía no sabemos si la igualdad de sexos en el cine sería una elección económica adecuada para Hollywood porque nunca se ha estado ni remotamente cerca de probar esa idea».

Y así fue como una mujer, que empezó su carrera como actriz en los ochenta, intentó rectificar eso. «*Thelma & Louise* [que se estrenó en 1991] fue la primera vez que experimenté la diferencia entre cómo reaccionan los medios ante algo y lo que ocurre en la vida real —recuerda Geena Davis—. La prensa estaba en plan "preparaos para una avalancha de películas de amigas y de viajes". Pero... nada. Lo mismo pasó con *Ellas dan el golpe* en 1992: "La prueba de que las películas deportivas de mujeres pueden conseguir una gran taquilla". Pensemos en todas las películas deportivas de mujeres que se han hecho desde entonces... Pasa cada pocos años, la prensa consagra otra película

mejores directoras de acción actuales y cuesta no pararse a pensar por qué el fracaso en la taquilla no se traduce de igual forma para ambos sexos», escribe Dargis (Manohla Dargis, «Women in the Seats But Not Behind the Camera», *New York Times*, 10 de diciembre de 2009).

cula protagonizada por mujeres como aquella que lo cambiará todo, pero nunca pasa nada.»

Davis debutó como actriz interpretando a la estrella que apenas aparecía vestida en *Tootsie* (1982), donde compartía camerino con el travestido y un tanto avergonzado Dustin Hoffman. Sus papeles durante esa década fueron tan increíblemente variados que resulta hasta divertido: la novia de un insecto en *La mosca*; seductora de extraterrestres en *Las chicas de la Tierra son fáciles;* un fantasma con cara de goma en *Bitelchús*; una voluble adiestradora de perros en *El turista accidental*, por la que ganó un Oscar. Aún actúa de vez en cuando —tuvo un pequeño papel en *La voz de una generación* (2013), que trata sobre el sexismo en el negocio de los trailers de películas— pero, como muchas otras actrices antes que ella, se encontró con que los estudios dejaron de llamarla una vez cumplió los cuarenta:

> Cuando empezaba, era la época en la que se nominaba a Meryl Streep, Sally Field, Jessica Lange y Glenn Close por películas con personajes femeninos increíbles. Había escuchado que los buenos papeles para mujeres dejan de llegarte a los cuarenta, pero pensé que ellas lo cambiarían todo, que no sería un problema cuando llegara a esa edad. Pero no cambió nada. Antes de los cuarenta, hacía una media de una película al año. Durante la década de mis cuarenta, solo hice una. Es un cambio importante. Echo la vista atrás a la época en la que empecé y había muchas películas sobre mujeres interesantes: *Frances, En un lugar del corazón.* Eran una anomalía entonces, razón por la cual las mujeres seguían siendo una minoría en el cine según las estadísticas, pero de todas formas esas películas seguían haciéndose.

En 2004, mientras estaba en casa con su hija pequeña, Davis se percató de algo extraño en las películas y programas para niños: la diferencia entre la cantidad de personajes femeninos y masculinos era importante, y eso la dejó completamente pasmada: «Otra cosa que me sorprendió mucho es que NADIE más parecía haberse dado cuenta de eso, ni mis amigos (hasta que se lo comenté) ni los que toman las decisiones en Hollywood. Cada vez que sacaba el tema en alguna reunión con un estudio o con un director, la respuesta era "no te preocupes, ya está arreglado", y en muchas ocasiones me nombraban una película con un personaje femenino como protagonista para demostrarme que el tema de la desigualdad de género estaba resuelto. Entonces supe que necesitaba los datos».

Davis acabó financiando la mayor investigación jamás realizada sobre la representación de género en la industria del entretenimiento, que abarcaba un periodo de veinte años, con la Facultad de Comunicación Annenberg de la Universidad del Sur de California. Eso, a su vez, la inspiró para lanzar el Instituto Geena Davis sobre Género en los Medios en 2007. Los datos que la investigación y el instituto destaparon la horrorizaron: «En las películas para familias, las escenas de multitudes y de grupo contienen solo un 17% de personajes femeninos en animación y en imágenes reales. ¡Un diecisiete por ciento! Eso significa que los mundos ficticios que se crean para niños solo incluyen un 17% de población femenina. ¿Por qué, en el siglo XXI, les enseñamos a los niños que las mujeres ocupan menos espacio en el mundo que los hombres?», pregunta.

Y no solo es el número de mujeres que se representan, sino cómo, dice Davis. «Los personajes femeninos en películas de animación calificadas para todos los públicos y hechas pensando en los más pequeños llevan la misma cantidad de ropa sexualizada y sugerente que los personajes femeninos de las películas calificadas para mayores de dieciocho años. ¿A que es sorprendente? En las investigaciones no hay definiciones vagas, no hablamos de una apariencia sexy en un sentido general. Hablamos específicamente de ropa sugerente. Estos resultados muestran cómo un material para niños, en apariencia inocuo, puede estar enviando un mensaje dañino a los más pequeños: enseña a los niños a ver a las mujeres y a las niñas como personas menos importantes que ellos y a juzgarlas por su atractivo sexual», afirma.

La sexualización de las jóvenes en la pantalla se está volviendo cada vez más extrema. En un estudio de las quinientas películas principales de 2012, el 31,6% de los personajes femeninos vestía con ropa provocativa (en comparación con el 7% de los hombres) y el 31% aparecían al menos parcialmente desnudas (en comparación con el 9,4% de los hombres). Lo que resulta aún más escalofriante es que la probabilidad de que se sexualice a las actrices de entre 13 y 20 años es mayor con respecto a las que tienen entre 21 y 39 (puaj, ¡21! Quién va a querer ver desnudo a semejante vejestorio, ¿eh?, ¿eh?) y el número de adolescentes que aparecen casi desnudas en pantalla aumentó entre 2007 y 2012 en un 32,5%.

En 2011, las mujeres representaban el 33% del total de los personajes, pero solo el 11% de los protagonistas. En 2013, una periodista calculó que el 90% de las películas que se proyectaban cerca de donde vivía ella, en Washington DC, eran historias sobre hombres, y el porcentaje sería incluso peor si no viviera en una de las principales ciudades del país. Ese año, las mujeres ocuparon solo el 15% de los papeles protagonistas en las películas estadounidenses más importantes y, como señaló la revista *New York*, así ha sido durante los últimos veinticinco años.

Está claro que las estadísticas no siempre cuentan toda la historia. Para empezar, los números entre 1980 y 1989 no pintan mucho mejor: según el Annenberg Public Policy Center de Pennsylvania, solo el 29% de los «personajes principales» en una película eran mujeres. Pero, como destaca Amy Bleakley, que ha realizado un estudio más reciente, no tuvieron en cuenta el contexto de los papeles de las mujeres, si eran protagonistas o simplemente amigas sin nombre.

«Vemos que las mujeres ya no aparecen en pantalla —dice Melissa Silverstein, fundadora y editora del blog *Women and Hollywood*—. No son las protagonistas de las películas ni tampoco líderes, y eso dice mucho de cómo se valora a las mujeres en nuestra cultura.»

«Las mujeres han avanzado mientras que la industria del cine, no», escribe la crítica de cine del *New York Times* Manohla Dargis.

La teoría de que las mujeres aparecen cada vez menos en el cine para atraer al mercado chino no resulta del todo convincente, dice Davis. A fin de cuentas, según el último informe del instituto, China no lo hace tan mal a la hora de incluir mujeres en su cine: de las películas hechas en China dirigidas a niños y a un público joven estrenadas entre el 1 de enero de 2010 y el 1 de mayo de 2013, el 30 % contaron con un reparto igualitario. Si analizamos las películas de Estados Unidos equivalentes, un total de 0 contaron con un reparto igualitario. De hecho, según el estudio, el problema no es China, sino Estados Unidos. De nuevo, si nos fijamos en películas equivalentes del Reino Unido, el 38 % contaron con un personaje femenino, el 30 % con una protagonista femenina y el 20 % con un reparto equitativo. En las coproducciones británico-estadounidenses, estas cifras se desplomaron hasta el 23,6 %, el 0 y el 0, respectivamente.

Pero Davis no llega a sugerir que detrás de esto haya ningún tipo de maldad. En vez de eso, lo achaca a algo peor: despreocupación. «No existe ninguna conspiración contra las mujeres en la industria, los creadores simplemente no son conscientes de la cantidad de personajes femeninos que dejan fuera», exclama.

Amy Bleakley sugiere que otro motivo es la dependencia cada vez mayor de la violencia en el cine: «Algunas de las películas más rentables (incluidas las no recomendadas para menores de 12) incluyen una gran cantidad de contenido violento, tradicionalmente representado por personajes masculinos

—afirma—. También, la mayoría de los guionistas y los directores de éxito son hombres y tienden a contar historias a través de perspectivas y personajes con los que se sienten más cómodos, es decir, otros hombres».

Kathleen Turner, compañera de reparto de Davis en *El turista accidental*, también interpretó una gran variedad de papeles en los ochenta, una decisión que tomó de forma consciente: «Después de explorar y crear un personaje, no me interesa repetirlo, así que automáticamente busco lo opuesto —dice, con una voz que aún se ha vuelto más impresionante con la edad—. Así que pasé de hacer de *femme fatale* en *Fuego en el cuerpo* a *Un genio con dos cerebros*, que es una parodia de ese tipo de personaje, y después a *Tras el corazón verde*, con el papel de una mujer que no es consciente de su poder sexual, y luego *La pasión de China Blue*, en la que interpreté a una mujer que se vende en Sunset Boulevard por cincuenta dólares. Cada papel supone prácticamente un contraste con el anterior».

Afirma que actualmente no solo ve menos películas de estudio para mujeres («joder, es increíble»),[9] sino también menos variedad en los papeles: «Hace años que me repugnan las películas de estudio de Hollywood porque las mujeres son un absoluto cliché. Hoy en día, se anima a las mujeres a seguir aumentando sus éxitos, y esto significa aceptar papeles que venden, pero no estoy segura de que sea eso lo que el público quiere ver. La pobre Jennifer Aniston lleva veinte años con el mismo papel. Y yo pienso: "Cariño, ¿no te aburres?"».[10]

Paul Feig está de acuerdo con Geena Davis hasta cierto punto: Sí, dice, no existe un malvado plan contra las mujeres

9. Una entrevista con Kathleen Turner es todo lo que quieres que sea. Por desgracia, no puedo publicar todo lo que me contó o medio Hollywood me demandaría por calumnias. Pero, si alguna vez se te presenta la oportunidad de pasar una tarde con ella, te lo recomiendo encarecidamente.

10. Ya te lo había dicho.

en Hollywood, pero se las excluye de las películas de forma intencionada. «Justo después de *La boda de mi mejor amiga*, un productor de gran éxito me dijo: "Si no tienes cuidado, te verás atrapado en el nicho de las películas de mujeres, y eso es un problema". Hollywood no es la meca del altruismo, es un negocio y, si alguien plantea una razón comercial de peso [por la cual no hay que incluir a una mujer en una película], tienes que hacer un esfuerzo activo para cambiar ese pensamiento, porque eso de "bueno, pues nada, no se puede hacer" para mí es un no desde el principio. Lo que hay que decir es: "¿Cómo podemos solucionarlo?".»

Decidió que la respuesta era hacer grandes películas comerciales protagonizadas por mujeres que tuvieran tanto éxito que «zanjaran la discusión». Pero tuvo que esperar hasta alcanzar el poder suficiente en la industria para hacerlo. En 2007, su amigo y colega Judd Apatow, quien, para entonces disfrutaba de mucho poder, le dio el guion de *La boda de mi mejor amiga* y «me enamoré de él: la idea de que todas esas mujeres tuvieran un papel importante me pareció un sueño», dice.

Por suerte, *La boda de mi mejor amiga* fue un gran éxito («Gracias a dios. La mitad del tiempo de rodaje de la película me lo pasé aterrorizado, si la cagábamos... Es horrible que tuviéramos semejante presión», recuerda Feig) y, gracias a ella, pudo hacer *Cuerpos especiales*, una película de colegas protagonizada por unas polis. Cuando hablamos, acababa de terminar de rodar una película de unas espías («Me encanta James Bond y se me ocurrió que podíamos hacer una película similar con mujeres. ¡Es una idea interesante!») y, poco antes, se había confirmado que sería el guionista y director de una versión femenina de *Cazafantasmas*, porque le parecía una idea muy divertida.

«¿Sabes?, si Hollywood pensara que las películas de monos son las que más beneficio dan, lo único que veríamos serían películas protagonizadas por monos. Hollywood no va a pelear por ninguna causa, lo que hay que hacer es que los cineastas se interesen por algo y que lo hagan bien para que la película recaude dinero —comenta—. El éxito de películas [protagonizadas por mujeres y que también han triunfado en el mercado internacional] como *Los juegos del hambre* y *Lucy* empiezan a abrir la puerta. ¿Por qué vamos a quedarnos parados ante la puerta cerrada?»

Las películas de Feig probablemente sean lo más parecido a las películas clásicas de mujeres que veamos en Hollywood hoy en día. En *La boda de mi mejor amiga*, y especialmente en *Cuerpos especiales*, lo que está en juego no es si una mujer va a pillar a un hombre, sino mantener la amistad femenina. *La boda de mi mejor amiga* mete mucho romance entre tanta comedia y termina con la escena obligatoria del beso, pero la película se esfuerza por resaltar que el verdadero final feliz se alcanza cuando las protagonistas se reconcilian y el resto de las damas de honor se hacen amigas. Ninguna de estas películas cuenta con la suave domesticidad de *La fuerza del cariño* o *Magnolias de acero*, pero las ha hecho alguien a quien claramente le caen bien las mujeres, alguien que las respeta y las encuentra interesantes. Puede que Feig tenga que cargar sus películas de chascarrillos guarros (*La boda de mi mejor amiga*), acción (*Cuerpos especiales*) y tal vez demasiados chistes de Melissa McCarthy sobre sí misma, pero si eso abre las puertas para hacer buenas películas protagonizadas por mujeres y consigue que estas tengan una buena distribución, me parece un buen trato.

¿Cree Feig que las cosas van a mejorar para las mujeres en el cine?

«Sin duda. Es obvio que las películas protagonizadas por mujeres atraen al público y recaudan dinero. Las cosas tienen que cambiar, no queda otra. El público no va a seguir aceptando esta situación por mucho tiempo.»

LAS CINCO MEJORES RUPTURAS DE LA CUARTA PARED

5. Eriq La Salle, *El príncipe de Zamunda*
Antes de que diera un puñetazo al aire en los créditos de *E.R.: Urgencias*, La Salle fue Darryl, el novio malvado de pelo graso en *El príncipe de Zamunda*. Al final de la película, la hermana pequeña de su ex novia le quiere poner las zarpas en el pelo graso, y a La Salle no le queda otra que mirar al público en busca de ayuda.

4. Jon Cryer, *La chica de rosa*
Cuando Duckie por fin consigue su final feliz en el baile y lo comparte con el público, esto casi compensa el hecho de que el final no tenga ningún sentido.

3. Rick Moranis, *La loca historia de las galaxias*
¿Moranis dirigiéndose directamente al público? Para mí, uno de los momentos cumbre de los ochenta.

2. Matthew Broderick, *Todo en un día*
Nadie ha conseguido todavía mejorar la soltura de Ferris hablándole a la cámara, Matthew Broderick incluido.

1. Eddie Murphy, *Entre pillos anda el juego*
El momento en el que los malvados hermanos Duke le hablan con superioridad a Billy Ray Valentine sobre mercancías y él mira directamente a la cámara. Perfección Murphy.

Regreso al futuro: los padres son importantes

Incluso hoy, treinta y cinco años más tarde, el guionista Bob Gale aún recuerda el momento «vívidamente». Era un día caluroso de agosto en 1980 y estaba en mitad de la promoción de su última película *Frenos rotos, coches locos*, una sátira muy divertida sobre vendedores de coches protagonizada por Kurt Russell y dirigida por Robert Zemeckis. La gira de promoción llevó a Gale a su ciudad natal, St Louis, Misuri, y se encontraba en casa de sus padres, en un barrio residencial un tanto apartado de la ciudad. «Una tarde, rebuscando en el sótano de mis padres, no recuerdo exactamente por qué, descubrí el anuario del instituto de mi padre», comenta.

Gale lo ojeó y descubrió, para su sorpresa, que su padre fue el presidente de su clase. Nunca se lo había contado. Gale pensó en los compañeros de instituto que estaban metidos en política estudiantil cuando él iba a clase y en lo mucho que se burlaba de ellos. De hecho, formó parte del comité para la abolición de la política estudiantil.

«Pensé en si mi padre me habría caído bien de haber ido al instituto juntos —dice—. ¿Habríamos sido amigos?»

Cuando volvió a Los Ángeles, llamó a Zemeckis: «Bob, creo que tengo una idea...».

A pesar de que a la mayoría de los adolescentes no les gusta admitirlo, los padres constituyen una parte esencial de su vida, para bien o para mal. Pero solo las películas de adolescentes más inteligentes lo tienen en cuenta, así como las profundas complicaciones que conlleva esto: «Me meto mucho con tu familia, pero solo son celos. Debe de estar muy bien que alguien cuide de ti así», le dice la huérfana Watts (Mary Stuart Masterson) a su mejor amigo Keith (Eric Stoltz), en *Una maravilla con clase* (1987).

«A veces», responde Keith con una pronunciada falta de entusiasmo.

No está nada mal que alguien se preocupe por ti cuando eres adolescente..., la pena es que ese alguien tengan que ser tus padres.

Siempre se puede distinguir si una película de adolescentes es buena o mala por la manera en la que se representa a los padres. Vale, hay películas buenas en las que no aparecen los padres en ningún momento: *El club de los cinco* obviamente es buenísima, *Rebeldes* está bien dentro de su estilo pretencioso y en exceso estilizado. Pero, por lo general, una película de adolescentes en la que los personajes de los padres no están bien escritos es como una película hecha por un estudio que intenta anticiparse a lo que les gustará a los adolescentes en lugar de capturar cómo son en realidad.

Los padres de estas películas han sufrido más la adolescencia que ningún adolescente. En los cuarenta, cuando se acuñó la palabra *adolescente*, los padres eran los patriarcas serviciales a los que los jóvenes aspiraban a parecerse, lo que significa que los personajes adolescentes (a menudo interpretados por Mickey Rooney o Judy Garland) decían frases tan realistas como «Papá, espero parecerme a ti algún día». En las películas de adolescentes de los cincuenta y sesenta, cuando los estudios se dieron cuenta de que los adolescentes del *baby boom* preferían películas que los validaran en lugar de hablarles de forma tremendamente condescendiente, los progenitores se convirtieron en los representantes de la moralidad convencional contra la que los adolescentes se rebelaban con su modernidad sexy. Llegados los setenta, cuando directores lo suficientemente jóvenes para haber sido adolescentes doblados pero con edad suficiente para recordar su juventud con cariño se pusieron a hacer películas para adolescentes, los padres de la pantalla se mostraron demasiado sentimentalizados, hasta el punto de volverse insulsos (*Grease, American Graffiti*) o tan condenados al desastre como sus hijos (*La última película, Carrie*).

No fue hasta los ochenta cuando los padres empezaron a coger ritmo. En las mejores películas de adolescentes de los ochenta, los padres se encuentran siempre entre los personajes más divertidos, con las mejores frases e interpretados por actores de enorme talento que se bajan del pedestal temporalmente para participar en una película de adolescentes y pasarlo bien, como Harry Dean Stanton, con sus ojitos tristes y su voz dulce en *La chica de rosa*; John Lithgow, que disfruta predicando la ira de dios en *Footloose*, y John Mahoney en *Un gran amor*, donde interpreta un papel paternal totalmente diferente al que años después desarrollaría como padre de Frasier.[1] En parte porque adoptaron un papel totalmente diferente en estas películas y en parte por la actitud social de la época, ninguna otra película rodada antes o desde entonces encapsula esos cambios de forma tan placentera como *Regreso al futuro*.

Sería una exageración describir *Regreso al futuro* como una película de adolescentes, al menos según quienes la hicieron. «*Teen wolf (De pelo en pecho)* era una película de adolescentes

1. Extrañamente, Bebe Neuwirth también aparece en *Un gran amor* como orientadora profesional, lo que significa que tanto el padre como la mujer de Frasier actuaron juntos en la misma película, pero sin Frasier. Kelsey Grammer debería llamar a su agente.

pero siempre pensé que *Regreso al futuro* es más bien una comedia de aventuras de ciencia ficción, con viajes en el tiempo e historia de amor», dice su protagonista Michael J. Fox.

«Cuando me seleccionaron para *Regreso al futuro*, ya había hecho un montón de películas de adolescentes en los ochenta, como *Jóvenes alocados*,[2] *Amanecer rojo*[3] y *La clave del éxito*,[4] y esta película me parecía diferente —dice Lea Thompson—. Era más como un taquillazo de ciencia ficción.»

Pero, a pesar de lo que pensaran los que la hicieron, el público que la vio en su momento la consideró una película de adolescentes. Cuando se estrenó en 1985, la popularidad de este tipo de películas estaba en todo su apogeo y el público se había acostumbrado a películas de género cada vez más ridículas estructuradas en torno a adolescentes. Los jóvenes de entonces podían ser expertos en kárate (*Karate Kid*, por supuesto), enfrentarse al comunismo (la recién mencionada *Amanecer rojo*) o incluso ser detectives en Eton (la absolutamente brillante *El secreto de la pirámide*). Así que la idea de un joven que viaja en el tiempo parecía encajar perfectamente con el género adolescente, como se vio poco más tarde. Al año siguiente también se estrenó la infravalorada *Peggy Sue se casó*, de Francis Ford Coppola, también ambientada en los cincuenta.[5] Cuatro años

2. La continuación tipo fraternidad de Cameron Crowe a *Aquel excitante curso*, con Christopher Penn, Eric Stoltz y Rick Moranis, que es siempre un placer.

3. ¡LOS ADOLESCENTES LUCHAN CONTRA EL MALVADO COMUNISMO! El destino de Estados Unidos está en las manos de Charlie Sheen y Patrick Swayze... Que dios nos pille confesados.

4. Tom Cruise pelea por conseguir una beca de fútbol americano para ir a la universidad y no tener que trabajar en la mina con su padre. Si te gustan las escenas en la mina de *Zoolander*, probablemente disfrutarás viendo su fuente de inspiración.

5. Al echar la vista atrás a otras épocas, las películas de adolescentes de los ochenta celebran invariablemente la inocencia de los cincuenta, como *Regreso al futuro* y *Peggy Sue se casó*, y ninguna se olvida de burlarse de la revolución

más tarde, la absolutamente deliciosa *Las alucinantes aventuras de Bill y Ted* llegó para atormentar a los padres de adolescentes con sus frases pegadizas y su jerga de colegas.

«Los gustos de los adolescentes dominan la creación de películas populares, y Gale y Zemeckis trabajan con eso. Marty es... un ídolo adolescente. *Regreso al futuro* te hace sentir como si estuvieras en una matinal infantil», escribió Pauline Kael, con una actitud algo estirada, en su crítica de *Regreso al futuro* para el *New Yorker.* (También escribió: «No me entusiasman las películas en las que los niños son los héroes», así que imagino que reseñar películas en los ochenta le tuvo que parecer un soberano coñazo.)

Pero Kael tenía razón sobre una cosa: Michael J. Fox era «exactamente lo que los directores buscaban». Después de que Gale le presentara la idea a Zemeckis, a quien le entusiasmó, tardaron años en poder rodar la película y no consiguieron el visto bueno hasta que Zemeckis alcanzó el éxito con *Tras el corazón verde.*[6] Desde el principio, Zemeckis quiso que Fox hiciera de Marty, ya que poseía la energía juvenil que necesitaba el personaje para cargar con el peso de la película. Por desgracia, el actor estaba ocupado rodando la tremendamente popular comedia televisiva *Enredos de familia* y los productores de esta no le dejaban libre para rodar la película. Así que, con cierto recelo, Zemeckis eligió a Eric Stoltz. Aún pueden encontrarse

---

hippy de los sesenta. A los adolescentes de los ochenta de Reagan y Thatcher les costaba menos entender el optimismo y el consumismo de los cincuenta que la revolución hippy de los sesenta, que quedaba graciosamente fuera de lugar en comparación con su propia época, como en *La chica del valle* (1982), en la que la protagonista femenina se burla del restaurante hippy de sus padres en el que «todo sabe a nada».

6. Marty tiene dos hermanos mayores porque Zemeckis y Gale tuvieron que añadir más hijos para que resultara creíble que George y Lorraine acabaron juntos en 1955 pero no tuvieron a Marty hasta 1967 (dado que está en el último año de instituto en 1985).

por la red fotos de Stoltz rodando *Regreso al futuro* junto a Doc Brown en el aparcamiento del centro comercial Twin Pines, vestido con la ahora emblemática chaqueta. No, no y no. Stoltz es muchas cosas (pelirrojo, tierno, excéntrico) pero ni es enérgico ni es divertido.

«Eric era más bien un actor emocional, y no tenía ese toque cómico y extrovertido que buscábamos para el personaje», recuerda Gale. Así, tras seis semanas de rodaje, Zemeckis lo despidió y volvió a contactar con los productores de *Enredos de familia* para pedirles que le prestaran a su estrella.

«Bob Zemeckis le comentó a Gary [Goldberg, el productor de *Enredos de familia*] que muchas de las escenas de la película suceden de noche, así que podrían rodar la película entonces y la serie durante el día, si a mí me parecía bien —recuerda Michael J. Fox—. Y me pareció perfecto.» Goldberg accedió de mala gana y Fox lo hizo «con una sonrisa de oreja a oreja».

Gracias a su natural estilo cómico y enérgico, agudizado por el agotamiento de rodar la serie y la película a la vez, Fox consiguió que las disparatadas líneas temporales y los personajes de *Regreso al futuro* no se vinieran abajo, yendo de aquí para allá con sus zapatillas. Pero logra más que eso: crea la ilusión de que Marty es un personaje interesante, digno de que el público invierta emocionalmente en él, cosa que, en realidad, no es. Apenas es un personaje. No tiene ningún rasgo de personalidad definido más allá de su deseo de tener un coche y de volver a 1985. Su única responsabilidad es hacer que la trama avance y explicarles cosas a los personajes y al público.

«Marty adopta el papel de lo que se conoce en la teoría argumental como el "forastero misterioso". Aparece de la nada y ayuda a los personajes a solucionar sus vidas. Es un constructo que se ha utilizado en infinidad de westerns», dice Gale.

Y eso está perfecto, pero los forasteros misteriosos no suelen tener mucha personalidad y, por lo tanto, no son un buen material para los protagonistas. Pero la razón por la que su papel no estaba tan desarrollado no es en absoluto por un fallo de guion, sino porque *Regreso al futuro* no trata sobre Marty, sino sobre sus padres.

Gale se inspiró en el anuario de su padre para escribir la película de adolescentes más exitosa de los ochenta. Así que, según él, tiene sentido que «el personaje central de la película sea en realidad George McFly: él es el que evoluciona». Para enfatizar este hecho, Zemeckis y él seleccionaron a uno de los actores más extraños y que mejor se apropian de las escenas de todos los tiempos: Crispin Glover. «Cuando hizo la audición, nos dimos cuenta de que había algo inusual en él y creímos que, gracias a eso, conseguiría que el personaje fuera especialmente memorable. Hizo tan suyo el personaje que ni me acuerdo de qué pensábamos cuando lo escribimos, aparte de que queríamos darle cierto encanto y alguna rareza que despertara ternura, como un joven Jimmy Stewart», recuerda Gale.

Pero Crispin Hellion Glover, ese es su nombre completo, es una propuesta mucho más extraña que el bueno de Jimmy Stewart.

Todas las interpretaciones en *Regreso al futuro* son buenísimas, pero dentro del contexto de una película de adolescentes. Por el contrario, Glover parece un actor de método en una película propia, una muy diferente y muy divertida. Cuando al principio de la historia vemos por primera vez al George de mediana edad desternillándose de risa con Jackie Gleason en televisión, su familia lo mira como si fuera de otro planeta, una reacción comprensible por parte del resto de los actores.

«A Crispin siempre le ha interesado ser un iconoclasta, pero yo soy más *mainstream* —dice Lea Thompson—. Trabajó muy duro en *Regreso al futuro* y su actitud fue muy diferente a la mía, más como un trabajo de los setenta, como De Niro y Pacino y ese tipo de trabajo de personaje.»

Solo a Glover (y puede que a Nicolas Cage)[7] se le ocurriría utilizar el método en una película de adolescentes de los ochenta. Actualmente, Glover está entregado al veganismo y a hacer películas que reflejen sus «intereses psicológicos» en un castillo que compró en la República Checa. Ni siquiera Gale y Zemeckis idearon un futuro tan extraño para George McFly en la secuela de la película.

Regreso al futuro es extremadamente divertida y tierna, pero la gracia no está en los choques culturales entre 1955 y 1985, sino en la manera en que las mentiras que George y Lorraine soltaron en 1985 sobre su época de adolescentes quedan al descubierto cuando su hijo viaja en el tiempo hasta 1955. Al principio de la película, Lorraine insiste en que, de adolescente, «nunca llamaría a un chico por teléfono» cuando en realidad se lanza a por Marty, bebe alcohol y «se para un rato» con él, aunque a saber qué significa eso. La razón del atropello de George con el coche del padre de Lorraine, lo que provoca que se conozcan, es que se cae de un árbol de fuera de la casa de ella mientras espiaba cómo se ponía el sujetador. Cuando Marty se despide de sus padres en 1955, su mensaje está dirigido más a los padres del público que a los niños. En vez de decirles a George y Lorraine que le compren un coche a su tercer hijo, como haría una película más centrada en los adolescentes (y como sin duda haría Ferris en *Todo en un día*), les dice: «Si algún día tenéis hijos, y uno de ellos, a los ocho años, prende fuego accidentalmente a la alfombra del salón, no seáis severos».

«Bob Z y yo llegamos a la conclusión de que probablemente cada niño tiene grabado a fuego un castigo de su infancia que nunca olvidará. Además, Marty parecería un imbécil si les

7. Según Molly Ringwald, Judd Nelson «hizo eso del método» en *El club de los cinco*, lo que le pareció muy divertido. Eso explica muchas cosas pero no justifica nada.

pidiera un coche a sus padres, especialmente sabiendo que, en su línea temporal, no se lo podían permitir», dice Gale.

Pero ¿cuándo un adolescente ha dejado de quejarse por no tener un coche por miedo a parecer un imbécil (al menos, en una película de adolescentes)? Aquí, más claramente que en ninguna otra parte de la película, Gale y Zemeckis se dirigen más a los padres que a los niños del público.[8]

Eso también explica la actitud de la película con respecto al sexo. A excepción de las de John Hughes, las películas de adolescentes de los ochenta tenían una mentalidad sorprendentemente abierta en cuanto a la sexualidad adolescente, pero resulta difícil pensar en una película no dirigida por David Cronenberg que se esfuerce tanto por mostrar el sexo como algo perverso y poco atractivo como *Regreso al futuro*. Las únicas escenas remotamente sexuales en la película son una en la que Lorraine intenta seducir a su propio hijo en el coche —sin saber quién es en realidad—, seguida por otra en la que Biff intenta violarla en el mismo vehículo maldito. Zemeckis habló de lo nervioso que estaba al escribir y reescribir el guion con Gale a principios de los ochenta, porque, por entonces, los jóvenes del país estaban colados por la franquicia *Porky's*: «¡La película tiene lugar en un instituto y no nos metemos en el vestuario de las chicas!». Mientras que la única ambición de *Porky's* es el sexo, en *Regreso al futuro* es algo que se evita con miedo, cosa que tiene sentido, ya que la película trata sobre los padres, no sobre los adolescentes, y lo único más horrible que los padres

8. Y, al menos con algunos padres, funcionó. El día que *Regreso al futuro* se estrenó en Estados Unidos, yo, que tenía siete años, decidí pintarme las uñas en el salón. Mi madre me dijo tres veces que lo hiciera en el baño pero la ignoré y, como cabía esperar, derramé el pintaúñas en la alfombra y me gané una buena azotaina. Esa noche, para tranquilizar a mi madre, mi padre la llevó a ver la nueva película que acababan de estrenar, y cuando Marty les dijo a sus padres lo de quemar la alfombra, ella se echó a llorar.

sospechen que sus hijos adolescentes practican sexo es que los adolescentes se den cuenta de que sus padres han practicado sexo. Y, aun así, la película consigue que el público adolescente desee desesperadamente que los padres acaben juntos porque, si estos no se dan un revolcón, no hay adolescente que valga. Cuando George le pega a Biff, y después, cuando él y Lorraine se besan por fin en el baile: esos son los momentos románticos de la película, la estrella polar emocional de esta.

En realidad, existe algo aún más horrible tanto para padres como para adolescentes, y es la idea de una madre «colada» por su hijo, según palabras de Marty.

«Las películas de adolescentes típicas de los ochenta eran comedias en las que se bebía y había drogas y sexo, esas eran las que más dinero recaudaban. Así que todos los estudios consideraron nuestra película demasiado blanda, excepto Disney, que la consideró excesivamente subida de tono por la relación entre el hijo y la madre», dijo Zemeckis.

Sinceramente, a Disney no le faltaba razón. La trama fácilmente podría haber sumergido a la película en el fondo de un pozo un tanto retorcido, y así habría sido sin la dulzura de Lea Thompson. «Recuerdo que Bob Zemeckis estaba muy asustado cuando rodamos la escena en la que beso a Marty porque toda la película cambia en ese momento. La trama da un giro», dice Thompson.

Sin duda, el problema real de este hilo argumental, incestos aparte, es que, en 1985, a George debería haberle preocupado ligeramente el tremendo parecido de su hijo pequeño con el tipo que le gustaba a su mujer en el instituto, especialmente si ella le pone el mismo nombre. Pero quejarse de los problemas de verosimilitud de una película sobre viajes en el tiempo encajaría a la perfección con la definición de criticón, especialmente sobre una película sobre viajes en el tiempo en la que un DeLorean funciona, por no hablar de los 1,21 gigavatios.

La imagen más famosa de padres en una película de adolescentes de los ochenta es la de una pareja despreocupada que entra en el comedor en la escena final, justo después de que su hijo haya colocado en su sitio el último mueble que sacó de la sala mientras hacía de las suyas en su ausencia (véase: *La mujer explosiva*, *Risky Business*, *Todo en un día* y, más recientemente y menos de película, los anuncios de limpiadores de madera de las Páginas Amarillas). Ese era sin duda parte de su objetivo. Pero el papel real de los padres en las películas de adolescentes de los ochenta es que sus hijos les arreglen la vida.

En *Dieciséis velas*, Sam tiene que enseñar a su progenitor cómo volver a ser un buen padre tras olvidarse de su cumpleaños; en *La chica de rosa*, Andie ayuda a su padre a salir de una depresión después de que su madre los abandone; en *Un gran amor*, Diane Court y Lloyd Dobler educan sobre moral al señor Court; en *Dirty Dancing*, Baby le enseña valores a su padre; en *Footloose*, Ariel enseña a su padre a no ser un chiflado fanático religioso; en *Una maravilla con clase*, Keith le enseña a su padre que el amor adolescente es más importante que ir a la universidad (no todas estas lecciones sobrevivirían a un análisis por parte de alguien mayor de dieciocho). Estos jóvenes hacen de padres de sus padres. A veces no hay nada que enseñarles, simplemente tienen demasiados problemas y los adolescentes tienen que aprender a ser los adultos de la relación, como en *El club de los cinco*. En *Escuela de jóvenes asesinos*, que satiriza de forma brillante todos los tropos de las películas de adolescentes de los ochenta, J. D. (Christian Slater) llama «hijo» a su padre y su padre llama «papá» a J. D., y el resultado de esta chiflada falta de orientación paternal es que J. D. acaba volando por los aires con su elegante gabardina en la escalinata del colegio.

En *Regreso al futuro* se enfatiza desde el principio lo avergonzado que se siente Marty por su débil padre y su madre borracha, y lo decepcionantes que son como padres. Cuando vuelve a

1955, enseña a sus padres a convertirse en las personas que siempre quisieron ser y, por extensión, los padres que él quiere que sean. El mensaje definitivo de todas estas películas es que tus padres son unos idiotas y tú tienes razón.

«En los ochenta empezamos a ver lo que yo llamo la "tiranía adolescente" a través de la repetición de ese mensaje: tu familia es un caos y tú lo sabes todo —dice Steven Gaydos, editor de *Variety*—. Además, mucha gente del mundo de la publicidad televisiva y las series para familias empezaron a hacer películas en Hollywood, como Jeffrey Katzenberg y Michael Eisner, y ellos sabían cómo venderles cosas a los jóvenes. Se dieron cuenta de que los mayores de cuarenta no iban al cine, así que crearon películas que valoraran la experiencia de los jóvenes. Había menos regañinas y más "¿Por qué los adultos son tan raros?"»

Pero, al preguntar «¿Por qué los adultos son tan raros?» estos pasaron a tener un papel más central en las películas de adolescentes que en cualquier época anterior.

Se supone que los adolescentes deben ser rebeldes, eso es lo que nos llevan diciendo las películas desde los cincuenta. Sin embargo, los jóvenes en las películas de los ochenta pasaron por una rebelión muy diferente. A ellos no les atraía cruzar el país en moto puestos de cocaína: Ferris Bueller se salta las clases para ir a un restaurante elegante, la bolsa, un museo y un desfile en *Todo en un día*; Ren (Kevin Bacon) quiere un baile de fin de curso en *Footloose*; Daniel (Ralph Macchio) quiere que su madre tenga una buena casa en *Karate Kid*; Sam quiere una tarta de cumpleaños en *Dieciséis velas*. En términos de rebeldía, estos jóvenes hacen que Milhouse, de *Los Simpson*, parezca Johnny Rotten. Lejos de rebelarse contra el capitalismo de clase media, se esfuerzan por ser aún más del montón, más clase media. Hasta Joel (Tom Cruise) en *Risky Business*, que a primera vista parecería el más rebelde de todos tras montar un burdel en casa de sus padres cuando estos están de vacaciones, vive en realidad según los ideales de sus padres, como deja bien claro la película, porque lleva el estilo de vida capitalista al que sus amigos aspiran (y con el que comulgan sus padres) al extremo. Recibe su recompensa por este comportamiento cuando le ofrecen una plaza en Princeton, precisamente porque el gestor de admisiones queda impresionado por su talento como proxeneta (en el olimpo de las películas sobre prostitución, *Risky Business* consigue que *Pretty Woman* parezca cruda y realista). En *Regreso al futuro*, la intromisión de Marty en el pasado tiene como consecuencia que sus padres acaben viviendo en 1985 en una casa mejor, con mejores muebles, mejores platos de desayuno e incluso con ayuda doméstica por parte de Biff Tannen. El triunfo de Marty consiste en elevar a su familia a la clase media.

Por mucho que las películas de adolescentes clamaran contra la importancia de la clase social en Estados Unidos, los protagonistas buscaban formar parte del mundo de clase media *mainstream*. Esto es parte de la razón por la que las películas de adolescentes de los ochenta siguen atrayendo tanto a los jóvenes de clase media de hoy: los tipos de rebelión que cuentan les resultan sumamente accesibles y conocidos. Cuando la vida resulta tan cómoda como lo es en gran medida hoy en día para los jóvenes blancos de clase media del mundo occidental, no hay nada contra lo que rebelarse sin sufrir algún tipo de daño, así que por qué no ayudar a sus padres a comprar una casa más grande. Es la antirrebelión como forma de rebelión y su popularidad en los ochenta refleja el conservadurismo de la década.

Regreso al futuro demostró a los cineastas del género de adolescentes que no debían tener miedo de incluir a los padres en el argumento. De hecho, el público adolescente disfrutaba viendo a sus progenitores humanizados. Aunque desde entonces no haya habido otra película de adolescentes en la que los padres ocupen un papel tan central como en *Regreso al futuro*, muchas de las representaciones más divertidas, inteligentes y tiernas de padres se encuentran en películas de adolescentes posteriores: Dan Hedaya como el aterrador padre abogado en *Clueless* (mucho más divertido que su homólogo del siglo XIX, el tremendamente irritante señor Woodhouse de *Emma* de Jane Austen); Larry Miller como el neurótico y protector señor Stratford, en *10 razones para odiarte*; Eugene Levy enseñándole a esos mocosos cómo se hace comedia en *American Pie*; la intensa Amy Poehler como «la madre guay» vestida de Juicy Couture en *Chicas malas* haciendo lo que mejor sabe, es decir, ser exagerada y divertida sin perder un gramo de verosimilitud.

Regreso al futuro es una película de los ochenta que se podría hacer ahora —mucho espectáculo, carne de franquicia garantizada— y no cuesta imaginar que a algún estudio le dé por hacer un *remake*, tal vez con Channing Tatum o cualquier otro como protagonista, pero será una película totalmente diferente porque Lorraine y George no estarán en el centro de la historia. Aunque los departamentos de marketing cinematográfico quieran abarcar el mayor número de cuadrantes posible entre su público, las películas de adolescentes de ahora tratan solo sobre los adolescentes y no sobre los adultos, con el objetivo de mantener su foco sobre los miembros más importantes del público: los adolescentes. Una película de adolescentes en la que la historia de amor se diera entre los padres resulta impensable. Además, la idea de una madre intentando seducir a su hijo en una película de adolescentes popular nunca sobreviviría hoy en día porque sería algo demasiado arriesgado, desagradable y dependiente de las sutilezas de la interpretación y la narración. ¿La madre de Stiffler seduciendo a los amigos de su hijo en *American Pie*? Diversión provocativa. ¿La madre de Stiffler seduciendo a su hijo sin ser consciente de quién es él? No. Hollywood es demasiado reacio al riesgo en cuanto a ese tipo de cosas hoy en día.

Las películas de adolescentes de los ochenta les enseñaron a los jóvenes tres cosas sobre sus padres: si están divorciados, se reconciliarán por ti; nunca se darán cuenta de cuando organices una fiesta; son tremendamente carcas. Pero George McFly y Lorraine Baines les enseñaron algo más: los padres son raros, pero lo son del mismo modo que lo somos nosotros, y no importa lo que digan los protagonistas de *El club de los cinco*, algún día, todos seremos como ellos y esa es la razón por la que los padres de las películas inteligentes de adolescentes son tan divertidos. Porque, aunque puedas cambiar tu destino y convertirte en escritor de ciencia ficción en lugar de ser un pobre diablo amedrentado, al estilo de George McFly, eso es algo que nunca cambiará.

LOS MEJORES CINCO MOMENTOS DE STEVE GUTTENBERG EN LOS OCHENTA

Muchas estrellas de los ochenta vieron cómo sus carreras se marchitaban en los noventa: Molly Ringwald, Andrew McCarthy, Judd Nelson. Pero nadie se desvaneció de forma tan espectacular como Guttenberg, el hombre que en los ochenta estaba en todas partes y que desapareció sin dejar rastro en los noventa. Estos son sus mejores momentos.

5. *Cortocircuito*
El grado de verosimilitud de Guttenberg como científico militar depende de lo que valores sus dotes de interpretación.

4. *Tres hombres y un bebé*
Sospecho que fue el principio del fin para Guttenberg ya que Tom Selleck y Ted Danson le superan por completo en carisma. Aun así, una de sus mejores películas.

3. *Cocoon*
¿Por qué nadie ve ya *Cocoon* hoy en día? Es una película muy bonita llena de gente mayor muy guay. Guttenberg no hace mucho en esta y Don Ameche lo saca de la pantalla, pero tampoco me parece mal, la verdad.

2. *Diner*
Mickey Rourke y Steve Guttenberg. ¡Un maridaje perfecto y completamente natural! Guttenberg está muy tierno en el papel de novio virginal. Al verla, casi da la impresión de que puede llegar a convertirse en un actor de verdad algún día.

1. *Loca academia de policía*

No, no voy a decir que *Loca academia de policía 7: Misión en Moscú* es la mejor contribución al mundo del cine desde *Ciudadano Kane*. Pero sí que afirmaré categóricamente que Mahoney, el descarado recluta, es el mejor Guttenberg.

Batman: los superhéroes no tienen por qué ser un coñazo

Al igual que el resto de los niños supersensibles de los ochenta, me enamoré a primera vista de las películas de Tim Burton, algo que resulta sorprendente, ya que la primera que vi —que también fue su primer largometraje— fue *La gran aventura de Pee-Wee*. A pesar de ser una niña arquetípica estadounidense de los ochenta, no me gustaba Pee-Wee Herman. Aún diré más, Pee-Wee Herman me desagradaba con ganas. La película se estrenó cuando yo tenía solo siete años, así que aún no tenía la capacidad de articular qué es lo que no me gustaba de él, pero ahora, con treinta y seis, sí que puedo: me pareció repulsivo.[1]

1. Los amantes de la ironía estarán deseando comentar que sucesos posteriores en la vida del creador de Pee-Wee, Paul Reubens, a quien arrestaron en 1991 por exhibicionismo al descubrirlo masturbándose en un cine porno, me dieron la razón. Pero que conste que estoy totalmente en desacuerdo con esto. Para empezar, ahora que vivimos en una época en la que alguien se convierte en famoso por aparecer en una grabación sexual, la idea de que la carrera de una persona famosa se venga abajo por masturbarse me parece curiosa, tanto como la idea de un cine porno, la verdad. Vamos a ver, ¿qué se supone que debe hacer alguien en un cine porno en vez de masturbarse, comer palomitas? (Advertencia de salud pública: no comas en un cine porno.) De hecho, me atrevería incluso a afirmar que masturbarse en un cine porno es lo menos repulsivo que Paul Reubens hizo en la industria del entretenimiento en 1991.

Puede que solo fuera una niña, pero no era estúpida y me di perfecta cuenta de que Pee-Wee no era tan pequeño, sino un adulto. Bueno, un adulto que fingía ser un niño. Y eso es repulsivo. En *Barrio Sésamo* (mi programa de televisión infantil *du choix*), los adultos actuaban como adultos, los niños como niños y los teleñecos como teleñecos, como dios manda. No había confusión entre edades o especies, y así era como le gustaba a mi endurecido corazoncito conservador.

Pero una niña de mi clase, Alison Schnayerson,[2] celebró su fiesta de cumpleaños y, como parte de la celebración, quería que fuéramos a ver *La gran aventura de Pee-Wee*. Obviamente, no se puede rechazar una invitación a una fiesta de séptimo cumpleaños sin provocar tu muerte social, así que, tan triste como cuando mi madre me arrastraba semanalmente a las clases de natación, fui con mis amigas al cine de la 86 con Lexington Avenue. Lectora, lector, me encantó. No, eso no es verdad, nunca me encantó Pee-Wee Herman. Pero la película sí lo hizo, con sus exageraciones caricaturescas (los sueños de Pee-Wee sobre su bici son tan teatrales que parecen la secuencia fantástica de baile, «Broadway Melody», de *Cantando bajo la lluvia*), los colores intensificados (los buzones verdes en particular me llamaban mucho la atención, probablemente porque no tenían nada que ver con los anónimos casilleros metálicos de nuestro edificio) y la representación de los barrios residenciales como un lugar en el que todo tipo de vilezas se cuecen lentamente bajo los céspedes bien cuidados y cosas aún peores acechan tras las fronteras de rosales. Pee-Wee aún me parecía raro pero, de algún modo, el hecho de que cruzara el país en una misión lo hacía parecer ligeramente menos repulsivo que en el programa de televisión *Pee-Wee's Playhouse*, donde no

2. No es su nombre real pero todas las niñas de clase media de Nueva York en los ochenta tenían nombres del estilo de Alison Schnayerson.

salía nunca a la calle y hablaba con la ventana.[3] Además, hablaba menos con voz de pito en la película que en el programa, y eso ayudó MUCHO.[4]

Así que, en otras palabras, me gustó *La gran aventura de Pee-Wee* gracias a muchas de las características que identifiqué más tarde en todas las películas de Burton. «No impuse mi estilo completamente —dijo el propio Burton sobre la película—. Utilicé lo que ya había allí y lo engalané.» Burton no incluyó gran parte de sí mismo en una película hasta que hizo *Bitelchús* tres años más tarde, y mi chispa de amor inicial se convirtió en una tórrida aventura que duraría toda la vida.

Bitelchús, que trata sobre una pareja (Geena Davis y Alec Baldwin, a quien se le ve claramente incómodo en este papel tan extraño para él) que muere e intenta asustar a una familia para echarlos de su casa con la ayuda del homónimo Bitelchús (Michael Keaton), es una película tan extraña e interesante que no me voy ni a molestar en analizarla aquí porque se merece su propio capítulo, así que me limitaré a comentar que muchas de las características y tropos que ahora definen una película de Burton proceden de *Bitelchús*: el hombre solitario e incom-

3. No exagero, *Pee-Wee's Playhouse* era así, literalmente. Creo que para disfrutar del programa necesitas sentir como mínimo un amor incipiente por lo psicodélico.

4. A una parte diferente y sentimental de mí también le gusta el hecho de que parte del atractivo de la película reside en que el maravilloso y tristemente ya fallecido cómico Phil Hartman la coescribió. Hartman apareció ocasionalmente en *Pee-Wee's Playhouse* y era un miembro muy querido del reparto de *Saturday Night Live* en los noventa, pero en el Reino Unido se le conoce más por ser la voz del turbio abogado Lionel Hutz y del presentador de publirreportajes Troy McClure en *Los Simpson*. Hartman, quien por lo que se cuenta era uno de los hombres más dulces y sencillos del mundo del espectáculo, fue asesinado a tiros por su mujer mientras dormía en 1998. Lo siento, sé que esta nota al pie es una gran distracción y bastante innecesaria, pero algunas personas se merecen que se las conmemore a la menor oportunidad.

prendido; la enternecedora mujer inadaptada; el cielo negro permanente; los tejados destrozados; las rayas blancas y negras; el pueblo modelo. *Bitelchús* también presenta el aspecto y el tono que se convertirán en su estilo distintivo: los artificios animados acompañados de una comedia tirando a negra, más un personaje con el que la película parece sentir tal afinidad emocional que cuesta no pensar que incluye algo de autobiográfico en él. En *Bitelchús*, este personaje es Lydia (Winona Ryder), la adolescente iracunda y gótica a quien su aburrido padre burgués (Jeffrey Jones), y su madrastra (Catherine O'Hara) y su obsesión por la decoración de interiores le causan tal repulsión que reniega de ellos para vivir en el inframundo (¿y qué adolescente no ha fantaseado con hacer eso en algún momento?). Burton repite el dilema de Lydia a lo largo de su obra: el bicho raro atrapado en un mundo artificialmente bello que se hace eco de la frustración que él vivió en su juventud en Burbank, California; Lydia incluso luce el mismo peinado alocado de Burton y su uniforme negro. «Sé que la gente dice que [mi obra] es ligeramente autobiográfica pero si pienso demasiado en ello me asusta. Es raro, necesito sentir cierta conexión pero también distancia», dijo Burton.

A los niños y a los adolescentes se les da muy bien detectar a los farsantes, especialmente a los que fingen estar en contacto con su lado más joven cuando en realidad lo único que hacen es poner voz de pito. Burton, para bien o para mal, no es ningún farsante. A pesar de haber entrado en la treintena a finales de los ochenta, sus películas de esa época expresan la mentalidad de un niño desafecto, que se sentía excluido por sus amigos del colegio y su familia, y que se decía a sí mismo que esa era la prueba de que él era moralmente superior. Y, aun así, tuvo la madurez de transformar esa mentalidad en historias maravillosas y extrañas. Me encantaba leer cosas sobre sus primeros y tristes años trabajando como ilustrador en Disney, donde entró a los veintiuno: «Era una persona muy extraña entonces. Me daba cuenta de que tenía muchos problemas. Siempre se me ha considerado raro. En muchas ocasiones me metía en un armario y no quería salir, o me sentaba sobre mi escritorio, o debajo, o hacía cosas extrañas como sacarme las muelas del juicio y derramar sangre por los pasillos... Tenía problemas emocionales, no sabía quién era», dijo.

A la temprana edad de diez años, yo misma empecé a cultivar mi propia sensación de distanciamiento hacia mis iguales, agarraba esa sensación fuerte junto a mi pecho y la acariciaba celosamente, como Blofeld a su gato blanco. No tenía ni los problemas emocionales ni, seguramente, el valor de Burton para externalizar mis rarezas internas como él, pero me emocionaba saber que podía ver cosas creadas por alguien que, estaba segura, entendía mi cada vez mayor confusión solitaria. Sentía por Tim Burton a finales de los ochenta lo que los adolescentes de los noventa sintieron por Kurt Cobain.

Creo que parte de la razón por la que yo y otros muchos niños de los ochenta sentimos una afinidad tan fuerte por Burton es porque, en muchos aspectos, creció con nosotros. Aunque es unas dos décadas mayor que mi generación, al haber nacido en 1958, sus películas parecían pasar por las mismas etapas de la vida que nosotros a tiempo real: los años infantiles y juguetones de sus inicios, con *La gran aventura de Pee-Wee*, *Bitelchús* y *Batman*;[5] su entrada en la adolescencia en los noventa con sus películas más conscientemente góticas, que celebraban a los inadaptados y solitarios, como *Eduardo Manostijeras*, *Ed Wood* y *Mars Attacks!*; el paso a trompicones a la edad adulta en

5. «Me gustaba mucho [*Pee-Wee's Playhouse*] porque se adentraba de verdad en el tema del adolescente permanente, y sentí una conexión total», dijo Burton (*Tim Burton por Tim Burton*). Cuando Burton hizo *La gran aventura de Pee-Wee*, tenía veintisiete años.

la década de 2000, con películas sentimentales sobre el impacto de la muerte de un progenitor (*Big Fish*, *Charlie y la fábrica de chocolate*),[6] tímidos intentos de hacer películas con grandes presupuestos para adultos (*El planeta de los simios*) y niños (*Alicia en el País de las Maravillas*), y un estancamiento creativo con películas que parecen hechas con el piloto automático puesto (*Sweeney Todd: El barbero diabólico de la calle Fleet*, *Sleepy Hollow*); su eventual madurez feliz, con películas que incluyen sus intereses familiares (*Frankenweenie*) pero sin la tendencia narcisista de su juventud de hacer solo películas sobre sí mismo (*Big Eyes*).

Me interesa por qué tantas películas de los ochenta no se harían hoy en día, y eso también ocurre con las de Burton, pero no necesariamente por los cambios en los estudios y ese tipo de cosas (aunque eso también: cuesta imaginar a un director con relativamente tan poca experiencia trabajando en *La gran aventura de Pee-Wee*, por no mencionar *Batman*). La razón es que Burton ha cambiado. Él creció, y ver sus películas, que he adorado tanto desde los ochenta es como ver el progreso de mi propia vida interior, de la niñez a la edad adulta, consciente de los cambios pero también de lo que se mantenía constante: «Algunas imágenes y sentimientos se quedan contigo durante toda tu vida —dijo—. Crees que los has resuelto pero no. Arrastras algo durante mucho tiempo hasta que acaba convirtiéndose en parte de ti. Justo cuando has alcanzado otro punto muerto en tu vida, vuelve a aparecer misteriosamente».

Burton ha dicho que la repetición del simbolismo en sus películas es un mero reflejo de sus propias «limitaciones», pero,

6. «Aunque no estábamos muy unidos, perder a tus padres obviamente tiene grandes repercusiones en tu vida. Me sorprendió lo mucho que me afectó», dijo («Dark Arts», *Guardian*).

para mi yo de diez años, quien nunca antes se había encontrado con un director estadounidense moderno con una visión tan tremendamente reconocible, esas coincidencias eran algo más, eran arte. Con sus películas de los ochenta, y posteriormente con las de los noventa, Burton me enseñó estilo visual y cómo el aspecto de algo puede ser interesante en sí mismo. Me enseñó que una película puede capturar la espiral de infelicidad que a menudo sentía en mi interior pero sin perder el punto divertido, y la película de los ochenta que me enseñó todo esto con mayor claridad fue el taquillazo de Burton de 1989, *Batman*.

Como yo, Burton no era ningún seguidor de los cómics (otra afinidad personal que me gustó) pero los dos aprendimos a que nos gustaran las películas sobre cómics con *Batman*. Los esnobs de Burton (que no tienen nada que ver con los seguidores de Burton, entre los que me incluyo) a veces reniegan de *Batman* con el argumento de que es la película menos Burton de su filmografía debido al control que el estudio ejerció sobre ella. Nunca llegué a entender ese punto de vista y a menudo me da por sospechar que lo que en realidad no les gusta a esos esnobs es que la película tuviera tanto éxito y fuera tan popular. Los seguidores de Burton suelen proceder del mismo grupo demográfico que el director: es decir, inadaptados actuales o pasados en el colegio, así que es duro cuando un ratón de biblioteca ve a uno de los suyos elevado de repente al estatus del más guay del patio. Menudo vendido. Y lo entiendo, de verdad. Me negué a comprar nada del *merchandising* de *Batman* que inundó el mundo del mismo modo que lo había hecho con *La guerra de las galaxias* diez años antes, porque sabía que Burton no tenía nada que ver con esa basura insulsa, corporativa y producida en cadena. Pero la película era diferente.

La verdad es que nadie puede decir que *Batman* no parece una película de Tim Burton. Tiene todos los temas comunes de Burton, amplificados y por lo tanto —según mi mente de once años— más emocionantes que nunca. Gotham (la eterna representación de Nueva York) me entusiasmó con su mezcla de arquitectura amenazadora y edificios desvencijados, lo peor del *art déco* mezclado con un circo del infierno. Gotham es caótica, desordenada e innavegable, y todo es absolutamente ENORME, desde los edificios hasta las olas de crímenes. No tiene nada que ver con el idealizado y resplandeciente Nueva York de, digamos, *Desayuno con diamantes*, y, para ser sinceros, se parecía mucho a Nueva York como yo lo veía de niña: grande, terrorífico, confuso y emocionante.

La Gotham de Burton sintetiza no solo el estilo del director, sino también una actitud sobre las ciudades actuales que impregna las películas de los ochenta. Para una época que se mostró tan aparentemente optimista sobre el capitalismo y las posibilidades que este ofrecía, las películas de los ochenta se mostraron increíblemente negativas sobre las ciudades de hoy en día. Incluso aparte de los ejemplos más obvios como *Blade Runner* y *1997: Rescate en Nueva York*, solo hay que fijarse en la pobreza y la miseria del Hill Valley de *Regreso al futuro* (1985), y en la mugre y el crimen en el Nueva York de los ochenta en *Cazafantasmas*. Con Gotham, Burton llevó esa tendencia a su extremo culminante al final de la década y, al hacerlo, estableció la plantilla de cómo debían presentarse las ciudades en las películas de superhéroes durante los siguientes treinta años.

Es un gran reconocimiento a los escritores y dibujantes de cómics Bob Kane y Bill Finger que dos de las películas más influyentes de los ochenta y del siglo XXI las protagonice el mismo personaje, el que ellos crearon en 1939. Pero también resulta extraordinario echar la vista atrás a las primeras reacciones sobre el *Batman* de Burton y ver lo rápido que críticos y seguidores la tacharon de «demasiado oscura» y «demasiado siniestra» para niños. No, lo que hizo fue cambiar la manera en que Hollywood representaría a los superhéroes para siempre, rescatándolos de la alegría radiante y naíf de las películas de *Superman* (y de la serie kitsch protagonizada por Adam West) y convirtiéndolos en hombres misteriosos e inquietantes, extremadamente lucrativos. La influencia de Burton no ha hecho más que afianzarse durante las últimas décadas, ahora que las películas de superhéroes están por todas partes y componen el eje en el que se basa la industria cinematográfica estadounidense; comparada con las películas de superhéroes que se hacen en el siglo XXI, *Batman* parece *Barrio Sésamo*: hay colores, relativamente poca violencia y los personajes no parecen todos tremendamente infelices. En la época hubo grandes protestas contra la elección por parte de Burton de contar con Michael Keaton como Batman, pues los seguidores sugerían que era demasiado raro y debilucho para representar al superhéroe estadounidense. Pero al lado del extrañamente intenso Christian Bale (y ¡galés!, ¡qué escándalo!), Keaton, con su mirada chiflada, es totalmente murcielaguil.

Christopher Nolan recogió en 2005 el testigo con *Batman Begins*, salvando la franquicia del caos amanerado en el que Joel Schumacher la había sumido en los noventa[7] y recuperó el aspecto oscuro de la franquicia cinematográfica para que estuviera más en la línea de sus orígenes en el cómic. El impacto de este cambio ha sido enorme en Hollywood, tal vez incluso más que cuando Burton lo realizó en 1989, simplemente porque ahora se hacen muchas más películas de superhéroes que hace dos décadas, gracias en parte al auge de los superhéroes de Marvel Studios. Todas las películas de superhéroes posteriores a 2005 se volvieron mucho más oscuras como resultado

7. No creo que tengamos que hablar demasiado del *Batman* de Schumacher por dos simples razones: se hizo en los noventa y por lo tanto no es relevante para este libro, y es una auténtica basura. Cuando la mejor actuación corre a cargo de Elle Macpherson, como ocurre en *Batman y Robin*, sabes que estás en presencia de un truño descomunal.

del éxito de *Batman Begins*, desde *X-Men* hasta *Los Vengadores* o *Spiderman*.

Pero voy a dejar una cosa clara aquí y ahora: no me gustan las películas de Batman de Christopher Nolan. No por lealtad a Burton —aunque admito que pensé que así sería cuando fui a ver *Batman Begins* con una ceja arqueada con escepticismo—, sino porque son aburridas. Dios, son aburridísimas, llenas de disertaciones de los personajes sobre lo buena o lo mala que es cada cara de la misma moneda, y sobre cómo todos llevamos máscaras, y que si el verdadero poder es una carga terrible, y que siempre la noche es más oscura justo antes del amanecer[8] y que si la lluvia en Sevilla es una maravilla, bla, bla, bla. Sospecho que Nolan lo sabe, por eso mete unas diecisiete secuencias de acción por minuto en sus películas. Pero la escena del museo en *Batman* en la que Jack Nicholson le organiza una serenata a Kim Basinger al ritmo de Prince mientras envenena al resto se me ha quedado más grabada que cualquiera de las 10.781 escenas de acción de la trilogía de Nolan porque, al contrario de lo que creen hoy en día los directores de películas de superhéroes, cuantas más escenas de acción hay, más se diluyen.

Lo único interesante sobre Bruce Wayne, un mujeriego rico cuyo poder reside en tener acceso a llamativos juguetitos inventados por otros, es cómo se convirtió en Batman, y Burton lo sabía, por eso se centró en ese aspecto en *Batman* y, por eso, su secuela, *Batman vuelve* (1992), flaquea un poco porque ya no puede explotar esa historia. Nolan también es consciente de ello y por eso la primera parte de la trilogía, *Batman Begins*, toma esa historia como su trama principal y la estira hasta convertirla

8. Lo que, por cierto, ni siquiera es verdad. Está CLARO que la noche no es más oscura antes del amanecer, es mucho más oscura en mitad de la noche, no a las cinco de la mañana. Lo que hay que oír...

en dos horas y veinte minutos capaces de curar el insomnio a base de rellenar la película con escenas interminables de Christian Bale entrenando en la nieve para convertirse en ninja. Oye, Nolan, he venido a ver *Batman*, no *Kung Fu Panda*.

Burton es un narrador mucho más contundente y expresa lo que quiere decir (¡Bruce Wayne es un ricachón solitario! ¡Se ha quedado tocado por el asesinato de sus padres!) con una sola escena. Sus escenas de acción también son mucho más fáciles de seguir que las de Nolan, que son un caos porque pasan demasiadas cosas con demasiados personajes. Después de *Batman vuelve* (con Keaton, Christopher Walken, Danny DeVito y Michelle Pfeiffer), todas las películas de superhéroes se llenaron de actores famosos con la creencia de que el público se distraería tanto con los famosos que no se daría cuenta de que la trama no tiene ningún sentido. El problema aquí es que esa táctica aumenta las posibilidades de que los malos les hagan sombra a los superhéroes (que siempre son los personajes más aburridos en este tipo de películas). Ese no es un problema de la película de Burton, porque él se deleita con las rarezas de Batman,[9] y los ojos de Keaton siempre resultan fascinantes de ver, incluso cuando están casi ocultos tras una máscara.

Pero Bale, que es un actor magnífico, no tiene el magnetismo perturbador de Keaton —y extrañamente la máscara parece acentuarle las bolsas de los ojos— y esa distorsión de la voz tan estúpida cuando aparece como Batman ensombrece aún más su carisma. Así, *Batman* se convierte en un coñazo aburrido y opaco y, a menudo, da la impresión de que el corazón de las películas de Batman dirigidas por Nolan no sea

9. «Parte de lo que me atrajo es el hecho de que se trata de un personaje humano que se viste con un traje extremadamente vulgar... La extraña naturaleza de la situación es lo que me pareció más aterrador» (*Tim Burton sobre Tim Burton*).

Batman, sino Jim Gordon (Gary Oldman), el buen policía, y esto ocurre especialmente en la segunda parte de la trilogía de Nolan, *El caballero oscuro*. Se puede decir que esta es la mejor de la serie moderna de Batman porque incluye al mejor malo, el Joker, interpretado por Heath Ledger, quien protagoniza la interpretación más cautivadora de toda la trilogía. Pero, aun aquí, tengo que admitir que sigo pensando en Burton: con su maquillaje corrido, el pelo alborotado, el traje de colores chillones y su descripción de sí mismo como un «agente del caos», la interpretación del Joker de Ledger se parece muchísimo a Bitelchús.

No tiene sentido debatir quién hizo mejor de Joker, Ledger o Nicholson, porque sin duda alguna los dos están magníficos. Nicholson se convierte en un icono desde el momento en que aparece en pantalla mientras que la interpretación de Ledger ruge y escarba bajo la piel con su extrañeza. Pero el Joker de Nicholson resulta más satisfactorio porque tiene una historia propia (la concisa historia de Jack sumergido en un tanque de ácido porque se acostó con la novia de su jefe, interpretados respectivamente por Jack Palance y Jerry Hall)[10] y muere cuando aterriza sobre el cemento tras el engaño de Batman, con una sonrisa en la cara y un juguete mecánico riéndose en su bolsillo.

En realidad, es una suerte que Nolan no se moleste con la historia del Joker porque probablemente habría tardado cuatro horas en contarla. Pero la ausencia de la muerte... Nolan es extrañamente reacio al drama ostentoso, como si le diera cierta vergüenza estar haciendo una película de, ya sabes, SUPERHÉROES. Comparemos, por ejemplo, la emocionante escena inicial en la que se presenta a Batman en la película de Burton

10. Otro punto importante a favor del Batman de Burton: cuenta con un reparto ESTELAR.

(«Vas a hablar a tus colegas de mí.» «Pero ¿quién eres?» «Soy Batman.») con la versión mucho menos emocionante de Nolan en la que le suelta una gracia a un sin techo («Bonito abrigo»). Así que tal vez no es tan sorprendente que en *El caballero oscuro* ni siquiera mate al Joker, simplemente lo deja ahí colgando cabeza abajo, pero sí resulta menos satisfactorio.

Los seguidores de Nolan dicen que prefieren el «realismo» de sus películas comparadas con las de Burton, y los críticos citan con frecuente admiración la «descarnada realidad» de su cine; pero, si las películas fueran «realistas», mostrarían a multitudes señalando a Batman y diciendo: «Mira, mira. Es uno de esos idiotas de Fathers4Justice[11]. Menudo capullo». Además, ningún hombre puede llevar una capa larga en el mundo real sin que se le rían en la cara, te lo dice una antigua articulista de moda. Pero la verdadera cuestión es: ¿quién coño busca realismo cuando va a ver una película sobre un tío que va saltando por ahí vestido de murciélago? Te digo quién: la gente que finge no estar viendo una película de superhéroes y que intenta convencerse de que nos Cuenta Algo Importante.

Muchas de las diferencias entre las películas de Batman de Burton y las de Nolan se pueden atribuir al estilo diferente de los directores. Pero eso no es todo y muchas de las razones por las que las películas de Nolan me parecen a menudo casi insoportables tienen que ver con la época en la que se hicieron.

Todas las películas de desastres ambientadas en Nueva York parecen respuestas al 11 de septiembre, aunque se rodaran años antes (*Independence Day*, de 1996, se me hace imposible de ver por esa razón, aunque tampoco es que lo intente muy a menudo). Pero resulta bastante obvio que el auge de las películas de superhéroes en Hollywood desde comienzos del siglo XXI se

11. Organización inglesa de padres que se caracteriza por protestar disfrazados, a veces de superhéroes. *(N. de la t.)*

debe tanto a una respuesta al 11 de septiembre como a la importancia cada vez mayor del público internacional. Las películas de superhéroes proporcionan una vía de escape y también ofrecen la autovalidación narrativa de un país que se siente bajo la amenaza de un enemigo al que no entiende.

Mucho se ha escrito sobre cómo los superhéroes reflejan la imagen que los estadounidenses tienen de sí mismos desde el día siguiente a la primera aparición de Superman en 1938. Incluso se han escrito doctorados sobre el tema con títulos como «Reflexión sobre el hombre estadounidense: Clark Kent, Superman y la masculinidad del consumidor» y «Nacionalismo y poder: el Capitán América, políticas gubernamentales y el problema del nacionalismo estadounidense».[12] Este argumento se puede extender fácilmente a los héroes de película en general: desde los años veinte hasta los sesenta, los héroes en las películas estadounidenses eran masculinos, dominantes, e incluso temerarios, y reflejaban así el orgullo estadounidense tras las dos guerras mundiales. Esta actitud se desmoronó tras la guerra de Vietnam y, entrando en el escenario por la izquierda, llegó el héroe imperfecto. Se puede decir que esto comenzó con la película de Arthur Penn *Bonnie and Clyde* (1967), y hoy en día, en el siglo XXI, incluso los superhéroes están plagados de dudas y conflictos internos. No hace falta haber escrito un ensayo con un título con dos puntos sobre Clark Kent, la masculinidad y la normativa heterosexual para darse cuenta del exceso de películas de superhéroes tras el 11 de septiembre, con protagonistas atormentados sobre quienes recae la tarea de salvar el mundo pero a quienes a menudo las torpes masas confunden con justicieros destructivos, un reflejo de cómo Estados Unidos ve su rol en el mundo en esta época.

12. No me he inventado los títulos, sería incapaz. Los he sacado de Julian Chambliss, William Svitavsky y Thomas Donaldson (ed.), *Ages of Heroes, Eras of Men – Superheroes and the American Experience*. Disfruta del tomito.

Cuando Alfred (Michael Caine), la leal voz de la prudencia, le pregunta a Bruce Wayne en *Batman Begins* si es necesario causar tanta destrucción mientras intenta salvar Gotham, Bruce sonríe para sí mismo: «No tenía tiempo de pensar en las normas de tráfico, Alfred». El año en que se estrenó la película, 2005, también fue el mismo en que la opinión de los estadounidenses sobre el presidente Bush comenzó a desplomarse. Según un sondeo de Pew Research, casi la mitad de los estadounidenses creían en 2005 que la guerra de Irak causó más daños que beneficios. ¿Era necesario que causáramos tanta destrucción? Bush se mofó de estos resultados y en un discurso, el 7 de octubre de ese mismo año, afirmó que dichas preocupaciones eran ridículas porque se enfrentaba a un movimiento terrorista que quería «intimidar al mundo entero». ¿Quién tiene tiempo de fijarse en las normas cuando se enfrenta «al enemigo»? Sin duda, los medios de derechas de Estados Unidos llevan años haciéndose eco de este sentimiento. David Brooks escribió en la misma línea en 2001: «Destruiremos pueblos inocentes por accidente, nos encogeremos de hombros y seguiremos luchando».

Los paralelismos entre Batman y el Bush post-11 de septiembre son incluso más obvios en *El caballero oscuro*: está el malo que manda a sus esbirros a misiones suicidas y vuela por los aires edificios al azar solo para demostrar que puede hacerlo; un villano que es tan diferente a los demás que los buenos tienen que saltarse sus propias normas para detenerlo, como cuando Batman utiliza el sónar para usar los móviles de la gente en su lucha contra el crimen (muy en línea con la Ley Patriota); hecho por el que la mayoría considera erróneamente a Bruce Wayne como un gilipollas con un padre rico y a Batman como un terrorista. Incluso Alfred, que antes acataba las normas, está ahora de acuerdo con el punto de vista destructor de Bush en esta película y le aconseja a Bruce que la manera de destruir a un malo que «solo quiere ver arder el mundo es incendiar el bosque». En un artículo en el *Wall Street Journal* titulado «Lo que Batman y Bush tienen en común», Andrew Klavan describe *El caballero oscuro* como «una película conservadora sobre la guerra contra el terrorismo con la que se ha recaudado una fortuna describiendo los valores y necesidades que la administración Bush no consigue expresar». El *Washington Independent* fue más allá y sugirió que *El caballero oscuro* era, de hecho, una muestra específica de apoyo a Dick Cheney, especialmente en cuanto a su actitud con la seguridad, a sus quebrantamientos de la ley justificados y a sus referencias al «lado oscuro» (uno de los «palabros» favoritos de Cheney).

Al final de la película, Batman le dice al inspector de policía que deben ocultar sus actos porque la población no puede lidiar con la verdad. La administración Bush también escondió muchas cosas al pueblo estadounidense, desde el coste real de la guerra hasta el uso de torturas. En *Algunos hombres buenos* (1992), la afirmación del coronel Jessup (Jack Nicholson) de que el pueblo «no puede aceptar la verdad» se consideró como prueba de su megalomanía; en *El caballero oscuro*, esconder la verdad se considera parte de la naturaleza sabia de Batman y de los sacrificios que realiza. Como un periodista escribió en *Mother Jones*, «[*El caballero oscuro* dice] que necesitamos caballeros que hagan el trabajo sucio para mantenernos seguros mientras nosotros los juzgamos y comentamos alegremente que han ido demasiado lejos... La película parece alabar a los líderes que se saltan las normas como si eso fuera la única arma efectiva contra nuestros malvados enemigos, un mensaje que creía que el pueblo estadounidense había decidido rechazar».

No sorprende que el reparto de la película intentara distanciarse de tales lecturas políticas. Aaron Eckhart, que interpreta al fiscal del distrito Harvey Dent, insistió en que «sin duda esa no era la intención» y que simplemente es «buen drama para una buena película». Pero admitió que está de acuerdo en cierto modo con la analogía. «Claro que existen [analogías]. Cuando leí *El caballero oscuro* por primera vez, me percaté de un montón de temas políticos. Es obvio que la cultura actual se ha colado en la película, es un reflejo de nuestra época.»

Que Nolan quisiera o, más probablemente, no quisiera que Batman representara a Bush y Cheney, no importa, ya que el gobierno y los medios estadounidenses llevaban años preparando el terreno para este tipo de analogía en su búsqueda desesperada de héroes tras el 11 de septiembre, cuanto más de cómic mejor. Un mes después de los ataques, Marvel publicó *Heroes*, un enorme cómic con dibujos de bomberos rescatando a mujeres de los escombros, que se agotó en un día. Susan Faludi escribe en *The Terror Dream*, su estudio sobre cómo el 11 de septiembre afectó al espíritu estadounidense: «La promesa del presidente de dar caza a los "malos" le ganó los elogios de la prensa PORQUE sonaba a cómic». Una columnista estadounidense especialmente ridícula comparó el discurso del estado de la unión de Bush en 2003 con el momento en el que Clark Kent «se abre la camisa para revelar la gran "S" en su pecho». Otro comentarista, Peter Roff, escribió: «Bush intercala su retórica con "cracs", "bangs", "pams" y "zas" verbales para dejar bien claro quiénes son los malos y quiénes son los buenos». Roff también comparó al presidente con el superhéroe La Sombra, «un hombre misterioso que provoca terror en lo más profundo del alma de los malvados de todo el mundo. Es el tipo de héroe que Estados Unidos necesita ahora mismo», escribe Roff. Debes tener en cuenta que estas columnas se escribieron no para un público adolescente lector de cómics, sino para lectores adultos de periódicos.

Las películas de Batman de Nolan están dirigidas a adultos (mucho más que las de Burton), son más violentas y con más muertos, porque ¿quién tiene tiempo de pensar en las normas de tráfico hoy en día, Alfred? Pero quizá la diferencia más obvia entre las dos franquicias sea el tono. A pesar de la reputación de Burton de ser el maestro de pelo revuelto de la melancolía, sus películas son divertidas, y *Batman* no es ninguna excepción. Desde la guasa de Jack Nicholson («¿De dónde sacará esa maravilla de juguete?», «Esta ciudad necesita una lavativa») hasta la seca ironía de Michael Keaton («La verdad, creo que no conocía este salón»), *Batman* es sin duda una película divertida. Incluso cuando Keaton parece más solitario que nunca es divertido, como cuando se acerca sigilosamente por la espalda de las personas que se mofan de sus posesiones en su casa. Pero sigue estando solo: el Bruce Wayne de Keaton se pasea sin ser visto en sus propias fiestas, ni siquiera los invitados lo reconocen y, por lo tanto, siempre está solo. Por el contrario, Bale interpreta a Bruce Wayne como a un capullo rico que llega tarde a sus fiestas con una chica colgada de cada brazo y que domina inmediatamente cualquier acto con sus discursos sarcásticos.

Todas las películas de superhéroes de hoy en día se toman demasiado en serio a sí mismas y eso resulta ridículo, cosa que ocurre especialmente con las películas de *Batman* de Nolan, pomposas, pretenciosas y de mirada severa. Las películas de superhéroes de ahora fingen ofrecer una narrativa social y política relevante, y la narrativa política en Estados Unidos actualmente resulta bastante desmoralizadora (ya he comentado el extraño mensaje anti-Occupy de la película final de la trilogía de Nolan, *El caballero oscuro: La leyenda renace*, en el capítulo «*Todo en un día:* el impacto de la clase social»). Además, los mismos estudios se toman estas películas muy en serio porque constituyen la base de su año financiero. Pero como demuestra el *Batman* de Burton, para que sea relevante y se convierta en un éxito mundial no es necesario seguir repitiéndole al público lo SERIA e IMPORTANTE que es una película, ni tampoco actuar como si esta fuera tan trascendental como la cura del cáncer. Porque, en algún momento, alguien se detendrá un segundo y dirá: «¿De verdad queremos pasarnos nuestra época de adultos del mismo modo que nuestra adolescencia, dependiendo de superhéroes para que le den sentido a nuestras vidas? Y, si la respuesta es afirmativa, ¿al menos no pueden ser las películas, no sé, un poco más DIVERTIDAS?».

Después de *Batman*, Tim Burton hizo su obra maestra en 1990, *Eduardo Manostijeras*, la película más preciosa y explícitamente autobiográfica de todos sus largometrajes (él mismo la escribió y dirigió) y, cuando la vi, me dejó tan sin aliento que no pude ni levantarme de mi asiento en el cine. Así que me quedé y vi la siguiente sesión. Combinaba todo lo que me gustaba de sus películas de los ochenta, los barrios residenciales surrealistas de *La gran aventura de Pee-Wee*, el deseo de escapar de este mundo de *Bitelchús* y la soledad de *Batman*, pero con mayor intensidad en esta historia de un triste solitario con cuchillas en lugar de manos. Tenía doce años cuando la vi y no sé si de forma inconsciente reconocí en la película a la adolescente tremendamente deprimida en la que me iba a convertir (una chica que se sentía muy sola y que deseaba que la abrazaran pero que hacía daño a cualquiera que lo intentara), o si simplemente me gustaba Johnny Depp. Probablemente vi esa película más que ninguna otra de adolescente. Sin embargo, hoy en día no puedo soportar darle al *play*. Ver *Eduardo Manostijeras* es como hacer presión en una cicatriz que cubre unas terminaciones nerviosas aún muy vivas.

Pero, del mismo modo que crecí con Tim Burton, durante un tiempo me alejé de él. Junto con otras cosas infantiles, me aparté de sus películas de veinteañera y me daba vergüenza haber considerado en algún momento todo ese rollo gótico hollywoodiense como arte. Puf, menuda idiota inadaptada. ¡Y mira! ¡Burton tenía razón! Todas sus películas SÍ eran iguales, principalmente porque todas estaban protagonizadas por los mismos malditos actores. ¿No se había dado cuenta de que había otros actores en el mundo aparte de Johnny Depp? Igual tendría que buscar dónde vive y, cuando lo vea salir de su casa, susurrarle: «Oye, oye, Tim. Dos palabras: James Spader».

Pero afortunadamente dejé atrás esa fase infantil de autorrechazo que, como veinteañera, confundí con un maduro conocimiento de mi interior y me reconcilié con Burton cuando fui a ver *Frankenweenie* (2012) ya de treintañera. Fue como volver a casa después de un largo y difícil viaje: todo me resultaba familiar pero un tanto diferente y me sentía cómoda pero también emocionada por volver a un lugar que aún conectaba con un pequeño y oscuro rincón de mi interior. (También ayudó que *Frankenweenie* marcara el comienzo del alejamiento de Burton de la rutina creativa en la que se había estancado durante la década pasada. Ninguno de los dos empezamos el siglo con buen pie.) Ya no hago cola para ver el primer pase del estreno cuando hay una nueva película de Burton; sinceramente, ni siquiera veo todas sus películas en el cine (aún no he conseguido llegar al final de *El planeta de los simios*, pero me da la impresión de que no nos parece mal a ninguno de los dos). Pero siempre le tendré un cariño especial por abrirme los ojos a la emoción del cine de los ochenta, y por llevarme de la mano a través de los noventa. El *Batman* de Burton no intenta decir nada sobre los juegos de poder sociopolíticos, trata sobre la soledad, pero en la forma dulce, con estilo y sorprendentemente sutil de Burton. Personalmente, me resulta mucho más conmovedora que dos horas y media de defensa de la presidencia de Bush. Los seguidores de Burton somos así de raros.

P. D: Para que conste, este es el orden oficial de las películas de Batman de los últimos treinta años, de la mejor a la peor:

1. ***Batman*** **(1989, Burton)**
«*Simply the best!* ¡Arriba esos pulgares!» Tina Turner.[13] El mejor reparto de todas las películas de Batman. Jack Palance, por el amor de dios. El puto Jack Palance.

2. ***Batman vuelve*** **(1992, Burton)**
Mucho mejor de lo que recuerdas. Christopher Walken está desaprovechado por completo pero Danny DeVito de Pingüino está increíble. Su funeral de pingüinos aún me produce pesadillas.

3. ***El caballero oscuro*** **(2008, Nolan)**
Demasiados momentos climáticos, demasiados personajes y demasiado Bush, pero no cabe duda de que es una buena película. Aaron Eckhart y Gary Oldman están muy bien, Heath Ledger está increíble.

4. ***El caballero oscuro: La leyenda renace*** **(2012, Nolan)**
Entiendo un 25% del diálogo de esta película, y el tema anti-Occupy no hay por dónde cogerlo pero es mejor que la primera de Nolan. Que es...

5. ***Batman Begins*** **(2005, Nolan)**
La película que nos recordó a todos que Katie Holmes no sabe actuar y que Liam Neeson y Morgan Freeman dejaron de molestarse en hacerlo ya hace mucho tiempo.

6. ***Batman Forever*** **(1995, Schumacher)**
Es más o menos como me imagino un club gay en los ochenta en el que todo el mundo está puesto de cocaína. Pero no en el buen sentido.

13. Puede que esta cita no sea del todo exacta.

7. *Batman y Robin* (1997, Schumacher)
La película que demuestra que George Clooney es un superhéroe de verdad porque él es el único de todo el reparto que fue capaz de elevarse cual fénix de las cenizas de una bazofia atroz.

LAS DIEZ MEJORES CANCIONES ROCK DE LA BANDA SONORA DE UNA PELÍCULA DE LOS OCHENTA

10. «When the Going Gets Tough, the Tough Get Going», de Billy Ocean, ***La joya del Nilo***
Si nos ponemos estrictos, no es una canción rock, pero si nunca has visto el vídeo, con Michael Douglas, Kathleen Turner y Danny DeVito como coristas, tu vida está a punto de mejorar mucho.

9. «Eye of the Tiger», de Survivor, ***Rocky III***
La única canción aceptable para enfrentarse a Mr T.

8. «Stir It Up», de Patti LaBelle, ***Superdetective en Hollywood***
Me encanta Patti LaBelle, me encanta esta canción y, sobre todo, me encanta el momento en el que Eddie Murphy pone esa cara al final de *Superdetective en Hollywood.*

7. «You're the Best», de Joe Esposito, ***Karate Kid***
Ponte esta canción antes de salir de casa y ganarás cualquier competición de kárate que tengas ese día, sin duda.

6. «Footloose», de Kenny Loggins, ***Footloose***
En serio, ser Kenny Loggins tuvo que ser la hostia. El tío es una leyenda de las bandas sonoras de los ochenta.

5. «The Heat is On», de Glenn Frey, ***Superdetective en Hollywood***
Como el gran Lebowski, no soporto a los Eagles, pero el poder de *Superdetective en Hollywood* es tal que no puedo resistirme a esta canción del Eagle Glenn Frey.

4. «Power of Love», de Huey Lewis and the News, *Regreso al futuro*
MARTYMCFLY4EVA.

3. «Into the Groove», Madonna, *Buscando a Susan desesperadamente*
Estoy totalmente de acuerdo contigo, Madonna no aparece lo suficiente en este libro. Se merece su propio capítulo por ese momento en *Buscando a Susan desesperadamente* en el que baila sola con la máquina de discos.

2. «Danger Zone», de Kenny Loggins, *Top Gun*
Es escuchar esta canción y me dan ganas de pegarme a la cola de Val Kilmer.

1. «Don't You Forget About Me», de Simple Minds, *El club de los cinco*
No tiene rival. No es solo la mejor canción rock de una película de los ochenta, sino el mejor momento musical de una película de los ochenta. ¡Puño al aire, Judd Nelson! ¡Dale ahí!

LAS DIEZ CANCIONES MÁS RARAS DE LA BANDA SONORA DE UNA PELÍCULA DE LOS OCHENTA

10. «Lethal Weapon», de Honeymoon Suite, ***Arma letal***
«Love can be a lethal weapon.»[14] ¿Perdón? No en el sentido estricto de la palabra.

9. «We Built This City», de Starship, ***Maniquí***
¿Por qué Marconi toca la mamba?

8. Las canciones de Queen de la banda sonora de ***Los inmortales***
Todo mi reconocimiento al grupo por incluir referencias a la película en cada una de las canciones, incluso aunque ahora no tengan ningún sentido. *«A rage that lasts a thousand years»*,[15] ya te digo.

7. «Please, Please, Please Let Me Get What I Want», de The Dream Academy, ***Todo en un día***
Me siento culpable por ponerla aquí porque no es rara. Me encanta. Pero hay algo divertido en el hecho de que un grupo australiano haya convertido una canción autocompasiva de los Smiths en una pieza instrumental traducida en canción de amor.

6. «Daddy's Girl», de Peter Cetera, ***Tres hombres y un bebé***
La canción trata del amor que una hija siente por su padre. Qué bonito, ¿no? ¡Pues no! Este es el estribillo: *«Little baby wanna hold you tight | She don't ever wanna say good night | She's a lover, she wanna be Daddy's Girl»*.[16]

14. 'El amor puede ser un arma letal' *(N. de la t.)*.
15. 'Una ira que dura mil años'. *(N. de la t.)*
16. 'La niña quiere abrazarte fuerte | No quiere darte las buenas noches | Es una amante, quiere ser la niña de papá'. *(N. de la t.)*

Me encanta *Tres hombres y un bebé* pero alguien debería llamar a los servicios sociales inmediatamente.

5. «Ghostbusters», de Ray Parker Jr, *Cazafantasmas*
Un clásico. Pero extraño.

4. «Peace in Our Life», de Frank Stallone, *Rambo: Acorralado Parte II*
El hermano de Sylvester Stallone cantando sobre la paz en una película en la que su hermano bombardea al mundo. Que dios os bendiga, familia Stallone.

3. «Magic Dance», de David Bowie, *Dentro del laberinto*
David Bowie, con el pelo corto por delante y largo por detrás, cantando sobre un baile mágico a un grupo de muñecos y a un bebé. Me encantan los ochenta.

2. «Oh Yeah», de Yello, *Todo en un día*, etc.
Tengo la sensación de que esta canción aparece en todas las películas de los ochenta, pero solo sale en dos: *Todo en un día* y *El secreto de mi éxito*. Pero es que es muy rara. Y viene con un extra: el grupo era suizo.

1. El rap «The Dragnet», por Dan Aykroyd y Tom Hanks, *Dos sabuesos despistados*
Y luego dicen que los blancos no saben rapear.

Las películas de los 80 de Eddie Murphy: es posible superar el tema de la raza

El tiempo no ha tratado bien a las superestrellas de la comedia de los ochenta: John Belushi murió hace tiempo, Harold Ramis ha muerto hace poco, Martin Short ha desaparecido del mapa, a Dan Aykroyd solo se le ve de vez en cuando promocionando vodka, el brillante y talentoso Steve Martin se pasó a las películas románticas con resultados dispares,[1] Chevy Chase parece dedicado en cuerpo y alma a generar publicidad negativa sobre sí mismo,[2] y a Steve Guttenberg se le vio por última vez haciendo comedia musical en Bromley.[3] De todas las leyendas de la comedia que surgieron en esa década, el único que sigue en pie y con credibilidad es Bill Murray.

1. *Tres mujeres para un caradura*: buenísima. *Prohibido enamorarse*: mátame.

2. Anécdotas de Chevy Chase a lo largo de los años: en 1996, apareció como invitado en *Saturday Night Live* y, entre otras cosas, le dijo a una de las guionistas que igual ella podría hacerle una paja más tarde (Tom Shales y James Andrew Miller, *Live from New York*); nadie que haya trabajado con él tiene algo bueno que decir («Chevy tiene reputación de ser un gilipollas, y esa reputación se la ha ganado a pulso», dijo Dino Stamatopoulos, coprotagonista con Chase en la serie *Community*); incluso Will Ferrell, uno de los hombres más agradables del mundo de la comedia, describió a Chase, a quien admira, como «el peor presentador de *Saturday Night Live*, quizá se tomó demasiadas pastillas ese día» (Shales y Miller, *Live from New York*).

3. A ver, Guttenberg era una superestrella de la comedia en MI mundo, ¿vale?

Cosa que me parece estupenda, pues adoro a Murray. Él es mi parte favorita (Venkman) de mi película favorita (*Cazafantasmas*, creo que ya lo he mencionado) de todos los tiempos. También es mi parte favorita (Jeff, el compañero de piso) en una de las películas que más veces he visto de todos los tiempos (*Tootsie*). *El club de los chalados*, *Tootsie*, *El pelotón chalado*, *Cazafantasmas*, *Los fantasmas atacan al jefe*: no cabe duda, Murray tuvo unos muy buenos ochenta. Pero en 1989 podías preguntarle a cualquiera en cualquier calle de cualquier rincón del mundo occidental qué famoso cómico estadounidense creían que seguiría siendo admirado veinticinco años más tarde y la mayoría no te respondería Bill Murray. No, nombrarían al hombre que sigue siendo la estrella de la comedia más grande de la historia, la persona con la que el tiempo se ha ensañado con mayor crueldad: Eddie Murphy.[4]

La actitud del público hacia Murray y Murphy es un ejemplo de lo corta que es la memoria de la gente. No importa lo buenos que fueran los ochenta de Murray, la razón por la que aún se le adora hoy en día es porque durante los últimos quince años ha gestionado su carrera de forma muy inteligente. Con la notable excepción de *Atrapado en el tiempo* (que no es más que una actualización mística de *Los fantasmas atacan al jefe*, que conste), Murray, como la mayoría de los cómicos de los ochenta, tuvo unos noventa que ni fu ni fa.[5] Participó en películas con castings muy confusos, como *La chica del gánster*[6] y *El hombre que no sabía nada*, que coprotagonizó junto a otras extrañas estrellas como Richard Wilson y, mmm, Dexter Fletcher. Alguien debió pensar que este sería el *Un pez llamado Wanda* de Murray. No lo fue.

4. «¡... y Steve Guttenberg!», dice la Hadley de nueve años.

5. Sugerencia para un ensayo: «Los noventa fueron para los cómicos de los ochenta lo que los ochenta fueron para los músicos de los setenta. A debatir».

6. En la que Murray hace de mafioso y Robert De Niro hace de un lelo cualquiera. Claro, claro, me lo creo.

Su trayectoria seguramente habría seguido en esa línea de no haber sido rescatado por Wes Anderson, quien, con *Academia Rushmore* (1998) y *Los Tenenbaums: Una familia de genios* (2001), le recordó al mundo que Murray es, de hecho, un estupendo actor dramático.[7] Sofia Coppola, amiga de Anderson, tomó buena nota de ello y lo seleccionó para su película *Lost in Translation* (2003) en la que interpretaba a un famoso hastiado, a quien le aburren el dinero y los japoneses, y así, de repente, se convirtió en verdad universal que no existe ninguna persona en el planeta que no tenga a Murray en un altar. Pero la historia de Murphy es totalmente diferente.

La mayoría de los nacidos antes de 1980 piensan en Murphy con una cierta decepción, con una sensación entre confundida y avergonzada, como te sientes cuando un primo que antes te parecía muy guay, madura y se convierte en un carroza aburrido que trabaja como relaciones públicas, se emborracha cada Navidad y suelta chistes homófobos.[8] Casi todo el mundo está de acuerdo en que Murphy no ha hecho una comedia decente en casi veinte años, tras optar por la triste carrera de un vendido enfundado en trajes de gordo, franquicias infantiles y películas tan malas que casi esperas que al menos le pagaran 30 millones de dólares por su tiempo.

Y no es justo. Vale, Murphy ha malgastado un montón de años en basura insoportable como *Es... el gurú, una incontrolable tentación* y *Pluto Nash*, uno de los mayores fracasos en taquilla de todos los tiempos, pero también ha hecho algunas películas

7. Aunque a algunos nos empieza a cansar que Murray siempre haga el mismo papel de marido engañado en las películas de Anderson, echamos de menos al Murray chiflado de los ochenta y nos gustaría que dejara de hacer de cínico hastiado. Pero ese es otro tema.

8. Aunque, irónicamente, cuando Murphy hizo chistes homófobos en los ochenta (cosa que ocurrió MUY a menudo y por lo que pidió perdón más tarde), los únicos que protestaron fueron los gais.

excelentes en los (relativamente) últimos años: en la divertidísima comedia de Steve Martin *Bowfinger, el pícaro* (1999) está muy bien haciendo tanto de superestrella de Hollywood como del hermano atontado de la superestrella, y deberían haberlo nominado al Oscar. Pero los Oscar no tocan la comedia, así que, en vez de eso y al más puro estilo de la Academia, Murphy fue nominado por una película posterior —la mediocre *Dreamgirls* (2006)— y por la que se lo merecía menos, aunque su interpretación siguiera siendo buena. En el papel de Jimmy Early, el cantante de soul acabado y adicto a la heroína, Murphy le demostró al público que puede hacer papeles dramáticos, pero también recordó lo espectacularmente vago que ha sido en sus últimos años de carrera, algo que probablemente no era su intención.

Dicho esto, por favor, no subestimes *Shrek*. Sin el encantador trabajo de doblaje de Murphy como Asno, la película no habría sido más que un montón de gruñidos de Mike Myers hablando con acento escocés, y ningún niño (ni padre) quiere ver eso. *Shrek* apenas habría sido una película de no ser por Murphy, mucho menos cuatro. Además, a pesar de las burlas (las mías incluidas) dedicadas a Murphy por hacer franquicias para niños, como *El profesor chiflado*, *Papá Canguro* o *Dr. Dolittle*, nadie ha tenido tanto éxito como él: en conjunto, estas películas, incluidas las secuelas, recaudaron tres mil quinientos millones de dólares en todo el mundo, así que no creo que eso cuente como carrera fracasada.

Pero ni siquiera a mí me apetece malgastar demasiado tiempo y energía defendiendo la carrera de Murphy después de 1989, especialmente comparada con la de Murray. Como ya he dicho, el tipo ha sido un pedazo de vago.[9] Lo que sí voy a hacer

9. Y lo sabe y, lo que es más importante, no le importa. Murphy: «Nunca diré: "quiero hacer este papel porque es un reto. Puede que no lo borde, pero

es defender hasta la muerte que la carrera en los ochenta de Murphy compensa de largo un millón de películas como *Pluto Nash*. Eddie Murphy se merece mucho más respeto del que se le tiene; primero, porque hubo un tiempo en que era la persona más fascinante del mundo en pantalla. Solo con pensar en su cara sonriente en las películas de los ochenta yo también sonrío. Y, segundo, porque consiguió que Estados Unidos creyera, por primera y tal vez única vez en su historia, que es posible superar el tema de la raza.

Para entender lo increíble que resulta que un hombre negro se convirtiera en la mayor estrella cinematográfica de los ochenta, tenemos que analizar qué cantidad de racismo se consideraba aceptable en las películas populares de los ochenta. Da la casualidad de que he visto un montón de películas populares de los ochenta, así que a continuación presento una práctica lista con algunos ejemplos del racismo típico que se encuentra en el cine de esta década:

1. Asiáticos chiflados

Dieciséis velas (1984): a pesar de que *Dieciséis velas* es una película de adolescentes de John Hughes, le pilló más en modo bufón al estilo de *Las vacaciones de una chiflada familia americana* que en sus días enternecedores de *El club de los cinco*. Un estudiante de intercambio de un país asiático sin identificar llamado Long Duk Dong (¡jajaja! Estos asiáticos tienen unos nombres la mar de divertidos.) se aloja con la familia de Molly Ringwald. Está obsesionado con el sexo («No me toquéis

---

eso es lo que lo hace emocionante". Que alguien desde fuera te diga que "tienes que ir más allá" me parece ridículo. ¿Que vaya más allá? Ya me he trabajado una carrera entera, joder, estos son los años fáciles. Ya he destacado bastante en el mundo del cine». (Brian Hiatt, «Eddie Murphy Speaks», *Rolling Stone*, noviembre de 2011).

el pito») y, por supuesto, es un empollón hasta el punto de la vergüenza (asiáticos, ¿eh?, ¿eh?). Hasta su entrada en escena se anuncia con el sonido de un gong de fondo, como una escena sacada de un viejo cómic de Tintín que ahora está prohibido en las bibliotecas escolares. Veinticuatro años más tarde, la NPR estadounidense describió a Long Duk Dong como «uno de los estereotipos asiáticos más ofensivos que jamás ha dado Hollywood».

2. Negros que dan miedo y que enseñan a niños blancos lo que es la vida real

Aventuras en la gran ciudad (1987): esta película es adorable, un ejemplo de lo mejor de las películas de adolescentes de los ochenta: la ternura, las tonterías, la inocencia. Sin embargo, también ejemplifica lo peor, pues utiliza a las personas de raza negra como sinónimo de peligro. Aquí, por razones que no se esclarecen demasiado, la niñera Elisabeth Shue tiene que dejar la seguridad de los barrios residenciales blancos de las afueras y viajar al gueto, donde se cruza con todo tipo de negros peligrosos, desde ladrones de coches pasando por miembros de bandas y aficionados al blues que la obligan a cantar bee bop. Véase también: *Risky Business* y *La mujer explosiva*.[10]

10. A John Hughes se le daba especialmente mal representar minorías étnicas. Aparte de *Dieciséis velas* y *La mujer explosiva*, está *Las vacaciones de una chiflada familia americana* de 1983, que también escribió él. En esta película, la familia Griswold se pierde en un gueto poblado por terroríficos negros soeces, que enseguida les roban los tapacubos, porque los negros son así.

«Me pregunto si conocen a los Commodores», murmura el hijo de los Griswold (Anthony Michael Hall).

«No voy a fingir que sé lo que es ser negro», dijo Hughes en una entrevista con el *New York Times* en 1991. Me parece justo. Por desgracia, parece que sí creía conocer qué es ser negro, y que eso consistía en robar y en usar jerga.

3. Pintarse de negro

Harvard, movida americana (1986): cuando le digo a alguien que mi hermana y yo alquilamos esta película en el videoclub de nuestro barrio en 1987, me miran del mismo modo que yo observaba a mi abuelo cuando me hablaba de su juventud en una época con baños públicos segregados. En serio, ¡¿quién iba a pensar que aún hoy en día exista gente que vivió en una época tan racista?! En esta película capaz de destrozar carreras, C. Thomas Howell interpreta a Mark, un niño blanco mimado cuyo padre, por ninguna razón obvia aparte de un recurso argumental práctico, le dice que tiene que pagarse él mismo sus estudios en la Facultad de Derecho de Harvard. A Mark se le ocurre la brillante idea de fingir ser un estudiante negro para conseguir una beca, porque todo el mundo sabe que es superfácil que te den una beca en Harvard si eres negro. A los «hermanos» se las dan sin problema, como diría Mark. Así que se toma un montón de pastillas bronceadoras y lleva a cabo su plan infalible, que da lugar a estúpidos estereotipos étnicos, con un actor blanco con la cara pintada de negro durante toda la película. Quizá lo más raro de *Harvard, movida americana* no sea que se llegara a rodar, sino que la protagonista negra, Rae Dawn Chong, acabara casándose con Howell. Al menos a una persona no le pareció repulsivo el maquillaje que le pintaba la cara de negro.

4. Negros como esclavos de la comedia

Su juguete preferido (1982): de nuevo, otra película que me sorprende que llegara a filmarse en mi época. En esta, Richard Pryor hace de negro pobre a quien un blanco rico compra para que haga de juguete de su hijo mimado. Exacto: un hombre negro como el juguete de un niño blanco. Solo nos queda la esperanza de que Pryor estuviera hasta arriba de crack cuando firmó el contrato para participar en esta película.

5. Asiáticos que dan miedo

Indiana Jones y el templo maldito (1984): hemos comentado el tema de los asiáticos chiflados, ahora es el turno de los que dan miedo. Las películas de los ochenta están llenas de asiáticos amenazantes, místicos y, sí, indescifrables: *El chico de oro*, *Golpe en la pequeña China* y, en televisión, prácticamente todos los episodios de *El equipo A*. Hasta que George Lucas decidió en 2008 que, tras destrozar el legado de *La guerra de las galaxias* con su trilogía precuela totalmente sin sentido, había llegado la hora de diezmar los recuerdos del público sobre Indiana Jones con la horrible *Indiana Jones y el reino de la calavera de cristal* (2008), la peor película de Indiana Jones hasta entonces era sin duda *Indiana Jones y el templo maldito* (1984). Aquí, Spielberg, con valentía pero de forma poco acertada, decidió cambiar a sus malos habituales, los nazis, por un culto hindú bebedor de sangre. Esto ya es bastante raro de por sí, pero es mucho peor la descripción de lo que comen los indios ricos, es decir, serpientes vivas, escarabajos gigantes, sopa de ojos y cerebro de mono. Jajaja, qué guarros son los asiáticos. Por suerte, Spielberg volvió a los nazis en su siguiente película de Indiana Jones, y esa es probablemente la única situación en la que utilizaré «por suerte» y «volvió a los nazis» en una misma frase.

6. Asiáticos sabios

Karate Kid (1984): me imagino que el señor Miyagi (¡tan sabio!, ¡tan indescifrable!, ¡tan asexuado!) no forma parte del Panel Japonés de Importantes Figuras Culturales, pero al menos no se burlan de él. Bueno, excepto cuando no consigue atrapar la mosca con los palillos, que es como a los japoneses les gusta pasar la noche. Qué pringado.

7. «¡¡¡¡LIBIOOOOOOOOOS!!!!»[11]

De hecho, solo hay que echar un vistazo a las primeras películas de Murphy para ver a qué se iba a enfrentar en esa década. En *Límite: 48 horas*, la primera película de Murphy, hace de Reggie, un convicto que se asocia con Jack, interpretado por Nick Nolte, un policía encantadoramente huraño, y con «encantadoramente huraño» quiero decir «totalmente racista». Estos son algunos de los apelativos que Jack le dedica a Reggie A LA CARA:[12]

«Cara de sandía»

«Tiralanzas»

La palabra que empieza por «n».

De verdad, no hay nada como unos buenos comentarios racistas para convertir al protagonista de una película en alguien adorable. Hay que mencionar que Jack es el protagonista de la película y Reggie su compinche, pero Murphy es tan carismático que parece que la película sea de los dos. Es Jack quien tiene una vida y un recorrido emocional en la película, y Reggie está ahí solo para ayudar al desarrollo de la trama. Así que tenemos a un protagonista que se supone debe caernos bien pero que es abiertamente racista en una película de 1982. Cuando Jack le pide disculpas a Reggie más tarde por decir esas cosas que «no debería haber dicho», esto se presenta como prueba de la bondad que se esconde tras sus asperezas (léase: «racismo») y de que es mucho más perceptivo que otros policías que solo ven a Reggie como un «preso», aunque Jack es el único en toda la película que le dedica insultos racistas. *Límite: 48 horas* es una de las películas poli-

11. *Regreso al futuro*, como bien sabes.

12. Obviamente, llamarle todo eso a sus espaldas tampoco estaría bien, pero ver cómo se lo suelta a la cara de Murphy duele físicamente.

ciacas más influyentes jamás rodadas y el emparejamiento de dos hombres tan dispares, uno blanco y otro negro, se copió hasta la saciedad en los ochenta (*Arma letal*, *Jungla de cristal*, *Corrupción en Miami*) y más tarde (*Men in Black*), por lo que resulta fácil olvidarse de lo original que fue. Pero ninguna de las numerosas copias se inspiró en el lenguaje racista de Jack, y con razón.

Unas décadas más tarde, Murphy habló sobre el lenguaje racista en *Límite: 48 horas*:

> ¿Sabes por qué funcionó entonces y por qué no funcionaría hoy en día? No voy a darme aires, pero mi importancia en la película se debe a que fui el primer actor negro en tomar el mando del mundo blanco en la pantalla. Por eso me hice tan popular. El público no había visto nada parecido antes. En las películas de *blaxploitation*, aunque te enfrentaras al Hombre, eso ocurría en tu barrio, no en su mundo. Por eso *Límite: 48 horas* funcionó tan bien, porque yo dirigía el cotarro y hacía que la película avanzara. Si simplemente hubiera aparecido esposado al volante, ahí sentado, mientras me llamaban «sandía», incluso en aquella época se habrían dado cuenta de que eso estaba mal, muy mal.

Y hasta cierto punto tiene razón: Murphy se come la pantalla en esta película, algo complicado cuando actúas junto a un pata negra como Nolte, que va soltando sus típicos gruñidos de cabra vieja. Murphy domina la película por completo y eso, según él, hace que los abusos suenen menos horribles. Pero confunde ligeramente causa y efecto. Murphy hace que la película avance, cierto, pero nadie pensó que ocurriría eso cuando lo eligieron para el papel. De hecho, en un principio se pensó en Richard Pryor pero, aun con su magnífico talento, nunca consiguió escapar del espacio limitado (léase: «racista») en el que lo confinaron en el cine (véase la anteriormente mencionada *Su juguete preferido*). La realidad sigue siendo que la primera película importante de Murphy es una en la que el comprensivo protagonista resulta ser un racista de tomo y lomo, pero Murphy acaba triunfando por encima de él. Los lectores aficionados a las metáforas pueden ir atando cabos.

En la siguiente película de Murphy, la deliciosa *Entre pillos anda el juego*, interpreta a Billy Ray Valentine, un pobre estafador negro que intercambia su lugar en la sociedad con el de un tío blanco y rico llamado Louis Winthorpe III (Dan Aykroyd). Aquí, cuando Mortimer Duke (Don Ameche) utiliza la palabra que empieza por «n» al referirse a Valentine, esto se presenta como prueba de su maldad y es lo que le motiva a vengarse. Sin embargo, el otro protagonista masculino de la película, Louis, tiene tendencia a referirse a Valentine como «negro», cosa que, comprensiblemente, cabrea a Valentine. Lo que resulta extraño es que a Valentine le parezca bien que más tarde Louis se pinte la cara de negro cuando se disfraza de un porrero jamaicano para intentar engañar al tío que hizo de director malvado en *El club de los cinco* y de jefe de policía imbécil en *Jungla de cristal*[13] (intenta no perderte).

«Fue un tema controvertido, incluso entonces, y [a los jefazos del estudio] Barry Diller y Ned Tannen no les hizo gracia que lo hiciéramos —dice el director de *Entre pillos anda el juego*, John Landis—. Pero la idea es que resulte ridículo y patético, y sin duda lo es. A Danny le sale muy bien el acento jamaicano pero en la película lo hace fatal.» Todo eso es cierto pero, de nuevo, significa que tenemos una película popular en la que un protagonista utiliza un estereotipo negro ofensivo que hoy en día no utilizarían ni los villanos de la película. Pero sí siento algo de solidaridad con Landis cuando, refiriéndose al final de *Entre pillos anda el juego*, en el que el malo acaba atrapado

13. Paul Gleason, el hombre comodín en los ochenta para hacer de malo estúpido.

en una jaula con un gorila, comenta: «me sorprendió que [a los jefazos] les indignara [que un personaje se pintara la cara de negro] pero no que a un tipo lo sodomizara un gorila».[14]

La carrera de Murphy comenzó cuando en 1980 lo rechazaron con diecinueve años en *Saturday Night Live*. Aunque *Saturday Night Live* se enorgullecía de ser innovador, el programa aún no estaba convencido de que el público pudiera lidiar con más de un actor negro en el elenco a la vez, y cuando Murphy se presentó, le dijeron que ya habían seleccionado a Robert Townsend y que el papel de «negro» estaba ocupado. En vez de eso, Murphy apareció como invitado destacado en lugar de como miembro fijo del reparto. Tras un año y un cambio de jefe, resultó imposible ignorar el talento y la popularidad de Murphy, lo ascendieron y salvó este programa de *sketches*.

«De no ser por el talento y la popularidad de Eddie, *SNL* habría dejado de existir a principios de los ochenta», escriben Tom Shales y James Andrew Miller. Si hubiera ocurrido eso, las carreras de otros cómicos que comenzaron en *SNL*, como Chris Farley, Chris Rock, Mike Myers, Will Ferrell, Tina Fey y Amy Poehler nunca habrían despegado. Muchos, muchos de los cómicos de hoy se lo deben todo a Murphy.

Ser «el negro» era bastante habitual para los actores negros en Estados Unidos a principios de los ochenta. «El estatus de las personas negras en la cultura pop a principios de los ochenta reflejaba cierto tipo de discriminación positiva superficial —dice Mark Anthony Neal, catedrático de Cultura Popular Negra en el Departamento de Estudios Africanos y Afroamericanos de la Universidad de Duke—. Si nos fijamos en series que empezaron por entonces, como *Los hechos de la vida* [en la que una chica negra acude a un internado pijo de chicas blancas] o *Arnold* [en

14. Probablemente debería recalcar de nuevo que adoro esta película y que la veo al menos tres veces al año.

la que dos chicos negros pobres son adoptados por un hombre mayor blanco y rico] te encuentras con personas negras en papeles simbólicos en extrañas situaciones blancas. Creo que gran parte del público negro celebró el alejamiento de las imágenes del *blaxploitation* que fueron tan populares en los setenta, pero creo que también existía la preocupación de que muchos de los personajes no estaban del todo desarrollados.»

Ser «el negro» en *SNL* era un trabajo tan ingrato como suena. Según Jane Curtin, miembro del reparto original, los guionistas trataban fatal, fatal a Garrett Morris, el primer miembro negro del reparto, así como algunos de los actores y también Lorne Michaels, creador del programa, algo manifiestamente cierto. Durante su época en *SNL*, Morris sufrió humillaciones continuas en *sketches* que superaban el límite del racismo: le hicieron llevar un traje de mono y, en una ocasión, los guionistas escribieron una parodia de un anuncio en el que se publicitaba una pasta de dientes llamada Tarbrush, que oscurecía los dientes de las personas negras (Lorne Michaels la eliminó del programa tras ver el ensayo pero, según Morris, dos técnicos negros se marcharon como protesta por haberlo considerado siquiera). Por su parte, Morris dijo que construyó «el único puesto no blanco de todo aquello y tuve que derramar sangre para conseguirlo». Le costó más que sangre. El cómico acabó tan deprimido por la situación y tan aburrido de que los guionistas apenas lo utilizaran que empezó a fumar crack.

Incluso después de que Murphy demostrara que «el negro» podía suponer un gran activo para el programa, *Saturday Night Live* continuó tratando a los miembros negros del reparto como meros símbolos que utilizaban para imitar a famosos negros y poco más. Damon Wayans (en *SNL* durante 1985 y 1986) se cabreó tanto con el programa que empezó a llevar gafas de sol en el interior con la excusa de que «todo era demasiado blanco y le hacía daño a la vista». Al final, saboteó un *sketch* en directo, lo despidieron y poco después creó *La vida en color*, una comedia de *sketches* protagonizados principalmente por cómicos negros. Chris Rock (miembro del reparto de *Saturday Night Live* desde 1990 hasta 1993) también acabó frustrado del ambiente «extraño y *wasp* del programa», y eso fue en 1993, trece años después de la llegada de Murphy.

Este es el mundo en el que Murphy comenzó su andadura. Y, aun así, a pesar de todos esos obstáculos aparentemente insuperables, se convirtió en la mayor y más exitosa estrella de *SNL* de todos los tiempos. «Eddie nunca pensó en complacer al público blanco de *SNL*, eso está claro», señala Bill Simmons. Sus chistes trataban de tropos e iconos específicamente afroamericanos, del gueto a James Brown, pasando por sus famosas imitaciones de Stevie Wonder. Rompió el techo blanco de *SNL* y del racismo consolidado en Estados Unidos en los ochenta, y lo hizo sin resultar reduccionista ni ofensivo con los negros, simplemente se mostró tan incandescente que nadie se le pudo resistir.

«Era joven y estaba en la onda de lo que les sucedía a los jóvenes negros estadounidenses, y no era Cosby pero tampoco era Richard Pryor —dice el catedrático Neal—. Nunca dio la impresión de que blanqueara quien era ni cuál había sido su experiencia.»

Murphy se fijó en Cosby y Pryor como mentores y gran parte de su éxito se debe a que sintetizó las lecciones que aprendió de ellos: no era tan peligroso como Pryor ni tan conservador como Cosby. En sus monólogos hablaba de las experiencias de la clase obrera negra, como Pryor, pero no de forma que alejara al público blanco, como temía Cosby. No sorprende que sus mentores dudaran de sus tácticas. Según lo que contaba Murphy en su espectáculo en vivo de 1989, *Raw*, Cosby pensaba que utilizaba lenguaje obsceno en exceso. Pryor escribió: «Nunca conecté con Eddie. Todo el mundo hablaba de lo mucho que mi trabajo influyó en Eddie, y tal vez fuera así. Pero siempre me pareció que su comedia era mezquina. Le decía que fuera más agradable, y eso lo cabreaba».

Pero a pesar de las reservas de sus predecesores, tuvo más éxito de lo que ellos soñaron alguna vez. «Eddie hacía chistes con dieciséis años en el instituto, actuó en clubes de la comedia con dieciocho, participó en *SNL* a los diecinueve, se convirtió en estrella de cine a los veinte y en superestrella a los veintidós. Era un meteorito increíble», dice John Landis.

Como señala Bill Simmons, también fue el único miembro del reparto de *SNL* que tuvo éxito en el cine mientras seguía en el programa. Incluso antes de que se estrenara *Límite: 48 horas*, lo seleccionaron para *Entre pillos anda el juego*, una película para la que en un principio se pensó en Richard Pryor y Gene Wilder, pero, según las delicadas palabras de John Landis: «Richard por desgracia se prendió fuego y hubo que pausar el proyecto». Cuando el estudio preestrenó *Límite: 48 horas*, el público se volvió loco con Murphy. Jeffrey Katzenberg, uno de los directivos del estudio, llamó a Landis, conocido por dirigir *Desmadre a la americana* y *Granujas a todo ritmo*, las películas que lanzaron a la fama al ex cómico de *SNL* John Belushi, y le pidió que volviera a hacer lo mismo con Murphy, a lo que Landis accedió.

Así que, por segunda vez, Murphy fue elegido para un papel pensado para Pryor y, a diferencia de este último, fue lo suficientemente inteligente para saber que su éxito dependía de mantenerse limpio.[15] A ojos de Hollywood, Murphy estaba tomando el relevo de Pryor como «el negro».[16]

15. Murphy: «Nunca he tomado cocaína. Cuando tenía dieciocho estaba en el Blues Bar con Belushi y Robin Williams, todo el mundo estaba de fiesta pero yo dije que no. De vez en cuando, pienso en ese momento con todos ellos, resultaba fácil dejarse llevar por la fiesta, pero todo habría cambiado. Sabía que si me metía en algo así, me habría metido hasta el fondo. Habría aparecido en todos los titulares y no habría alcanzado el éxito, la historia habría terminado en los ochenta». (Brian Hiatt, «Eddie Murphy Speaks», *Rolling Stone*, 19 de noviembre de 2011).

16. Murphy más tarde dijo en una entrevista con Spike Lee: «No le caigo bien

Por desgracia, la Paramount «odiaba al resto» del reparto que Landis escogió, aparte de Murphy. No querían a Aykroyd porque Belushi acababa de morir y la última película de Aykroyd, *Doctor Detroit*, había sido un fracaso. «La creencia popular decía que Danny estaba acabado. Era como cuando Dean Martin y Jerry Lewis se separaron, todo el mundo decía: "Pobre Dean Martin, no volveremos a verle". Pero eso no me importó y me mantuve firme en mi decisión, cosa que cabreó al estudio, pero les dije: "Lo siento, me habéis dado carta blanca y lo quiero a él" —recuerda Landis—. A la gente se le olvida lo buen actor que es Danny. Winthorpe no tiene nada que ver con Elwood (su personaje en *Granujas a todo ritmo*), son de planetas diferentes. Si diriges a Danny, es increíble; si le dejas que vaya por su cuenta, acabará haciendo alguna cosa extraña. Pero es un tipo brillante, muy inteligente y divertido.»

El estudio se enfadó aún más cuando seleccionó a Jamie Lee Curtis, famosa entonces solo por películas de terror, como Ophelia, la amable prostituta. «El guion es maravilloso pero tiene un gran fallo, Ophelia, la prostituta de corazón de oro. Es un enorme cliché de Hollywood y un personaje falso, así que sabía que necesitaba a alguien especial para ese papel y, cuando conocí a Jamie, me di cuenta inmediatamente de lo divertida e inteligente que es, además de muy sexy de una manera nada convencional», dice Landis.

Sin embargo, a la Paramount le impresionó tan poco la elección de Landis de contratar «a una actriz de películas de serie B», según palabras del directivo del estudio Barry Diller,

---

a Richard... Él tiene la sensación de que lo suyo está un poco jodido porque de repente aparecí yo y lo puse todo patas arriba. Lo cree de verdad... Es muy raro enterarte de que tu ídolo te odia y esa mierda». (Spike Lee, «Eddie», *Spin* magazine, 1990). Por un lado, Pryor tiene razón, Murphy le quitó el sitio. Solo había espacio para un hombre negro a la mesa por entonces. Pero, por el otro, no le habría resultado tan fácil si Pryor no se hubiera prendido fuego mientras fumaba crack.

que descontaron dos millones de dólares del presupuesto de la película.

Para el papel del mayordomo Coleman, Landis quería contratar desesperadamente a Ronnie Barker, ya que era un «gran fan» de *The Two Ronnies*, pero Barker le dijo a Landis que nunca había trabajado a «más de cuarenta kilómetros de casa», así que contrataron a Denholm Elliott. Finalmente, Landis quería incluir en el reparto a algún veterano de Hollywood y seleccionó a Don Ameche y Ralph Bellamy como los malvados hermanos Duke. «Todos fueron un gran apoyo para Eddie, fueron muy buenos con él. No hay que olvidar que solo tenía veinte años y que ellos dos eran leyendas de Hollywood que llevaban trabajando más de medio siglo —dice Landis—. Recuerdo que un día estábamos rodando una escena en la que Eddie está en la parte de atrás de un Rolls-Royce con Don y Ralph, y yo estoy fuera, con los auriculares puestos, escuchándolos. Don dice: "Esta es mi película número 99". Y Ralph dice: "Qué gracia, es mi película número 100", y Eddie suelta: "Oye, Landis. ¡Entre los tres hemos hecho 201 películas!".» Landis recuerda que Murphy estaba «muy contento mientras rodábamos *Entre pillos anda el juego*, estaba eufórico, y tenía un gran talento. Se salía de la pantalla».

Murphy ha dicho que la razón por la que sus personajes de los ochenta parecen tan reales es la siguiente: «Desde el principio siempre intenté conseguir que el diálogo fluyera con comodidad, siempre lo hacía de manera que sonara más auténtico». Sin embargo, apenas improvisó en *Entre pillos anda el juego*. Incluso la escena en la que finge ser un veterano ciego de Vietnam, que se parece muchísimo a una improvisación de Murphy, estaba en el guion: «*Entre pillos anda el juego* y las demás películas de John Landis parece que incluyen mucha improvisación, pero John Landis está encima de ti más que cualquier otro director con el que he trabajado. Te dice cómo leer la frase y, si quiere que hagas alguna escena física, te muestra cómo. Se pone a actuar y tú te quedas ahí mirando y diciendo: "qué cabrón"», dijo Murphy.

Landis se ríe al escuchar esto: «Eso no es del todo cierto, Eddie sí improvisó. Soy muy específico pero hay ocasiones en las que improvisó. Por ejemplo, una de mis frases favoritas de la película fue improvisada. En el guion de esa escena, cuando molesta a la mujer, dice: "Si vienes con un hombre sin piernas no te gustarán los demás. Podríamos pasarlo bien, tú y yo". Pero dejé que siguieran rodando y entonces él añadió: "Ya sé lo que piensas, ¿has visto *Porgy and Bess*? ¡Zorra!". Ese era Eddie».

Al mismo tiempo que todo esto, Murphy seguía haciendo *SNL*. «Solo tenía a Eddie tres días a la semana debido a *Saturday Night Live*, al igual que solo tenía a Belushi dos días a la semana mientras rodábamos *Desmadre a la americana*», dice Landis. Pero la situación no seguiría así durante mucho tiempo. *Límite: 48 horas* se estrenó cuando seguían rodando *Entre pillos anda el juego* y el público se volvió loco por Murphy. Cuando *Entre pillos anda el juego* se estrenó el verano de 1983, estaba claro que Murphy ya era una gran estrella y, unos cinco minutos después de que la película llegara a los cines, dejó *Saturday Night Live* y fue entonces cuando Murphy empezó a superar el tema de la raza.

Mickey Rourke fue el primer candidato para el papel de Axel Foley pero lo rechazó. El siguiente candidato fue (madre mía) Sylvester Stallone, quien reescribió el guion para convertirlo en una película de acción, pero abandonó el proyecto dos semanas antes de empezar el rodaje y, en su lugar, hizo *Cobra, el brazo fuerte de la ley*. Así que Jerry Bruckheimer y Don Simpson contrataron enseguida a Eddie Murphy para el papel y, al hacerlo, convirtieron a la película en el mayor éxito de 1984 y uno de los mayores de todos los tiempos. Murphy está en su momento cómico óptimo en la película: en la escena en la que consigue una habitación en un elegante hotel de Beverly Hills mediante sus artimañas pasa de la dulzura a un enfado exagerado y después a la inexpresividad en dos minutos, sin ni siquiera mover el cuerpo, y su reacción al enterarse del precio de la habitación aún sigue siendo una de las mejores reacciones de sorpresa jamás vistas en el cine. Pocos actores, cómicos o no, pueden expresar en la cara con tal sutileza tantas emociones opuestas, en este caso la sorpresa, el intento de esconderla y una histeria creciente ante el hecho de estar en Beverly Hills.

Coló uno o dos chistes sobre su raza en la película, incluida la escena del hotel, pero aparte de eso apenas hay referencias al tema, lo que resulta tanto inocente de una forma dulce como sinceramente increíble, teniendo en cuenta que se trata de una película sobre un negro que va paseándose por el Los Ángeles de los ochenta con una pistola en la mano. Sí, se supone que Foley debe sentirse fuera de lugar en Beverly Hills pero, según el guion, lo que lo convierte en un intruso es su ciudad de procedencia, Detroit, no su raza, aunque esta agrava esa sensación (cabe destacar que el único otro personaje negro en la película aparte de Foley es su jefe en Detroit. ¿Es que todo el mundo en Beverly Hills es blanco?).[17] Por primera vez en su carrera, la raza de Murphy no define su personaje, y que eso fuera posible demuestra su estatus de superestrella y las ideas innovadoras de Bruckheimer y Simpson.[18]

Mientras que en *Límite: 48 horas* el personaje negro es sin duda el que sigue al policía blanco, en *Superdetective en Hollywood* Axel es el líder del grupo de policías blancos, quienes

17. Sí.

18. Una década más tarde, volvieron a elegir a unas estrellas negras para el reparto de una película que había sido escrita pensando en actores blancos. *Dos policías rebeldes* estaba pensada para que la protagonizaran Dana Carvey y Jon Lovitz, vaya par de lelos. Pero sabiamente optaron por Will Smith y Martin Lawrence.

no solo confían en él para pillar a los malos, sino que lo necesitan para enseñarles cómo comportarse en un bar. No fue solo la primera vez que un policía negro se mostraba como alguien más profesional y socialmente superior que sus colegas blancos, fue la ÚNICA vez hasta *Training Day* (2001), en la que Denzel Washington es el superior de Ethan Hawke, pero incluso en esta última película Hawke le gana a Washington al final. «Los actores afroamericanos solo pueden trabajar dentro de una zona muy restringida —dijo Murphy—. Yo fui capaz de salir de ella.»

Pero incluso en *Superdetective en Hollywood* una importante restricción pesa sobre Murphy: el romance en la pantalla. La única mujer de la película es Jenny (Lisa Eilbacher), que es blanca. Cuando Stallone reescribió el guion, Axel y Jenny establecen una relación sentimental, algo que tiene mucho sentido en la película. Pero en la versión con Murphy, Axel parece totalmente ajeno a Lisa, aunque el personaje de ella no para de insinuarse, se recuesta en su cama y lo acompaña durante las vigilancias con el único propósito de irritarlo, al más puro estilo de las mujeres que aparecen en las películas de acción protagonizadas por hombres. No hay ningún motivo para que Lisa aparezca en la película, no tiene ninguna función y, aunque no estoy sugiriendo que si una mujer aparece en una película de acción, lo menos que puede hacer es acostarse con el protagonista masculino, ese es claramente el motivo por el que ella aparece en la historia. Pero Murphy es negro y Lisa es blanca (imagino que haber seleccionado a una actriz negra junto a un protagonista negro habría vuelto «demasiado negra» una película de acción popular), así que no puede haber nada romántico entre los dos.

En vez de eso, en *Superdetective en Hollywood*, y en su secuela de 1987, Axel se muestra completamente asexual y deliberadamente impasible ante las mujeres blancas, aunque una de ellas sea Brigitte Nielsen, venga ya. Esto responde a la voluntad de que el público blanco, especialmente los hombres, lo considere «seguro», nada peligroso: «¿Lo ves? No es de ESE tipo de negros, es uno de los buenos. Sí, vale, es divertido y sabe dónde están todos los clubes de striptease de la ciudad, pero también puedes estar seguro de que no va a ponerle un dedo encima a una mujer blanca, aunque esta se tumbe en la cama estando a solas con él en una habitación de hotel». Ese es el mensaje de las películas.

En este sentido, Axel es todo lo contrario a la imagen que Murphy se esforzó por retratar en las exitosas películas sobre sus monólogos que iniciaron y terminaron la década, *Eddie Murphy Delirious* (1983) y *Raw (El show de Eddie Murphy)* (1987), en las que se pasea por el escenario enfundado en cuero de los pies a la cabeza: «Si llevara a Brooke Shields a los Grammy, os volveríais locos —dice en *Raw*—. Porque todos sabéis que Brooke iba a pillar esa noche».

Las pocas mujeres con las que Murphy se relacionó en la pantalla son negras[19] y el público nunca llegó a verlos acostarse, desde *Límite: 48 horas* hasta *El príncipe de Zamunda*. En la película posterior de Murphy tras *Superdetective en Hollywood*, *El chico de oro*, le dejan besar a una mujer «tibetana» en pantalla (interpretada por la actriz de ascendencia chilena, iraquí e irlandesa Charlotte Lewis, aunque no es estrictamente caucásica, y eso es lo único que importa), pero nada más. Incluso en la última escena de *Entre pillos anda el juego*, cuando Billy Ray, Louis, Ophelia y Coleman han escapado a una isla paradisíaca inconcreta, la novia de Coleman parece ser tahitiana, una nativa de la isla, cosa que tiene sentido, pero la novia de Billy Ray es sin duda negra. No es que me muera por ver a Murphy

19. Y claramente de piel más clara que él, especialmente en *Límite: 48 horas* y *El príncipe de Zamunda*, reflejo de otro estereotipo racial.

practicar sexo en la pantalla (y, como sabe cualquiera que haya visto *Boomerang, el príncipe de las mujeres*, de 1992, el entusiasmo de Murphy en una escena de sexo da para mucho), ni por verlo enrollarse con una mujer blanca, pero resulta bastante extraordinario ver lo nerviosos que se sentían los cineastas de los ochenta al pensar en que un hombre negro, joven y atractivo pudiera mostrarse remotamente sexual en pantalla para el gran público blanco. A Tom Cruise, Tom Hanks, joder, incluso a Dan Aykroyd, se les permitió tener una vida sexual en pantalla en los ochenta, pero no a Murphy.

El chico de oro es la segunda película en la que la raza de Murphy es irrelevante para el personaje. No hay absolutamente ningún motivo por el que Chandler Jarrell, investigador privado de niños perdidos, deba ser negro, y no hay ninguna referencia a ello en la película. Murphy había demostrado que podía dejar de lado la raza, un logro que resultaría más triunfal si no pareciera tan aburrido en la pantalla durante toda la película. Aunque, seamos justos, es una película ridícula, una copia descarada de *En busca del arca perdida* y que tiene tan poco sentido que da la impresión de estar viendo una película doblada a una lengua extranjera y después vuelta a doblar al inglés. Aunque no llega a ser tan ridícula como el gorro que Murphy lleva durante toda la película.

Murphy en aquel momento ya era una de las mayores superestrellas vivas. De hecho, era tan popular que pudo sacar el estúpido y delicioso single *Party All The Time* en 1985, con Rick James y su extraordinario pelucón, y llegó a alcanzar el número dos de la lista Billboard, superado solo por *Say You, Say Me* de Lionel Ritchie. (El Reino Unido era más difícil de impresionar y Murphy solo llegó al 85 en las listas del país. Bien hecho, Reino Unido.) El hombre creía que podía lograr lo que quisiera y el público estadounidense estaba de acuerdo. Pero las cosas estaban a punto de volver a cambiar.

Nunca resultó difícil saber qué pensaba Murphy sobre la responsabilidad social que tenía un actor negro: le molestaba. «Sé que debido a mi nivel de popularidad se me ha forzado, y se me está forzando, a mostrarme político, por así decirlo. Aunque sé que tengo una responsabilidad política, soy básica y principalmente un artista. Y aceptas esa responsabilidad, pero a tu lado artístico le molesta que no te den simplemente la libertad para ser eso, un artista», dijo en 1990. Murphy era muy consciente de que era el «negro» que había triunfado en Hollywood y con eso se dio cuenta de que, para mantener ese estatus y para que la raza siguiera sin tener importancia, tenía que seguir la corriente hasta cierto punto.

Eso no significa que no diera su opinión de vez en cuando pero, a diferencia de Richard Pryor o, más tarde, Spike Lee, lo hacía con una sonrisa en la cara para que no todo el mundo notara el golpe. En 1988 presentó el premio a la Mejor Película en los Oscar y, cuando subió al escenario, le dijo a un público manifiestamente confundido que en un principio había rechazado presentar el premio porque la Academia no había «mostrado su reconocimiento a las personas negras en el cine... En sesenta años, Hattie McDaniel ganó el primer Oscar y Sidney Poitier ganó otro, así como Lou Gossett».

Hizo una pausa, como si estuviera saliéndose del guion: «Seguramente nunca gane un Oscar después de decir esto pero, qué le vamos a hacer, tenía que decirlo. —Y se encogió de hombros con una sonrisa—. Aunque puede que eso no sea un problema porque, por el camino que vamos, solo ganamos un Oscar cada veinte años, así que no nos toca hasta 2005 y, para entonces, todo esto habrá quedado en el olvido».[20]

20. Murphy casi acertó: los siguientes actores afroamericanos en ganar un Oscar fueron Denzel Washington y Halle Berry.

Murphy comentó sobre el escenario que su agente le había dicho que «no se debe desairar a la Academia», así que acudió a la ceremonia, aunque aún creía que «los actores negros seguían al final de la cola». Si no hubiera acudido, simplemente habría sido una ausencia más, pero al menos de esa forma llamó la atención con su discurso.

«No creo que podamos vencer al sistema —dijo Murphy dos años más tarde—. Creo que se puede triunfar dentro del sistema.»

Discutió con Spike Lee, quien lo criticó por no insistir en que hubiera más actores y miembros del equipo negros en sus películas. Murphy probablemente estaba en lo cierto al considerar que, si hubiera adoptado esa actitud, su carrera dentro del sistema de estudios hubiera corrido peligro y entonces no habría ningún actor negro entre las estrellas de Hollywood. «Lo que más miedo me da es que cada persona negra que se ha levantado y ha dicho "a la mierda, esto es lo que pienso" ha acabado sufriendo faltas de respeto, la han reemplazado, o incluso la han jodido a base de bien, desde el doctor King a Ali, ¿sabes?», le dijo a Lee.

Pero las cosas estaban cambiando en el cine afroamericano con el auge de la industria independiente. A finales de los ochenta, Spike Lee había estrenado *Nola Darling* y estaba rodando *Aulas turbulentas*, dos películas independientes que trataban rotundamente sobre los afroamericanos y sus experiencias. Sin embargo, Murphy se sentía «muy negro, con una fuerte conciencia negra, pero prefería el cambio gradual y el diálogo, un camino mucho más cívico». Lo cual significaba no hacer una película firmemente negra, sino una gran superproducción de Hollywood que incluyera actores afroamericanos. En otras palabras, triunfar desde dentro del sistema.

«Eddie me llamó para contarme una idea sobre un príncipe africano al que le espera un matrimonio concertado con el que no está de acuerdo. Así que viaja a Estados Unidos para encontrar una mujer liberada que sea su igual —dice Landis—. No tenía más historia que eso, así que fui a casa y se lo conté a mi mujer, a quien le encantó la idea. "John, ¿no te das cuenta?", me dijo. "¡Es la Cenicienta! ¡Es la Bella Durmiente! Es un maldito cuento de hadas en África".»[21]

Landis comenzó a concebir la historia de un príncipe africano, Akeem (Murphy), quien, junto a su mejor amigo, Semmi (Arsenio Hall), viaja a Estados Unidos en busca de una mujer. Se dirige a —adivina— Queens, donde se pone a trabajar en un restaurante de comida rápida, McDowell's, y se enamora de la hija del dueño mientras finge ser pobre. La película incluye algunas referencias conscientes y tremendamente divertidas a la cultura afroamericana, incluidos anuncios de «Soul-Glo», un producto horrible que da brillo al pelo afro, y cantantes de soul horrorosos en grupos con nombres como «Chocolate Sexy». También contó con actores afroamericanos consolidados, como James Earl Jones, y lanzó a un completo desconocido por entonces Samuel L. Jackson.

«Mientras desarrollaba la historia, me iba emocionando cada vez más, pero por razones de las que no he hablado durante veinte años —dice Landis—. De repente me di cuenta de que la trama no tendría nada que ver con su color. Era básicamente una película negra pero no, no trataba del color, sino que era un cuento de hadas. Parecía una comedia romántica, la narración en sí era muy conservadora y al mismo tiempo parecía una película de Hollywood tradicional: esa era mi intención. Es la película que he dirigido que ha recaudado más dinero, casi mil millones en todo el mundo. Fue un gran éxito, también de forma internacional. Pero el mayor éxito es que se trata de una

21. La mujer de Landis, la diseñadora de vestuario Deborah Nadoolman Landis, tenía razones para emocionarse: acabó siendo nominada al Oscar por su trabajo en *El príncipe de Zamunda*.

película afroamericana pero el público apenas se dio cuenta, y eso fue una gran satisfacción.»

Sin embargo, eso era precisamente lo que objetaba Spike Lee: no quería éxitos encubiertos, o éxitos en un sistema blanco, y sin duda no le veía ningún sentido a hacer una película afroamericana si nadie se enteraba de que lo era. Mientras que Murphy creía que el éxito era el alegato, Lee defendía que no hay alegato sin un mensaje específico. Este es el sacrificio al que todas las minorías se enfrentan en su búsqueda del éxito: ¿hasta qué punto estás dispuesto a arriesgarte a dejar a un lado a tu público principal para alcanzar el éxito popular?

Según el profesor Neal:

> Durante los primeros tiempos, el público negro apreciaba la presencia de Murphy en pantalla. Pero cuando empezaron a verse algunas tensiones a finales de los ochenta, especialmente en el cine y con la tensión entre Spike Lee y él, la gente buscaba películas negras más auténticas e incluso más políticas que resonaran especialmente en la generación hip hop, y Eddie Murphy se quedó atrás. Él hacía otra cosa. No fue hasta los noventa, tras *Boomerang, el príncipe de las mujeres*, cuando empezó a recuperar parte de lo que había perdido en términos de seguidores negros. Pero esto es algo que sufrió toda la generación *crossover* de los ochenta: a Michael Jackson también le afectó y perdió parte de su público negro de base por ser demasiado *crossover*; a Whitney Houston la abuchearon en los Soul Train Music Awards en 1989; obviamente, lo que Eddie Murphy hacía también formaba parte de este fenómeno.

Murphy era consciente de ello y sufrió por esta situación, inseguro sobre qué hacer y horrorizado al ver que la gente a la que creía representar se volvía contra él. «Es como si toda esta gente negra se volviera en tu contra —le dijo a Spike Lee—.

Sumado a eso, cada vez se sentía más ahogado por la extraña claustrofobia asociada con la fama llevada al extremo, separado del mundo real y rodeado solo por su camarilla más cercana, que lo adoraba. Al mismo tiempo, sentía cada vez más resentimiento contra los críticos con los que nunca creía acertar. «Si algo de mí molestaba a alguien, siempre acababa saliendo alguna mierda racista: "Mira a ese negro arrogante, buuuuu"—dijo con una carcajada en una entrevista en 2011, al recordar el final de los ochenta—. Pero yo tampoco ayudaba, no me mordía la lengua: "Que os den por culo, chupadme la polla, cabrones".»

Está magnífico en *El príncipe de Zamunda*, pero «era mucho menos alegre que la persona con la que hice *Entre pillos anda el juego* cinco años antes», recuerda Landis. Tan poco alegre, de hecho, que un día agarró a Landis del cuello e intentó darle una paliza. «Aún hoy no sé qué pasó —dice Landis—. Estábamos rodando en McDowell's en Queens Boulevard y fuera nevaba mucho. Estaba hablando con alguien y Eddie me agarró por detrás y me hizo una llave sujetándome el cuello con el brazo. No sé qué coño pasó pero me puse furioso. ¡Y él estaba muy enfadado conmigo! Así que cogí el cuaderno de la script y le grité a Eddie: "Toma, ¡métetelo por el culo!", y me marché.»

Landis acabó volviendo al rodaje de mala gana y fue a ver a Murphy a su caravana. «Entré y no hubo ningún enfrentamiento; Eddie simplemente necesitaba desahogarse. Estaba muy enfadado con su familia, no sé qué pasaba y estaba muy enfadado conmigo, diciendo que lo trataba igual que al resto. "Soy la estrella, no me das lo suficiente", me dijo. No sé qué coño... "Haré que te despidan", dijo Eddie, y yo le dije que vale, pero que primero debíamos acabar con lo que tocaba aquel día.»

Así que terminaron de rodar la escena en la que el príncipe Akeem conoce a Patrice (Allison Dean) en McDowell's y ella lo invita a un partido de baloncesto; nadie que vea esa dulce y divertida escena se imaginaría jamás que Murphy rabiaba por dentro, ni que el director estaba furioso con él. Murphy, que normalmente no bebía, sí que lo hizo esa noche en su casa: «Volví a casa y Arsenio me emborrachó... No me hace falta mucho», dijo.

Landis volvió a casa esa noche, igual de enfadado, porque estaba seguro de que lo iban a despedir de la película. «Ned Tannen [directivo del estudio] me llama y me dice: "Escucha, John, Eddie me ha llamado y está muy alterado. Pero le hemos dicho que no tiene el poder para despedirte, que hemos visto el trabajo y es el mejor que ha hecho hasta la fecha, es un idiota, así que le hemos dicho que hay dos opciones: despedir a John, parar la película y demandar a Murphy por los gastos de producción o continuar". ¡No me lo podía creer!», recuerda Landis.

Al día siguiente, volvió al plató y fue a hablar con Murphy.

«Así que fui a verlo (es una historia horrible pero es cierta) y me dice: "Vamos a terminar la película pero ya no somos amigos". "¡Perfecto!", le dije. Y terminamos la película pero no hablamos fuera del rodaje.»

A pesar de la rabia que sentía por la película, Murphy dijo más tarde que *El príncipe de Zamunda* era una de sus mejores interpretaciones. La escena que citó específicamente como su máximo orgullo es la famosa escena de la barbería en la que, junto con Arsenio Hall, hace de varios personajes, incluido un anciano judío («Como un pájaro», pronunciado con acento yiddish).

Landis recuerda:

> No estaba pensado que Eddie y Arsenio hicieran esos papeles. De hecho, ya habíamos contratado a otros actores. Pero, una noche, vi a un director negro, no voy a decir quién, en televisión hablando de su nueva película y dijo algo que me resultó muy chocante. Hablaba de los *minstrel shows*, unos espectáculos en

> los que blancos se pintaban de negros, y dijo que eso era algo creado por «viejos judíos que querían hacer de jóvenes negros». Obviamente, hablaba de Eddie Cantor y Al Jolson pero ¿cómo conocía la historia de pintarse la cara de negro? Así que al día siguiente fui a ver a Eddie y le pregunté si podía poner acento yiddish. «No lo sé», me respondió. «Sé que puedes, eres capaz de cualquier cosa», le dije. Y me preguntó qué aspecto tendría. Así que Rick [Baker, el maquillador a quien nominaron a un Oscar por su trabajo en la película] le preparó el maquillaje. Eddie estaba muy emocionado.

Landis rodó la escena de la barbería con cambios de plano y utilizó al hermano cómico de Murphy, Charlie, como doble en algunas escenas.

«Después de ese momento, cuando Eddie vio lo que Rick Baker era capaz de hacer, quiso hacer del barbero y Arsenio dijo que quería hacer de predicador. De todas formas, acabamos pagándoles a todos los actores que contratamos.»

Esta utilización de disfraces en las películas, que Murphy utilizaría repetidamente durante las siguientes dos décadas, fue un medio para escapar de la presión y las exigencias que sentía por parte del público y la crítica, tanto blancos como negros.

«Resulta interesante que, si te fijas en las mejores actuaciones de Eddie desde entonces, siempre son disfrazado. En el *remake* de *El profesor chiflado*, con el traje de gordo, está increíble y, cuando es el otro tipo, no es tan interesante. En *Bowfinger, el pícaro*, cuando hace de estrella de cine no es tan interesante, pero como el hermano está deslumbrante. Es raro, pero de algún modo el disfraz le libera y lo hace brillante», dice Landis.

El príncipe de Zamunda marcó el final de la racha cinematográfica triunfal de Murphy, y en gran parte se debe a que coincidió parcialmente con la época en la que se cansó de ser divertido: «Creo que cargas con una gran presión, Eddie. Cada vez que abres la boca, la gente espera reírse. Es una locura», le dijo Spike Lee en 1990.

«Y quieren que todo lo que digo sea igual de divertido», respondió Murphy, casi seguro poniendo los ojos en blanco.

Quizá Murphy se cansó de la presión de ser divertido. Quizá se volvió demasiado fácil. O quizá ser divertido requiere ser consciente de cómo es la vida en el mundo real, y Murphy por entonces se encontraba perdido en la órbita de una superestrella, confinado en su mansión. Sea cual fuera la razón, no fue una mala idea que Murphy lo intentara con películas dramáticas, ya que los pocos actores de comedia que alcanzaron el éxito en los noventa lo hicieron gracias a pasarse al lado dramático: Tom Hanks es el caso más obvio y, más tarde, Bill Murray. Por desgracia, el talento de Murphy para elegir basura dramática era casi tan refinado como su habilidad para seleccionar comedias de éxito. Escribió, protagonizó y dirigió *Noches de Harlem*, de la cual poco después admitió que fue un caos total, y a partir de ahí comenzó su racha improductiva de los noventa, una monotonía que solo rompió con *Boomerang, el príncipe de las mujeres*.

En 1993, John Landis recibió una llamada inesperada: Sherry Lansing, quien por entonces dirigía la Paramount, le dijo que Murphy iba a rodar *Superdetective en Hollywood 3* y había pedido que Landis la dirigiera. Este se quedó pasmado: Murphy y él no se habían dirigido la palabra desde su pelea en el rodaje de *El príncipe de Zamunda*, cinco años antes. Pero aún le esperaba una sorpresa mayor.

«Eddie ya no quería ser divertido, así que fue una experiencia extraña —dice—. Sentía muchos celos de Denzel Washington y Samuel L. Jackson y quería ser una estrella de acción, así que se esforzaba muchísimo por evitar los chistes, y yo le di muchas oportunidades. Acabó siendo un rodaje desmoralizador. Por suerte recaudó mucho dinero, pero es una película extraña porque no es divertida.»

En aquel momento, Murphy parecía poco en sintonía con la época. Aunque cada vez hacía más películas con un reparto más afroamericano (*Noches de Harlem*, *Su distinguida señoría*, *Boomerang, el príncipe de las mujeres*), no eran el tipo de películas afroamericanas que estaban de moda. *Haz lo que debas* de Spike Lee se estrenó en 1989, seguida de *Los chicos del barrio* de John Singleton y *New Jack City* de Mario van Peebles, ambas en 1991, y estas películas encajaban más con el *zeitgeist* que cualquiera de las que Murphy protagonizaba por entonces. Aún hacía lustrosos productos de Hollywood, pero al público y la crítica les interesaban más las películas implicadas políticamente. La racha de Murphy —que no puede compararse a ninguna posterior de cualquier otro cómico, ya sea blanco o negro— se acabó.

En cuanto a la representación afroamericana en el cine, ninguna otra década vio más progreso, y con mayor rapidez, que los ochenta. Pasar de Nick Nolte llamando «tiralanzas» a Murphy en 1982, a la nominación a los Oscar de *Haz lo que debas* de Spike Lee en 1989 fue un gran salto, y la persona responsable de que eso sucediera fue Murphy.

«Hollywood necesitaba que lo convencieran de que las estrellas negras podían ser rentables —dice el profesor Neal—. Pryor inició ligeramente la tendencia en los setenta pero fue Murphy quien le dio el empujón final en los ochenta. Fue el paso necesario para conseguir que las películas con personajes negros llegaran al gran público. Ahora Denzel Washington o Halle Berry pueden protagonizar películas, pero fue Eddie Murphy quien permitió que eso fuera posible.»

Sin embargo, la ironía para Murphy reside en que, al allanar el camino para los demás, él dejó de hacer falta. Ya no era «el negro» porque había otros tipos negros, desde Samuel L. Jackson a Laurence Fishburne pasando por Denzel Washington, y él fue quien les abrió camino.

«Sus películas presentaron o incluyeron a muchas estrellas negras que después alcanzaron la fama como Arsenio Hall, Chris Rock, Halle Berry, Damon Wayans, Cuba Gooding Jr y otros. No cerró la puerta a sus espaldas», añade Anna Everett, profesora de Cine y Medios Audiovisuales en la Universidad de California en Santa Barbara.

Lo que Murphy consiguió en los ochenta es más de lo que cualquier actor negro ha logrado antes o después de él, y una prueba de ello es que nadie ha sido capaz de llevar más allá la representación de los afroamericanos en las películas de Hollywood desde la era de Murphy y los años inmediatamente posteriores.

«No hemos llegado a cumplir la promesa que estaba implícita en *Haz lo que debas* en 1989 y *Los chicos del barrio* —dice el profesor Neal—. Después vimos cómo películas de autores negros independientes conseguían nominaciones para los premios de Hollywood. Pero esa promesa no se ha mantenido.»

En las películas de Hollywood de hoy en día, los actores negros siguen ocupando mayoritariamente los papeles del convicto, el esclavo, el inadaptado o quedan relegados a papeles secundarios, como un juez o un jefe de policía.[22] Ninguna película con un reparto compuesto completamente por actores y actrices negros desde *Tina* (1993), *Esperando un respiro* (1995) o *Cómo Stella recuperó la marcha* (1998) ha conseguido el tipo de éxito popular y comercial de *El príncipe de Zamunda.*

Lo más significativo es que tampoco ningún actor negro se ha acercado al éxito de Murphy: «Las películas de Eddie han recaudado alrededor de seis mil quinientos millones de dólares en todo el mundo. El total de Will Smith es 5.735 millones y el

22. Y la representación de los asiáticos tampoco ha mejorado apenas desde los ochenta. El gánster asiático gritón de *Resacón*, interpretado por Ken Jeong, es un descendiente directo de Long Duk Dong.

de Denzel Washington, de 2.788 millones —escribe Bill Simmons—. Ahí lo dejo.»

Para mí, las comedias de los ochenta alcanzaron la cumbre de la comicidad en cuanto a que son absurdas sin resultar estúpidas, son dulces sin llegar a ser empalagosas, son divertidas sin ser mezquinas y entienden la importancia de un buen guion por encima de todo, y las películas de los ochenta de Murphy, especialmente *Entre pillos anda el juego*, *Superdetective en Hollywood* y *El príncipe de Zamunda*, son un claro ejemplo de todas esas cualidades. En los ochenta no hubo nadie más divertido que Eddie Murphy. Joder, qué divertido era. Soltaba obscenidades como un cantante de ópera entona notas y decía más con sus ojos en dos segundos de lo que otros cómicos consiguen expresar con su voz en un año. Ningún otro cómico antes o después ha mostrado más carisma en la pantalla. Murphy es un buen ejemplo de que para que un hombre negro esté a la par de sus contemporáneos blancos tiene que ser diez veces mejor que ellos. Murphy fue un millón de veces mejor que el resto, así que consiguió el éxito por encima de todos los demás. Puede que hiciera que todo pareciera muy fácil en los ochenta y por eso hoy en día no recibe el reconocimiento que se merece.

«Hagas lo que hagas, toda esta mierda acaba hecha un follón. En doscientos años, todo será polvo; en trescientos años, no será nada y, en mil años, será como si ni siquiera hubieras puesto un puto pie en la tierra. Pero si tienes mucha, mucha suerte, si consigues hacer algo realmente especial, puede que te quedes por aquí un rato más», dijo Murphy recientemente.

Los logros de Murphy sin duda se quedarán con nosotros un rato más.

Me he estado aguantando hasta ahora. No te quejarás, ¿verdad? Estas son las veinte mejores y las repaso todas semanalmente, en voz alta o en mi cabeza. También he creado categorías separadas para las tres películas más importantes de la década en cuanto a citas y, muy posiblemente, en cuanto a todo.

20. «Ya soy viejo para esto.» (*Arma letal*)

19. «Eres mala y debes ser destruida.» (*Magnolias de acero*)

18. «Si a mí una tía me hiciera algo así, no me preocuparía en absoluto.» (*La chica de rosa*)

17. «Piense lo que quiera de mí, no voy a cambiar. Me gusto.» (*Mejor solo que mal acompañado*)

16. «Has elegido... sabiamente.» (*Indiana Jones y la última cruzada*)

15. «Estoy enamorado de ti.» Bofetada **«Quítate eso de la cabeza.» (*Hechizo de luna*)**[23]

14. «Fóllame suavemente con una sierra mecánica. ¿O es que parezco la Madre Teresa?» (*Escuela de jóvenes asesinos*)

23. También de *Hechizo de luna*, me gustaría darle una mención especial a «Chrissie, acércate a la pared, dame el cuchillo grande», porque me encanta esa escena.

13. «Tienes buen aspecto, Billy Ray.» «Tú también, Louis.» (*Entre pillos anda el juego*)

12. «¿Quieres saberlo? Soy una pesadilla para vosotros. Soy un negro con placa.» (*Límite: 48 horas*)

11. «Es una vergüenza, macho asqueroso.» (*Tootsie*)[24]

10. «El pene real está limpio, alteza.» (*El príncipe de Zamunda*)

9. «Si lo construyes, vendrá.» (*Campo de sueños*)

8. «Están pasando cosas muy extrañas en el círculo K.» (*Las alucinantes aventuras de Bill y Ted*)

7. «Si Jesús volviera y viera lo que están haciendo en su nombre, se pondría a vomitar.» (*Hannah y sus hermanas*)

6. «Cuando crecemos, se nos muere el corazón.» (*El club de los cinco*)

5. «¿Carreteras? Adonde vamos no necesitamos carreteras.» (*Regreso al futuro*)

4. «Su ego extiende cheques que su bolsillo no puede pagar.» (*Top Gun*)

24. También una mención especial para «El doctor Brewster ha tratado de seducir a varias enfermeras en esta planta fingiendo haberse visto arrastrado por un impulso incontrolable. Y usted lo sabe. Creo que voy a darle a cada enfermera de esta planta un pincho eléctrico para ganado con instrucciones para que se lo claven en sus vergüenzas. ¿Ruby? Busque en las Páginas Amarillas en la sección de herramientas...».

3. «Yo le entregué mi corazón y ella me ha dado un boli.» (*Un gran amor*)

2. «¡Sacrificios humanos! ¡Perros y gatos cohabitando! ¡La histeria de las masas!» (*Cazafantasmas*)

1. «No permitiré que nadie te arrincone.» (*Dirty Dancing*)

5. «Bruja asquerosa.»

4. «Los punkis, modernos, heavies, technos, progres, drogatas, quinquis, roqueros, todos le adoran, creen que es un tío pistonudo.»

3. «Me aterra vuestro futuro.»

2. «Bueller... Bueller... Bueller...»

1. «La vida pasa muy deprisa. Si no te paras y miras a tu alrededor, te la podrías perder.»

5. «¡Nunca luches contra un siciliano cuando la muerte está al acecho! ¡Jajajajajaja!» Muere

4. «Basta de bromas, hablo en serio.» «Tu furor es un misterio.»

3. «¡Inconcebible!» «Siempre usas esa palabra y no creo que signifique lo que tú crees.»

1 = «Como desees.»

1 = «Hola. Me llamo Íñigo Montoya. Tú mataste a mi padre. Prepárate a morir.»

LAS MEJORES CITAS DE *CUANDO HARRY ENCONTRÓ A SALLY*

(No, no he incluido «Tomaré lo mismo que ella». Es la más famosa pero hay citas mucho mejores.)

5. «Alguien te está mirando desde la sección de desarrollo personal.»

4. «Voy a cumplir los 40.» «¿Cuándo?» «¿Algún día?»

3. «Es sorprendente. Tienes el aspecto de una persona normal pero en realidad eres el Ángel de la Muerte.»

2. «Delgada. Guapa. Hermosas tetas. La envidia de cualquier mujer.»

1. «Tienes razón, tienes razón, sí, tienes razón.»

Epílogo

El 27 de abril de 2013, el director Steven Soderbergh subió al escenario y dio un discurso en el Festival Internacional de Cine de San Francisco sobre su visión del estado del cine. Soderbergh fue la fuerza motriz tras el auge del cine independiente a finales de los ochenta con el estreno de *Sexo, mentiras y cintas de vídeo*, por lo que se centró principalmente en la destrucción del sector del cine independiente. Pero, como también es el hombre que demostró a los estudios que se pueden hacer películas comerciales interesantes y con estilo, como *Ocean's Eleven* o *Un romance muy peligroso*, también compartió su opinión sobre cómo los estudios están destrozando el negocio del cine en conjunto:

> Hablando de reuniones en estudios de Hollywood, se han vuelto muy extrañas. Cada vez hay menos ejecutivos que se metan a este negocio porque les gusta el cine. Cada vez hay menos ejecutivos que sepan de cine. Así que se convierte en una situación extraña. Quiero decir que sé conducir pero jamás se me ocurriría sentarme en una reunión con un ingeniero para decirle cómo construir un coche, y eso es lo que se siente en este tipo de reuniones. Personas que no tienen ni idea de cine y que no ven cine por placer deciden qué película van a dejar que se haga o no. Esa es una de

las razones por las que las películas de estudio no son mejores de lo que son...

¿Cómo decide un estudio qué películas se hacen? Uno de los factores que se tienen en cuenta es el mercado extranjero, obviamente. Se ha vuelto muy importante. Eso significa que los géneros que mejor viajan son los de acción-aventuras, ciencia ficción, fantasía, espectáculo, y algo de animación. Obviamente, cuanto más presupuesto se gaste, a más gente habrá que atraer y más habrá que homogeneizar y simplificar la película. Así que aspectos como especificidades culturales o complejidad narrativa, y ni se os ocurra pensar en ambigüedades, se convierten en auténticos obstáculos para el éxito de la película, tanto aquí como en el extranjero...

Si alguna vez os habéis preguntado por qué todos los carteles, trailers y anuncios parecen exactamente iguales es por los visionados de muestra. Cualquier cosa interesante consigue malas calificaciones y se queda fuera. He intentado argumentar que la metodología de este tipo de muestreo no funciona. Si le enseñas a alguien un cartel o un trailer de forma aislada, eso no es un reflejo de la realidad ni de si va a funcionar o no, porque en la realidad no los vemos de forma aislada, sino en grupo. Vemos el trailer junto con otros tres o cuatro, vemos el cartel en medio de otros, y he intentado hacer ver que tal vez el rasgo distintivo de una película que le vale una mala calificación destacaría más si se presentara de la misma forma que en el mundo real. Nunca he ganado esa discusión...

Ahora os voy a intentar mostrar cómo cierto tipo de roedor puede ser más inteligente que un estudio a la hora de elegir proyectos. Si le das a cierto tipo de roedor la opción de pulsar botones y, al pulsar uno de ellos, obtiene comida el 40 % de las veces, mientras que pulsando el otro botón obtiene comida el 60 % de las veces, este cierto tipo de roedor enseguida se da cuenta de que debe olvidarse del botón del 40 %. Así que cuando un estudio intenta determinar qué va a funcionar proyecto a proyecto, en lugar de respaldar al cineasta de talento a largo plazo, lo que hace es aumentar las posibilidades de elegir erróneamente. Porque, según mi punto de vista, a este negocio lo mantiene el talento; se trata de los caballos, no de las carreras...

Las películas más rentables para los estudios serán las superproducciones, los *home runs*. No les interesan los sencillos ni los dobles porque no consideran que merezcan el gasto de dinero ni de tiempo. Psicológicamente, resulta más reconfortante gastarse 60 millones de dólares en la promoción de una película que cuesta 100 millones que gastarse 60 millones de dólares en una que cuesta 10 millones. Sé lo que estáis pensando: si una película solo cuesta 10 millones, se empezarán a generar beneficios antes. Quizá no. Esta es la razón: película de 10 millones, 60 millones para promocionarla, dan un total de 70 millones, así que hay que recaudar 140 millones brutos para cubrir costes.[1] Ahora, con la película de 100 millones, te vas a gastar 60 millones en promoción. Tienes que recaudar 320 millones para cubrir costes. ¿Cuántas películas de 10 millones recaudan 140? No muchas. ¿Cuántas películas de 100 millones recaudan 320? Un número bastante alto, y además se produce una especie de efecto dominó. Mayores ventas de vídeo en el mercado casero, mayores ventas de televisión...

Este ecosistema ejecutivo está distorsionado, porque los ejecutivos no reciben castigo alguno por sus fracasos, pero los cineastas sí, y el resultado es que no fluyen las ideas, no hay nuevas ideas sobre cómo enfocar el negocio ni sobre cómo lidiar con el talento o el material. Pero, de nuevo, en términos económicos, es un negocio muy claro. Es nuestra tercera mayor exportación. Es una de las pocas cosas que hacemos que le gustan al mundo.

1. Soderbergh explicó anteriormente en su discurso que los exhibidores se llevan la mitad de los ingresos brutos, por lo tanto, una película tiene que recaudar el doble de lo que cuesta para cubrir gastos.

> Mirando la situación desde la distancia, tal vez no haya nada malo, quizá mi sensación de que los estudios son como Detroit antes del rescate financiero no tiene ningún fundamento. A ver, me equivoco mucho. Me equivoco tanto que ya ni me sube la tensión. Quizá todo va bien. Pero... las entradas. Este es el número de personas que entró por la puerta de la sala, hace diez años (en Estados Unidos): 1.520 millones. El año pasado: 1.360 millones. Es un descenso del 10,5 %. ¿Por qué baja el número de personas que acuden al cine? Nadie lo sabe.

Las películas están llenas de clichés, al igual que los libros sobre películas. Probablemente el mayor cliché de un libro de cine es quejarse de que las películas no son tan buenas como antes. Me encantan las películas de los ochenta, así que me parece oportuno recurrir al cliché.

He citado gran parte del discurso de Soderbergh porque me parece que, cuando un director de gran éxito —en lugar de una treintañera escribiendo un libro en bata sobre su obsesión por *Cazafantasmas*— dice que las películas son cada vez peores, y por motivos muy específicos y reales, algo de verdad habrá. A riesgo de sonar como una vieja cascarrabias, sentada en mi mecedora y recordando los días de gloria del arte, cuando se hacían películas DE VERDAD como *Los gemelos golpean dos veces* y *Este muerto está muy vivo*, sin duda el negocio cinematográfico es muy, muy diferente a como era hace treinta años, y eso se refleja en las películas que se hacen. Hoy en día simplemente no resulta nada práctico para los estudios hacer películas que (en apariencia) no son éxitos de taquilla garantizados. Ya no se estila el modelo por el que un estudio estrena uno o dos taquillazos al año que ayudarán a financiar proyectos más pequeños y extraños como *Campo de sueños*; ahora todo el modelo se basa en éxitos. En 2013, George Lucas predijo que los cines pronto quedarían reservados para los contados taquillazos especiales, y que se considerarían un pasatiempo de lujo, como el teatro: «Al final acabaremos con menos cines, pero más grandes y más lujosos —dijo—. Ir al cine costará 50, 100 o 150 pavos, como un espectáculo de Broadway o un partido de fútbol americano».

En menor medida, esto ya está ocurriendo con los grandes estrenos que van directos al Imax. Resulta demasiado caro rodar, publicitar y distribuir películas de grandes estudios, se han vuelto demasiado dependientes de los mercados extranjeros, así que cada vez más parecen retratos robot gigantes y monolíticos, porque eso es lo que son. La fórmula es conservadora y segura.

Oye, ¿y qué pasa con el sector independiente?, me preguntas. Exacto, muchas de las mejores películas de los últimos veinticinco años proceden del sector independiente, desde *Pulp Fiction* (1994) pasando por *Mulholland Drive* (2001) o *Boyhood* (2014). De hecho, algunas de mis películas favoritas de los ochenta se produjeron de manera independiente, desde *Dirty Dancing* (obviamente) pasando por la maravillosa *Haz lo que debas* de Spike Lee, que aún parece extraordinariamente moderna, treinta años después de su estreno.

Sin embargo, nunca ha sido más difícil estrenar una película independiente, a pesar de que resultan más baratas de hacer gracias a los avances tecnológicos. Soderbergh dijo:

> En 2003, se estrenaron 455 películas. 275 de ellas fueron independientes y 180 procedieron de estudios. El año pasado, se estrenaron 677 películas. Así que no son imaginaciones, se estrenan muchas películas cada fin de semana. 549 de esas películas fueron independientes y 128 procedieron de estudios. Así que se ha producido un aumento del 100 % en películas independientes, y un descenso del 28 % de películas de estudio y, aun así, hace diez años, el porcentaje en el mercado de los estudios era del 69 %; el

año pasado, era del 76 %. Hay menos películas de estudio que se quedan con un mayor trozo del pastel y hay casi el doble de películas independientes que se pelean por un pedazo más pequeño del pastel. Es difícil. Es muy difícil.

Pero eso no significa que las buenas narraciones estén muriendo. Nada más lejos de la realidad.

Nadie afirma que estemos viviendo la «edad de oro del cine estadounidense». En vez de eso, se afirma una y otra vez hasta el punto de convertirlo en cliché que es la época dorada de la televisión estadounidense, ilustrada por el éxito de series como *Los Soprano, Sexo en Nueva York, The Wire, Mad Men, Breaking Bad, Orange is the New Black* y *Transparent.* Todas estas series fueron hechas por cadenas de cable como HBO o AMC, o por plataformas de *streaming* como Netflix o Amazon Prime. Aquí es donde los cineastas y guionistas pueden disfrutar del lujo de contar historias no pensadas para atraer a todo el mundo, y donde pueden escribir historias sobre mujeres, aborto, sexo y personas mayores. Poco antes de que Soderbergh pronunciara el discurso anterior, estrenó su película sobre Liberace, *Detrás del candelabro*, en HBO porque «la sensación en los estudios era que este material era demasiado "especial" [p. ej., gay] para recaudar los 70 millones de dólares [necesarios]».

La directora Jill Soloway ha trabajado en teatro, televisión (fue la coproductora ejecutiva de *A dos metros bajo tierra*) e hizo películas independientes de prestigio, incluida *Placeres vespertinos* (2013), por la que ganó el premio a la mejor dirección en el Festival de Sundance. Pero cuando obtuvo ese galardón, en lugar de celebrarlo, enseguida empezó a preocuparse por cómo iba a hacer otra película. «Estaba con un montón de cineastas y planteamos la pregunta "¿Y ahora qué?". Todo el mundo está centrado en la distribución y, cuando haces una película, no te queda otra que suplicar y escarbar. Y entonces llegó esto.»

«Esto» es Amazon Prime, el servicio de *streaming* de Amazon que también crea películas originales y, con ellos, Soloway creó la serie *Transparent*, todo un éxito de crítica, con Jeffrey Tambor como padre transgénero. «No necesitan que todo el mundo vea algo creado por ellos, así que puedo centrarme en hacer algo más específico, de nicho, algo para mujeres, judíos, intelectuales, gais, algo no necesariamente para hombres blancos heterosexuales de clase media», dice Soloway.

Según la opinión de Soloway, el negocio actual del entretenimiento estadounidense ha quedado dividido en dos: «Está el viejo Hollywood, que dirigen las corporaciones tradicionales. Está Time Warner y Viacom y demás, y todas esas organizaciones en las que da la impresión de que las decisiones las toman hombres mayores y blancos jugando al golf. Luego miras más al norte, a Silicon Valley, y piensas que las personas a cargo de esas empresas probablemente han ido todos al Burning Man[2] y tal vez no se les dé tan bien el golf, pero son gente de una generación diferente, capaces de ver más allá de las calificaciones y los visionados de muestra porque utilizan su instinto».

No sé si los de HBO habrán ido al Burning Man o no, pero está claro que la televisión se ha convertido en el lugar en el que cineastas y actores pueden contar historias interesantes. También las mujeres son mucho más bienvenidas que en el cine. Cada vez más, muchas de las actrices que triunfaron en el cine en los ochenta, tras descubrir que los cuarenta se sigue considerando la fecha de caducidad para las mujeres en los estudios de Hollywood, se pasan a la televisión: Jessica Lange, Kathy Bates, Glenn Close, Sally Field.

«Recuerdo que estaba en la cama, viendo cómo Twitter y Facebook explotaban cuando comenzó *Orange is the New Black*

2. Festival artístico anual celebrado en Nevada, EE. UU., que toma su nombre del ritual consistente en quemar una estatua de madera con forma de hombre. *(N. de la t.)*

y cómo empezaban a aparecer las críticas —dice Soloway—. Estábamos ante una serie con diez mujeres en la cárcel y el único hombre era el malo. No había nadie que arbitrara en el tema de si las mujeres les iban a resultar complacientes a los hombres o no. Fue un gran cambio.»

«Los actores ahora van corriendo hacia el contenido —dice Jeffrey Tambor, protagonista de *Transparent*—. Amazon Prime tiene a Malcolm McDowell, Gael García Bernal, John Goodman, y todos van allí porque un actor siempre acudirá a un buen guion. La revolución está ocurriendo aquí y ahora y quienes no presten atención acabarán en la zona de dinosaurios. Antes los agentes te decían "si todo te va bien [en televisión], te darán una película", pero ya no dicen eso, las cosas han cambiado. Y ha sido una gran sorpresa.» Esto es estupendo, sin duda. Quizá los niños dentro de dos generaciones se vistan en Halloween de Walt y Jesse como los adultos de hoy en día se ponen mochilas de protones en las fiestas de disfraces. Pero por muy buenas que sean las series a la hora de dar profundidad a los personajes y capas a la trama, también hay que defender la brevedad frente a la extensión, la contundencia frente a la pretensión. Mi prueba para comprobar si una película es de las buenas es hacerme dos preguntas:

1. ¿Quiero volver a ver esta película ahora mismo?
2. ¿Hace que vea el mundo un tanto diferente?

Las películas de los ochenta que he mencionado en este libro cumplen estos dos requisitos, y algunos más. Las he visto todas tantas veces que han pasado a formar parte de mi paisaje mental. Pero se necesita mucha más fuerza de voluntad de la que yo tengo para ver un drama de cincuenta horas tantas veces como mi generación ha visto *Regreso al futuro*, hasta llegar a conocer cada segundo y cada detalle.

También cabe destacar la experiencia colectiva de ver una película en el cine con otras personas, a diferencia de verla tú solo en una tableta, mientras tuiteas, como la imagen de una soledad dislocativa sacada de una novela de ciencia ficción distópica. Resulta fácil ponerse sentimental sobre la emoción de ver una película (y alarmista sobre la tecnología moderna) y me temo que yo soy de esas incautas. «Recuerdo cuando fui a ver *Cazafantasmas* la noche del estreno. Parecía que estuviera yendo a un concierto de rock en Long Island, la cola se extendía por toda la calle», recuerda Judd Apatow.

«Una de las mejores experiencias cinematográficas de mi vida fue *Límite: 48 horas* —escribe Bill Simmons—. Fuimos el fin de semana del estreno en diciembre, mi madre, mi padrastro, un amigo y yo, al viejo Avon Theater de Stamford, Connecticut. El público no podía estar más emocionado. Estaba compuesto por un 70 % de personas negras y por un 100 % de seguidores de Eddie. Si te acuerdas, Eddie no sale en pantalla hasta bien pasados 15 minutos. Cuando por fin aparece (en la escena en que Nick Nolte lo visita en la cárcel), se sintió una electricidad en el cine como no recuerdo nada igual. El público prestaba atención a cada frase, a cada chiste, a todo. Al final de la escena, cuando Nolte se marcha y Eddie grita "¡Cates! ¡Cates! (Pausa desafiante.) ¡A la mierda!", alguien que ya la había visto un par de veces se levantó en el momento justo y gritó "¡A la mierda!" al mismo tiempo que Eddie. Y a partir de entonces la cosa se desmadró. La escena de Eddie en el bar de paletos blancos prácticamente provocó un motín. "Tonterías, eres demasiado estúpido para ser funcionario." La gente se doblaba de la risa, vitoreaba. Nunca he visto nada igual.»

«Hay un chiste en *El príncipe de Zamunda* sobre que el pelo [de los personajes negros] deja una mancha [de grasa] en el sofá —dice John Landis—. Si viste la película con un público blanco, se rieron un poco en esa escena, se escandalizaron pero a fin de cuentas se rieron. Pero si la viste con un público negro, ¡se volvieron locos! Fue genial.» Estas son las experiencias colectivas que generaciones futuras no vivirán porque el tipo de películas que llegarán al cine no inspirarán el mismo tipo de amor y emoción. Es divertido hablar de series en las redes sociales con tus amigos y otros seguidores, o seguir a los críticos que tuitean en directo los capítulos. Pero no es lo mismo. Lo que hemos ganado con dramas de cincuenta horas en canales por cable de prestigio, lo hemos perdido en noventa minutos de puro placer en cines locales. Pero, si hay una cosa que he aprendido de las películas de los ochenta, es que nunca hay que terminar con algo deprimente. ¡Y no hay nada por lo que deprimirse! Aunque no vuelva a hacerse una película de estudio que le llegue al público como *Cazafantasmas* o *Regreso al futuro*, aún nos quedan todas esas películas maravillosas, divertidísimas y tremendamente formativas que se hicieron en los ochenta y que podemos ver una y otra vez para siempre. Un amigo me preguntó cuando empecé este libro si me preocupaba cansarme del tema tras escribir sobre las películas de los ochenta. Una buena pregunta: después de todo, este amigo fue a la universidad conmigo y fue testigo principal de cómo estudiar Literatura Inglesa me volvió incapaz de leer una novela que no estuviera escrita por Jilly Cooper durante tres años tras la graduación. Con mis disculpas a mis tutores de la universidad, no me ha ocurrido lo mismo con este libro, lo que demuestra que *El príncipe de Zamunda* tiene más capas que *Al faro*. De hecho, escribir este libro ha conseguido lo que hasta ahora consideraba imposible: adoro aún más esas películas.

El hombre que tiene la suerte de compartir casa conmigo se pasó nueve meses viviendo con una extraña criatura que vivía en chándal y que era incapaz de mantener una conversación con él (ni lavarse) en su apretada agenda de ver unas seis horas de películas de los ochenta al día, de donde solo asomaba una cabeza para ladrar alguna frase de *Tres amigos* (como ya he dicho, tiene mucha suerte). De hecho, teclear *Tres amigos* me ha dado ganas de ver la película otra vez, así que perdóname durante unos minutos. (Este fue un problema bastante habitual durante la escritura del libro: cada vez que tecleaba el título de una, tenía que volver a verla, lo que explica por qué tardé tanto en escribirlo. Lo siento, editores, pero ese es el riesgo que se corre si me encargáis un libro que implica escribir palabras como «Tootsie», «Cazafantasmas» o «Hechizo de luna» una y otra vez.)

En agosto de 2014 salí de mi cueva de chándales sin lavar y películas de los ochenta el tiempo suficiente para coger un tren al este de Londres para una proyección al aire libre de *Regreso al futuro*, organizada por la empresa Secret Cinema. Resultó fácil encontrar el camino desde la estación: seguí a cientos y cientos de veinteañeros y treintañeros molones vestidos como Marty McFly, Lorraine Baines, Biff Tannen y el doctor Emmett Brown. El lugar se había engalanado para parecerse a Hill Valley en 1955, con la casa de los Blaine, el instituto y Lou's Café incluidos. Los adultos se paseaban por allí con los ojos abiertos de par en par, encantados, con una enorme sonrisa, emocionados con aquel Disneylandia para adultos sentimentales. Unos actores representaban los papeles de Doc y Marty mientras los espectadores los seguían tan emocionados como si fueran no solo Christopher Lloyd y Michael J. Fox, sino los mismísimos Doc y Marty. El público aguantó felizmente la lluvia de verano londinense por el placer de ver la película, que ya habían visto unas cien veces antes, al aire libre y con otros seguidores.

Mi novio y yo entramos en el instituto Hill Valley y nos gritó el «señor Strickland», director del instituto. Justo cuando llegamos a la sala de baile del Encantamiento Bajo el Mar, el grupo se puso a tocar «Earth Angel» y bailamos.

En parte había ido para observar el evento para el libro (y en parte porque, a ver, cómo iba a perderme algo así) y me quedé totalmente prendada. Observé al resto de los treintañeros que nos rodeaba, bailando en la lluviosa noche londinense, bajo el amenazante edificio del centro comercial Westfield, con la misma mirada perdida que yo al imaginar que éramos Lorraine y George y que a partir de entonces seríamos felices para siempre y pensé, ajá. Estos son los míos. Siempre habéis estado a mi alrededor.

La razón por la que me, perdón, NOS, encantan películas como *Regreso al futuro*, *Todo en un día*, *Entre pillos anda el juego* y *Cazafantasmas* es porque sus referencias son específicas y rebosan ternura, porque su humor y sus historias son totalmente universales, hablen de padres, amistad o dinero, y esa es una combinación clave que no cambiará nunca. Una pregunta que escuché mucho mientras escribía el libro es por qué me gustan tantísimo las películas de los ochenta. La respuesta más sencilla también es la más sincera: porque me hacen feliz. Joder, creo que, mejor dicho, SÉ que también hacen felices a otros. Espero que este libro haya capturado parte de eso.

Obviamente, la única manera de terminar este libro es con una cita de una película de los ochenta y opciones no faltan. Al principio, pensé que me decantaría por «Supongo que no estáis preparados para esto, pero les encantará a vuestros hijos», pero no tenía mucho sentido (aunque eso no ha evitado que utilizara citas de los ochenta antes). Después consideré un consejo atemporal: «Ray, cuando alguien te pregunte si eres un dios, contesta sí». Pero luego pensé, a la mierda, voy a ir a la yugular y elegir la cita que resume el mensaje de este libro, que no es otro que las películas están cambiando y que resulta fácil no darse cuenta, con el toque de Ferris: «La vida pasa muy deprisa. Si no te paras y miras a tu alrededor, te la podrías perder».

FIN

PELÍCULAS DE LOS OCHENTA QUE NO HE ANALIZADO EN PROFUNDIDAD EN ESTE LIBRO PERO QUE NECESITAS EN TU VIDA

20. *Este muerto está muy vivo*
La segunda mejor película de Andrew McCarthy, y eso es un gran elogio.

19. *La tienda de los horrores*
¡Rick Moranis canta! Cómo no vas a querer verla.

18. *Granujas a todo ritmo*
Seguramente no la hayas visto desde hace algún tiempo. Ya tardas en ponerle remedio.

17. *La loca historia de las galaxias*
Lone Starr, Casco Oscuro, Pizza el Hut, raro es el día que no hago alguna referencia a *La loca historia de las galaxias*, y aún más raro es el día en que alguien la reconoce.

16. *El secreto de la pirámide*
Una magnífica película de aventuras para adolescentes y el hecho de que no sea más famosa es la prueba definitiva de que dios no existe.

15. *Buscando a Susan desesperadamente*
Feminismo, moda y Madonna.

14. *Tres amigos*
¡El arbusto cantante! ¡El espadachín invisible! Esta película tiene lo que el director John Landis llama un «compromiso real con las tonterías», además de canciones de Randy Newman.

13. *Historias de Navidad*
Una tradición navideña en los hogares estadounidenses, y debería serlo en todos los hogares. Como *Días de radio*, pero sin los sentimientos.

12. *Dulce hogar... ¡a veces!*
¿Cursi? Sí. ¿Conservadora? Ya lo creo. Pero también es muy divertida y muy tierna, y salen Jason Robards, Tom Hulce, Dianne Wiest, Martha Plimpton, Keanu Reeves, Rick Moranis, Steve Martin, Mary Steenburgen y Joaquin (entonces Leaf) Phoenix, y todos están increíbles. Venga.

11. *St. Elmo, punto de encuentro*
Me provoca dolor físico no haber escrito sobre *St. Elmo, punto de encuentro* en este libro. Por favor, ayúdame a aliviar el dolor y prométeme que la vas a ver, ¿sí?

10. *The Flamingo Kid*
Una película muy poco conocida de Matt Dillon, con Hector Elizondo como su padre y una banda sonora clásica de los sesenta.

9. *El turista accidental*
No es tan buena como el libro pero ¿cómo iba a serlo? William Hurt está hecho para el papel de Macon Leary, el escritor triste y reprimido.

8. *No matarás... al vecino*
Loca y oscura, en el mejor sentido. Echo de menos al Tom Hanks divertido.

7. *Cuenta conmigo*
Sería demasiado triste ver al pobre River Phoenix como un niño dulce si esta película no fuera tan buena.

6. *Los búfalos de Durham*
Sí, me encanta el Costner de los ochenta, pero un joven Tim Robbins lo saca de la pantalla. Una película deportiva muy divertida y sexy.

5. *La tropa de Beverly Hills*
Una película sobre Girl Scouts, compras y la importancia de las hombreras. La mejor Shelley Long.

4. *Mejor solo que mal acompañado*
Tras Molly Ringwald, John Candy se convirtió en la musa cinematográfica de John Hughes, y este es uno de los mejores trabajos de la pareja.

3. *Las alucinantes aventuras de Bill y Ted*
Otra película que analizar largo y tendido en la continuación inevitable de este libro.

2. *Campo de sueños*
La mejor película sobre muertos que juegan a béisbol en un campo de maíz; invito a los directores a incluir esta cita en el DVD.

1. *Lucas*
Una de mis películas favoritas de todos los tiempos, aunque cuenta con un reparto maldito. Venga, ve a verla, es maravillosa.

Agradecimientos

Quiero dar unas gracias enormes a las siguientes personas por su amor, apoyo y consejo. Podéis formar parte de mi pandilla en una película de adolescentes de los ochenta cuando queráis: Andy Bull, Carol Miller, Nell Freeman, India Knight, Catherine Shoard, Tim Robey, Julia Kingsford, Charlie Campbell, Ed Howker, Adam Curtis, Patrick Kennedy, Benedict Cumberbatch, Dixie Chassay, Kamila Shamsie, Michael Hogan, Peter Bradshaw y Arthur Ferdinand Freeman.

Gracias enormes también a mis editores en el *Guardian*, Catherine Shoard (de nuevo), Malik Meer, Tim Lusher y Nosheen Iqbal por encargarme que entrevistara a varias leyendas de los ochenta para el periódico durante el periodo de escritura de este libro, facilitándome así que los localizara. No os parecéis en nada a los jefes malvados de las películas de los ochenta.

Mi gratitud eterna para dos personas en particular: primero, mi agente, Georgia «más paciencia que el santo Job» Garrett, quien creyó en este libro cuando nadie más lo hizo, yo incluida (sé que es un cliché enorme que un autor diga eso de su agente, pero es cierto). Segundo, a mi editora, Louise Haines quien, con su apoyo incesante, fue el Johnny Castle de mi Baby (pero porque fue mi profesora experta, no hicimos ningún salto sexy aunque, oye, aún tenemos tiempo, Louise). Gracias también a todo el mundo en 4th Estate, especialmente Georgia Mason, Rebecca McEwan y Morag Lyall.

Por las entrevistas y sus opiniones profesionales, muchísimas gracias a Celestia Fox, Steven Gaydos de *Variety*, Paul Feig, Judd Apatow, Col Needham de IMDB.com, Jill Soloway, Jeffrey Tambor, Peter Biskind, Mark Cousins, Tom Shone, Mark Kermode, Linda Ruth Williams, Lynda Obst y Melissa Silverstein. Rebecca Wind y Laura Lindberg del instituto Guttmacher me ayudaron con la investigación de la historia de la educación sexual en Estados Unidos mientras que Natika Halal y Bekki Burbidge de la Asociación de Planificación Familiar, Harriet Gill de Brook Advisory y Lucy Emmerson del Foro de Educación Sexual me ayudaron con la información para el Reino Unido. Joan Graves de la MPAA y David Cooke me explicaron pacientemente sus sistemas de calificación en los dos países. La doctora Helen Sharpe del Instituto de Psiquiatría me habló de la influencia de la figura de las famosas en la imagen que las adolescentes tienen de sí mismas, un tema del que al final no he hablado en el libro pero que es posible que trate en otro. Eileen Jones de UC Berkeley y el doctor James Russell de la universidad De Montfort University me fascinaron con su descripción de la clase social en las películas. El catedrático Mark Anthony Neal de la universidad Duke y la catedrática Anna Everett de la universidad de California Santa Barbara me hablaron de la cultura pop afroamericana en los ochenta y me ayudaron a poner a Eddie Murphy y Spike Lee en contexto. Todos los errores incluidos en este libro sobre estos temas son míos.

Finalmente, gracias enormes a todos los entrevistados que participaron en películas de los ochenta por fingir no darse cuenta de que estaba y estoy totalmente fascinada por ellos: Molly Ringwald, John Landis, Ivan Reitman, Jon Avnet, Matthew

Broderick, Amy Heckerling, Andrew McCarthy, Michael J. Fox, Cary Elwes, Tom Hanks, Lea Thompson, Howard Deutch, Tim Burton, Rick Moranis, Kathleen Turner, Geena Davis, Eleanor Bergstein, Olympia Dukakis, Bob Harling, Bob Gale y Ron Howard.

Notas

Introducción

Somos grandes seguidores de John Hughes: «The 1975 Takes Cues From John Hughes for Debut», radio.com 12 de julio de 2013.

Algunas de las personas que se me acercan: entrevista con la autora.

Aún me paran por la calle: entrevista con la autora.

Hay millones de razones: entrevista con la autora.

Antes, los estudios eran entidades personales: entrevista con la autora.

El mundo ha cambiado: *Sleepless in Hollywood*, Lynda Obst.

Pero no es tan bueno: «How Transformers 4 Became the No 1 Film in Chinese History», P. Nash Jenkins, revista *Time*, 8 de julio de 2014.

Dudo mucho: entrevista con la autora.

La mitad de mis películas: entrevista con la autora.

preferirían gastarse 250 millones de dólares: *Variety*, 12 de junio de 2013.

Se parece mucho a cuando la televisión: entrevista con la autora.

Actores adolescentes: según Charlie Lyme, productor *de Beyond Clueless*.

Sin una película: entrevista con la autora.

Campo de sueños: entrevista con la autora.

Lo que pasa en las películas: entrevista con la autora.

presentarlo de manera placentera: entrevista con la autora.

Vincent Canby: «*Dirty Dancing*: Panned as a Dud but Dynamite», Carrie Rickey, *Philadelphia Inquirer*, 19 de agosto de 2012.

Puedes tener una película: entrevista con la autora.

La escena del metro: entrevista con la autora.

Lo más extraño de la industria del cine: la opinión estadounidense sobre Roe contra Wade. Encuesta Gallup, enero de 2013

La película independiente *Obvious Child:* fuente: boxofficemojo.com; gracias también a Amanda Hess de medium.com por la comparación.

La industria del entretenimiento ha decidido: «Knocked Up Bans Abortion From Script», Sandra Kobrin, womensenews.org, 20 de junio de 2007.

Soy totalmente pro derecho a decidir: «Judd Apatow: I Still Feel like a Nerd», Hadley Freeman, *Guardian*, 27 de agosto de 2009.

Cualquier feminista: «Diablo Cody: Devil's Advocate», Hadley Freeman, *Guardian*, 20 de enero de 2012.

Pero la protagonista de *Juno*: «Ellen Page: "Why are People so Reluctant to say They're Feminists?"», Hadley Freeman, *Guardian*, 3 de julio de 2013.

LA Times: «The 80s: A Greenhouse for Teen Pregnancy», Laurie Buckland, *Los Angeles Times*, 14 de marzo de 1993.

Este cambio de actitud se refleja: Planned Parenthood.

Las películas estadounidenses se han vuelto: entrevista con la autora.

Somos como langostas: entrevista con la autora.

Hasta 2008, el gobierno se Estados Unidos se había gastado: Instituto Guttmacher.

Entre 2006 y 2008: Planned Parenthood.

La administración Obama: Instituto Guttmacher.

Un gran problema: entrevista con la autora.

Así, el sistema de calificación de Estados Unidos: entrevista con la autora.
En alguna ocasión, un ministro conservador: entrevista con la autora.

La princesa prometida

La princesa prometida es una historia de amor: entrevista con la autora.
Estaba totalmente pillada. *As You Wish*, Cary Elwes.
Se puede decir: *As You Wish*, Cary Elwes.
cuatro o cinco entrantes: *As You Wish*, Cary Elwes.
Les dije: *La princesa prometida*, *Which Lie Did I Tell?*, William Goldman.
Por favor, quiero que entendáis: *As You Wish*, Cary Elwes.
Rob desplegó el póster: entrevista con la autora.
Estábamos en terreno peligroso: *La princesa prometida*, *Which Lie Did I Tell?*, William Goldman.

La chica de rosa

En mi infancia: entrevista con la autora.
John se quedó congelado en una época: entrevista con la autora.
Una de las grandes maravillas: «Teen Days that Shook the World: The Oral History of *The Breakfast Club*», Sean M. Smith, revista *Premiere*, diciembre de 1999.
Cuando rodábamos: entrevista con la autora.
El público formado por chicas adolescentes: entrevista con la autora.
criatura burbujeante, superficial y cinematográfica: «The Bataan Death March of Whimsy Case File #1: Elizabethtown», Nathan Rabin, avclub.com, 25 de enero de 2007.
Rabin se siente incómodo, y con razón: «Why the Manic Pixie Dream Girl Must Never Return», Ben Beaumont-Thomas, *Guardian*, 16 de julio de 2014.

No quería que fuera una escena con el cambio de imagen: «Teen Days that Shook the World», revista *Premiere*, diciembre de 1999.
Clueless (fuera de onda). Lo cambió todo: entrevista con la autora.
Clueless nunca pretendió ser: entrevista con la autora.
Es un tipo de caballero muy diferente. *You Couldn't Ignore Me If You Tried*, Susannah Gora.
John podía volverse muy taciturno: *You Couldn't Ignore Me If You Tried*, Susannah Gora.

Cuando Harry encontró a Sally...

DEP Comedia Romántica: 26 de septiembre de 2013.
¿Por qué las comedias románticas son tan malas?: 20 de febrero de 2013.
Muerte de la comedia romántica: Jezebel, 20 de mayo 2013.
Fui la primera: entrevista con la autora.
Porque creo que soy una mujer interesante: Archivos del Instituto de Cine Estadounidense, 17 de diciembre de 2012.
no *Annie Hall* sino una película: «When Harry Met Annie», Mark Harris, Grantland, 21 de julio de 2014.
De lo que trata realmente *Cuando Harry encontró a Sally*: Nora Ephron, *The Most of Nora Ephron*.
Me di cuenta de que había encontrado un personaje maravilloso: Nora Ephron, *The Most of Nora Ephron*.
Lo he superado: Nora Ephron, *The Most of Nora Ephron*.
A Ephron «le costó» el guion: «My Life as an Heiress», Nora Ephron, *New Yorker*, 11 de octubre de 2010.
Soy un tío: «One Male to Bond Them All», Hadley Freeman, *Guardian*, 26 June 2014.
La realidad es que soy un tío: «Funny like a Guy», Tad Friend, *New Yorker*, 11 de abril de 2011.
Las películas de mujeres, como los dramones: entrevista con la autora.
También existe una sexualización progresiva: entrevista con la autora.

¡Ja, ja! Pobre Michael: entrevista con la autora.

Para que una mujer resulte adorable: «Funny Like a Guy», Tad Friend, *New Yorker*, 11 de abril de 2011.

igualdad que se filtra de arriba abajo: «Women in the Seats, But Not Behind the Camera», Manohla Dargis, *New York Times*, 10 de diciembre de 2009.

En 2013 las mujeres formaban. Fuente: Women Make Movies.

Hablamos de una docena: «Funny Like a Guy», Tad Friend, *New Yorker*, 11 de abril de 2011.

Los ejecutivos de los estudios creen: «Funny Like a Guy», Tad Friend, *New Yorker*, 11 de abril de 2011.

Los cinco mejores momentos de Rick Moranis

Me tomé una pausa porque: entrevista con la autora.

Cazafantasmas

una serie de bandas sonoras: *High Concept: Don Simpson and the Hollywood Culture of Excess*, Charles Fleming.

se hundió: *High Concept*, Charles Fleming.

el reclutamiento aumentó un 400 por ciento: *Back to Our Future: How the 1980s Explain the World We Live in Now – Our Culture, Our Politics, Our Everything*, David Sirota.

colocar mesas con militares: «*Top Gun* Boosting Service Sign-ups», Mark Evje, *LA Times*, 5 de julio de 1986.

Hipermacho: «Tales of the Military-Entertainment Complex: Why the US Navy Produced Battleship», Inkoo, Movieline, 6 de febrero de 2013.

Cuando sabes que vas a necesitar: *Operation Hollywood: How the Pentagon Shapes and Censors Movies*, David Robb.

antiguas luchas de poder: «Overthinking Ghostbusters», Adam Bertocci, runleirun.com.

totalmente sexista: «Newsflash: the Original Ghostbusters Was Totally Sexist», Noah Berlatsky, ravishly.com, 3 de febrero de 2015.
Abbott y Costello: *Making Ghostbusters*, Dan Aykroyd y Harold Ramis, ed. Don Shay.
una prestigiosa historia: «The Making of *Ghostbusters*: How Dan Aykroyd, Harod Ramis and "the Murricaine" Built "The Perfect Comedy"», Lesley M.M. Blume, *Vanity Fair*, 4 de junio de 2014.
Bill Murray, que veneraba: *Live From New York: An Uncensored History of Saturday Night Live*, Tom Shales y James Andrew Miller.
el ataúd del comediante muerto: *Belushi: A Biography*, Judith Belushi Pisano y Tanner Colby.
La muerte de Belushi fue el alma: entrevista con la autora.
Mi primer borrador: *Making Ghostbusters*, Dan Aykroyd y Harold Ramis, ed. Don Shay.
Para los actores, especialmente: *Making Ghostbusters*, Dan Aykroyd y Harold Ramis, ed. Don Shay.
Confiaba: *Making Ghostbusters*, Dan Aykroyd y Harold Ramis, ed. Don Shay.
Mi carrera fue: entrevista con la autora.
Sigourney insistió: *Making Ghostbusters*, Dan Aykroyd y Harold Ramis, ed. Don Shay.
El principio de Pitufina de Katha Pollitt: «A group of male buddies accented by a lone female, stereotypically defined», Katha Pollitt, *New York Times*, 7 de abril de 1991.
En cuanto leí: entrevista con la autora.
Nunca pensamos en Murphy: «The Making of *Ghostbusters*», *Vanity Fair*.
pero Aykroyd dijo: «An Oral History of Ghostbusters», Jason Matloff, revista *Premiere*.
Como escritores, nunca habíamos creado: «An Oral History of Ghostbusters», Jason Matloff, revista *Premiere*.
No conozco a nadie que quiera: entrevista con la autora.
Tony [Soprano], Walter [White]: «The Death of Adulthood in Ame-

rican Culture», A.O. Scott, *New York Times*, 11 de septiembre de 2014.

la auténtica lección: «The Last Crusade», en *Gods and Monsters*, Peter Biskind.

En el guion se enfatiza: entrevista con la autora.

Todo en un día

Recuerdo lo disgustado que Crispin: entrevista con la autora.

El tema era que la confianza en uno mismo: entrevista con la autora.

La clase siempre ha sido un tema central: entrevista con la autora.

la exactitud de las observaciones: *Diccionario biográfico del cine*, David Thomson.

John siempre quiso: entrevista con la autora.

Sabes cuando Salieri: *You Couldn"t Ignore Me if You Tried*, Susannah Gora.

Instituto Shermer: *Todo en un día*, *El club de los cinco*.

Instituto Hill Valley: *Regreso al futuro*.

Instituto Westerberg: *Escuela de jóvenes asesinos*.

un lugar de refugio: comentario del director, DVD de *Todo en un día*.

Era muy relevante: comentario del director, DVD de *Todo en un día*.

Ahora se evita hablar de: entrevista con la autora.

Las películas de los ochenta se atrevían a tratar: entrevista con la autora.

Nunca hay que subestimar las ganas de Hollywood: entrevista con la autora.

nunca alcanzaron el impacto emocional: entrevista con la autora.

Magnolias de acero

El estatus de las mujeres en el cine: Backlash Book Club, medium.com, 8 de agosto de 2014.

Fijémonos en 1983: entrevista con la autora.

La gente aún me habla de: entrevista con la autora.
Fue muy, muy duro: entrevista con la autora.
No creo que *Magnolias de acero*: entrevista con la autora.
una película de sororidad negativa: «Poison Candy: The Other Woman and the Disastrous State of Female Comedies», Wesley Morris, Grantland, 25 de abril de 2014.
En los años ochenta: Introducción actualizada por el 15 aniversario de la edición de *Reacción,* Susan Faludi.
En 2013, las mujeres formaban solo el 21,8 %: *Gender Within Film Crews*, Stephen Follows.
Me encantan las directoras: entrevista con la autora.
La web de libros Goodreads: «Readers Prefer Authors of their Own Sex, Survey Finds», Alison Flood, *Guardian*, 25 de noviembre de 2014.
De hecho, el blog de Silverstein: «Suck It Haters: Female-Led Films Make More Money», Inkoo Kang, *Women and Hollywood.*
Todavía no se sabe si el género: «Women Buy Half of All Movie Tickets. That Won't Mean More Female Characters», Amanda Hess, Slate, 27 de marzo de 2014.
Thelma & Louise (que salió en 1991): entrevista con la autora.
En un estudio de las principales 500: *Gender Inequality in 500 Popular Films*,
Catedrática Stacy L. Smith, Marc Choueiti, Elizabeth Scofield y doctora Katherine Pieper, Facultad Annenberg de Comunicación y Periodismo, universidad de Southern California.
En 2011, las mujeres representaban: el centro para el estudio de las mujeres en cine y televisión.
En 2013 un periodista: «At the Movies, the Women are Gone», Linda Holmes, NPR.
Ese año, las mujeres ocuparon: «It's a Man's Celluloid World», Martha Lauzen, del centro para el estudio de las mujeres en cine, televisión y nuevos medios.
Y, como señaló la revista *New York:* «Do They Ever Make Movies

About Women?», Amanda Dobbins, revista *New York*, 11 de julio de 2013.
Vemos que las mujeres ya no: entrevista con la autora.
Las mujeres han avanzado: «Women in the Seats But Not Behind the Camera», Manohla Dargis, *New York Times*, 10 de diciembre de 2009.
Después de todo, según el último: *Gender Bias Without Borders: An Investigation of Female Characters in Popular Films Across 11 Countries*, catedrática Stacy L. Smith, Marc Choueiti y doctora Katherine Pieper.
Algunas de las más rentables: entrevista con la autora.

Regreso al futuro

Una tarde, rebuscando: entrevista con la autora.
Teen wolf (De pelo en pecho) era una película de adolescentes: entrevista con la autora.
Cuando me seleccionaron: entrevista con la autora.
Bob Zemeckis le comentó: entrevista con la autora.
que reflejen sus intereses psicológicos: «Crispin Glover: Back to the Dissected Snails», Catherine Shoard, *Guardian*, 9 de febrero de 2011.
Tiene lugar en un instituto: *Blockbuster*, Tom Shone.
Las películas de adolescentes típicas: *Regreso al futuro*, DVD de extras.
Es en los ochenta cuando: entrevista con la autora.

Batman

Podría añadir: *Burton on Burton*, ed. Mark Salisbury.
Sé que la gente dice: «Dark Arts», una entrevista con Tim Burton, Hadley Freeman, *Guardian*, 22 de julio de 2005.
Era muy extraño: *Burton on Burton*, ed. Mark Salisbury.
Algunas imágenes: «Artes oscuras», *Guardian*.

Burton ha dicho: «Artes oscuras», *Guardian*.
cruda realidad: Reseña de *El caballero oscuro*, Peter Travers, Rolling Stone, 09 de julio de 2008.
Casi la mitad de los estadounidenses: «More Say Iraq War Hurts Fight Against Terrorism», Pew Research Center, 21 de julio de 2005.
Destrozaremos pueblos inocentes: «The Age of Conflict», David Brooks, *Weekly Standard*, 5 de noviembre de 2001.
una película conservadora: «What Bush and Batman Have in Common», Andrew Klavan, *Wall Street Journal*, 25 de julio de 2008.
el coste de la guerra: «How the US Public was Defrauded by the Cost of the Iraq War», Michael Boyle, the *Guardian*, 11 de marzo de 2013.
necesitamos caballeros oscuros: «The Dark Knight Turns Out to Be a Dick Cheney Fantasy», Party Ben, 23 de julio de 2008.
sin duda no fue así: «Dark Knight Star Aaron Eckhart Downplays Analogy Between Batman, George W Bush», Shawn Adler, MTV.com.
El presidente jura: *The Terror Dream*, Susan Faludi.
se abre la camisa: «The Right Man», Peggy Noonan, *Wall Street Journal*, 30 de enero de 2003.
Bush puntúa su retórica: Analysis: The Return of Evildoers, Peter Roff, upi.com, 15 de octubre de 2001.

Las películas de los 80 de Eddie Murphy

Jimmy Early: «Es un viaje, parece cada cinco o seis años tengas que hacer algo para recordarle [a la gente] que les gustas», «Eddie Murphy Speaks», Brian Hiatt, *Rolling Stone*, 19 de noviembre de 2011.
Sabes por qué funcionó entonces: «Eddie Murphy Speaks», Brian Hiatt, *Rolling Stone*, 19 de noviembre de 2011.
Fue un tema controvertido: entrevista con la autora.

el negro: cita de Neil Levy en *Live from New York*, Tom Shales y James Andrew Miller.

De no ser por el talento y la popularidad de Eddie: *Live from New York*, Tom Shales y James Andrew Miller.

El estatus de las personas negras: entrevista con la autora.

tratado fatal: *Live from New York*, Tom Shales y James Andrew Miller.

Lorne Michaels la eliminó: *Saturday Night: A Backstage History of Saturday Night Live*, Doug Hill y Jeff Weingrad.

Es demasiado blanco: *Live from New York*, Tom Shales y James Andrew Miller.

extraño y wasp: *Live from New York*, Tom Shales y James Andrew Miller.

Eddie nunca pensó en complacer: «The Career Arc: Eddie Murphy», Bill Simmons, *Grantland*, 10 de noviembre 2011.

Nunca conecté: *Pryor Convictions and Other Life Sentences*, Richard Pryor.

Desde el principio: «Eddie Murphy Speaks», Brian Hiatt, *Rolling Stone*, 19 de noviembre de 2011.

Entre pillos anda el juego, películas de John Landis: «Eddie Murphy Speaks».

Brian Hiatt, *Rolling Stone*, 19 de noviembre 2011.

Hay una zona muy restringida: «Eddie Murphy Speaks», Brian Hiatt, *Rolling Stone*, 19 de noviembre de 2011.

Sé que debido a mi nivel: «Eddie», Spike Lee, revista *Spin*, octubre 1990.

No creo que podamos vencer: «Eddie», Spike Lee, revista *Spin*, octubre 1990.

Lo que más miedo me da: «Eddie», Spike Lee, revista *Spin*, octubre 1990.

Se sentía muy negro: «Eddie», Spike Lee, revista *Spin*, octubre 1990.

Es como si toda esta gente negra: «Eddie», Spike Lee, revista *Spin*, octubre 1990.

Si algo de mí molestaba a alguien: «Eddie Murphy Speaks», Brian Hiatt, *Rolling Stone*, 19 de noviembre de 2011.
Fui a casa: «Eddie Murphy Speaks», Brian Hiatt, *Rolling Stone*, 19 de noviembre de 2011.
Hollywood necesitaba que lo convencieran: entrevista con la autora.
Sus películas presentaron: entrevista con la autora.
Las películas de Eddie han recaudado: Grantland, noviembre de 2011.
Hagas lo que hagas: «Eddie Murphy Speaks», Brian Hiatt, *Rolling Stone*, 19 de noviembre de 2011.

Epílogo

Estaba con un montón de directores: entrevista con la autora.
Los actores ahora van corriendo: entrevista con la autora.
Recuerdo ir a ver *Cazafantasmas*: entrevista con la autora.
Una de las mejores experiencias: «The Career Arc: Eddie Murphy», Bill Simmons, *Grantland*, 10 de noviembre 2011.
Hay un chiste: entrevista con la autora.

Índice onomástico